COLEÇÃO
ABERTURA
CULTURAL

Copyright © Roger Scruton, 1974, 1998
Todos os Direitos Reservados
Publicado pela primeira vez em 1974 pela Methuan & Co Ltd.
Tradução autorizada da edição em língua inglesa publicada por Routledge,
membro do Grupo Taylor & Francis.
Copyright da edição brasileira © 2017 É Realizações
Título original: *Art and Imagination – A Study in the Philosophy of Mind*

Editor | Edson Manoel de Oliveira Filho

Produção editorial e projeto gráfico | É Realizações Editora

Preparação de texto | Frank de Oliveira

Revisão | Mariana Cardoso

Partituras | Marcos Pantaleone

Capa | Daniel Justi

Diagramação | Nine Design Gráfico / Mauricio Nisi Gonçalves

Reservados todos os direitos desta obra. Proibida toda e qualquer reprodução desta edição por qualquer meio ou forma, seja ela eletrônica ou mecânica, fotocópia, gravação ou qualquer outro meio de reprodução, sem permissão expressa do editor.

CIP-BRASIL. CATALOGAÇÃO NA PUBLICAÇÃO
SINDICATO NACIONAL DOS EDITORES DE LIVROS, RJ

S441f

    Scruton, Roger, 1944-
       Arte e imaginação : um estudo em filosofia da mente / Roger Scruton ; tradução Luiz Paulo Rouanet. - 1. ed. - São Paulo : É Realizações, 2017.
       320 p. ; 23 cm.   (Abertura cultural)

       Tradução de: Art and imagination - a study in the philosophy of mind
       Inclui índice
       ISBN 978-85-8033-909-1

       1. Arte e filosofia. I. Rouanet, Luiz Paulo. II. Título. III. Série.

17-44865   CDD: 701
                                                                   CDU: 7.01

20/09/2017   25/09/2017

É Realizações Editora, Livraria e Distribuidora Ltda.
Rua França Pinto, 498 · São Paulo SP · 04016-002
Caixa Postal: 45321 · 04010-970 · Telefax: (5511) 5572 5363
atendimento@erealizacoes.com.br · www.erealizacoes.com.br

Este livro foi impresso pela RR Donnelley em outubro de 2017 em setembro de 2017. Os tipos são da família Sabon Light Std e Frutiger Light. O papel do miolo é o Lux Cream 70 g, e o da capa, cartão Ningbo C2 250 g.

ARTE E IMAGINAÇÃO

Um Estudo em Filosofia da Mente

Roger Scruton

TRADUÇÃO DE **LUIZ PAULO ROUANET**
REVISÃO TÉCNICA DE **RODRIGO GOUVEA**

É Realizações
Editora

Sumário

Prefácio 7

Capítulo 1 | Introdução 9

PARTE I - Juízo Estético

Capítulo 2 | A Individualidade do Objeto Estético 25

Capítulo 3 | Percepção Estética 41

Capítulo 4 | Descrição Estética 59

Capítulo 5 | Significado não Descritivo 77

PARTE II - Experiência Estética

Capítulo 6 | Reconhecimento e Resposta 91

Capítulo 7 | A Imaginação I 107

Capítulo 8 | A Imaginação II 135

Capítulo 9 | Imaginação e Experiência Estética 153

Capítulo 10 | A Atitude Estética 169

PARTE III - A Experiência da Arte

Capítulo 11 | A Identidade da Arte 201

Capítulo 12 | Compreendendo a Arte... 209

Capítulo 13 | Representação 235

Capítulo 14 | Expressão 265

Capítulo 15 | Simbolismo... 283

Capítulo 16 | Objetividade e Valor... 299

Bibliografia... 311

Índice Onomástico 317

Prefácio

Minha intenção neste livro é mostrar como é possível fornecer uma exposição sistemática da experiência estética em termos de uma filosofia empirista da mente. Beneficiei-me de vários autores, em particular de Wittgenstein, cuja influência se faz notar em toda parte, e de Kant, cujas concepções inspiraram a teoria defendida no Capítulo 10. Embora eu tenha tentado evitar jargão desnecessário, a abordagem da estética aqui apresentada é geralmente técnica. Só espero que isso não afaste o leitor não familiarizado com as áreas mais especializadas da filosofia contemporânea. Os problemas com os quais lido, embora frequentemente expressos, por questão de clareza, na linguagem da lógica filosófica, são os problemas perenes da estética, os problemas da natureza e do valor da arte. A fim de facilitar a tarefa do leitor, tentei, na medida do possível, tornar as três partes do livro independentes entre si. Aqueles que se interessam por filosofia da mente, portanto, podem preferir iniciar pela Parte II, enquanto aqueles interessados em filosofia da arte podem preferir abordar o livro de trás para a frente.

Uma versão desta obra foi apresentada como tese de doutorado na Universidade de Cambridge em outubro de 1972. Gostaria de agradecer ao Master and Fellows de Peterhouse pela concessão de uma bolsa de pesquisa e, portanto, pelo tempo para trabalhar na tese. Também gostaria de agradecer a meus supervisores, dr. M. K. Tanner e professor G. E. M. Anscombe pela orientação e pelas sugestões; a meus examinadores, professores Stuart Hampshire e B. A. O. Williams, pelas minuciosas e valiosas críticas; ao dr. J. E. J. Altham e à senhorita Hidé Ishiguro por estimulantes discussões; ao dr. Hans Kamp, ao senhor Mark Platts e ao professor David Hamlyn por comentários e especialmente ao dr. M. J. Budd, que revisou de maneira paciente e crítica uma primeira versão deste livro, sugerindo muitas melhorias. Minha maior dívida é em relação ao dr. John Casey, que leu e criticou todas as etapas deste trabalho, fornecendo sugestões substanciais, e orientou meu pensamento de tantas maneiras que sou seu devedor em quase cada página.

Londres (Julho de 1974)
Roger Scruton

Capítulo 1 | Introdução

O propósito do presente livro é esboçar uma teoria do julgamento e da apreciação estética em termos de uma filosofia empirista da mente. Para filósofos idealistas, a estética jamais se separou da filosofia da mente: esses filósofos produziram teorias do pensamento, do sentimento e da imaginação que reservam um lugar central e inteligível para as atividades do juízo e da apreciação estética. Empiristas, por outro lado, tiveram dificuldade em explicar essas atividades, a não ser reduzindo sua importância de uma maneira que poucos considerarão aceitável. Para filósofos como Hutcheson e Hume, a estética torna-se uma questão de "sentimento": de gostar mais disto que daquilo. O gosto é um segmento isolado e inexplicável da psicologia humana, e se trata simplesmente de um fato curioso, mas filosoficamente desinteressante, que os seres humanos gostem de determinadas coisas (como tragédias, morangos e bom tempo) e tenham aversão por outras. "A beleza", escreveu Hume, "é uma ordem e construção de partes, seja pela *constituição primária* de nossa natureza, seja por *capricho*, que se presta a propiciar prazer e satisfação à alma."[1] Sem possuir uma filosofia do pensamento e do sentimento capazes de

---

[1] *Treatise of Human Nature*. 2. ed. Org. L. A. Selby-Bigge. Oxford, vol. I, II, 1888, p. viii. [Embora exista excelente tradução desse livro para o português (Trad. Déborah Danowski. São Paulo, Ed. da Unesp, 2009), optamos por traduzir diretamente do original. (N. T.)]

tornar nossa experiência da arte inteligível, parecia natural a esses filósofos que a apreciação estética não tivesse lugar na parte intelectual da mentalidade humana. Assim, Hutcheson se contentava em dizer que "a origem de nossas percepções de beleza e harmonia é justamente chamada de 'senso' ['*sense*'], pois não envolve nenhum elemento intelectual, nenhuma reflexão sobre princípios e causas".[2]

A filosofia analítica contemporânea herdou as debilidades de suas origens empiristas. Houve poucas obras de estética filosófica no século XX capazes de lançar qualquer esclarecimento sobre o assunto, e muitas daquelas que o fazem (a *Estética*, de Croce, por exemplo, e a *Filosofia da Arte*, de Collingwood) tomam do idealismo sua estrutura conceitual. É claro que, por sua rejeição dos pressupostos céticos e cartesianos do empirismo tradicional, a filosofia analítica tem mais em comum com o pensamento de Locke, Hume, Berkeley e Thomas Reid que com o de Hegel, Fichte ou Croce. Não é mais possível aceitar como plausível a filosofia da mente que tornou possível a explicação do juízo estético por Croce; não obstante, a explicação alternativa dos processos mentais humanos que deriva de Ryle e Wittgenstein não fornece um quadro claro do lugar que pode ocupar a estética. Nos capítulos que se seguem, gostaria de sugerir como pode ser preenchida essa lacuna.

A estética filosófica parece dividir-se em duas partes: em primeiro lugar, há o estudo da apreciação estética, atitude estética, gosto, emoções estéticas e assim por diante. Em outros termos, existe a análise filosófica de uma área da experiência humana, aquela envolvida em nossas respostas aos objetos de interesse estético. Trata-se de uma questão filosófica sobre até que ponto é possível fornecer uma descrição dessas atitudes e preferências que não seja trivial, e até que ponto é possível separá-las como um segmento autônomo da atividade mental.

---

[2] *An Inquiry into the Original of Our Ideas of Beauty and Virtue*. London, 1725, seção I, par. 13

Em segundo lugar, os filósofos tentam analisar nossos julgamentos sobre os *objetos* do sentimento e da apreciação estéticos. Efetuamos juízos de valor sobre esses objetos, e os descrevemos de várias maneiras que parecem possuir uma peculiar relação com seu significado estético. Precisamos descobrir o que significam essas descrições e avaliações, e como elas podem ser fundamentadas, se é que podem sê-lo.

De imediato, parece que já fizemos uma grande asserção. É realmente tão óbvio que podemos descrever o juízo estético e a apreciação estética de maneira independente? Será uma de minhas teses que não podemos. Certamente, seria um filósofo vulgar aquele que sustentasse que a ética pode dividir-se de maneira similar – no estudo de atitudes e sentimentos morais, por um lado, e no estudo de juízos morais, por outro. Pois existem sólidos argumentos morais para afirmar que não podemos compreender juízos morais, exceto no contexto de certas atitudes, e que não podemos compreender essas atitudes e sentimentos até que possuamos uma firme apreensão de sua expressão nos juízos morais. Compreender os primeiros significa compreender os segundos.

Mas, estabelecer as conexões precisas entre juízo e apreciação em estética é difícil – mais difícil ainda que em ética. Uma fonte de dificuldade é a obscuridade de noções teóricas tão sobrecarregadas como "apreciação estética" e "experiência estética"; no entanto, é com base em uma análise dessas noções que se pode fundar uma estética empirista. Além disso, certas asserções de largo alcance têm de ser feitas sobre o conceito de significado para que o juízo estético possa, de alguma forma, ser explicado. Que *há* conexão entre o significado de nossos enunciados e nossos estados mentais é inegável; porém, no caso da experiência estética, a conexão mostra-se difícil de descrever. A primeira parte dessas investigações, portanto, se ocupará, em grande parte, de questões sobre a teoria do significado, enquanto a segunda se dedicará à filosofia da mente. Apenas por meio dessa estratégia de aproximação se pode estabelecer uma relação entre uma teoria empirista da mente e os problemas da estética.

Perguntar-se-á: "Que lugar possui a arte em semelhante investigação? Onde se encaixa o conceito de arte em relação aos de experiência estética e juízo estético?". Com certeza, seria tolo tratar a estética de um modo que se torne um fato irrelevante cujos principais objetos do juízo e apreciação estéticos sejam obras de arte. Foi precisamente isso que tornou a estética empirista inaceitável. Nenhum leitor de Hegel pode deixar de admirar o brilhantismo e a segurança com que ele defendeu o papel central da arte na experiência humana, e com que ele derivou de premissas puramente filosóficas uma teoria da natureza e dos limites das várias formas de arte. Não obstante, não é certo que o pressuposto empirista de que a arte pode ser descrita de maneira independente tenha realmente sido refutado. Se Kant é importante na história da estética, isso se deve em parte ao fato de que ele foi o primeiro filósofo a tentar fornecer uma explicação sistemática da apreciação estética, sem descrever seu objeto material e sem recair no "Sentimentalismo". Ficará claro que muito depende da questão de saber se a proposta de Kant pode ser executada. É característico do empirismo encarar os processos mentais como intrinsecamente divisíveis em categorias separadas – o cognitivo, o conativo e o afetivo, por exemplo. Para o idealismo, esses são, no máximo, aspectos mutuamente dependentes de um único processo, e a assimilação empirista do "estético" ao "afetivo" recusa-se, de maneira simples, a admitir que toda atividade mental é também cognitiva. A experiência estética é uma forma de conhecimento, e deve ser definida em termos de seu objeto. A experiência e seus objetos estão conectados de maneira tão íntima, de modo a apresentar completa coerência, dirá o idealista, formando uma esfera autônoma de atividade mental. Assim, Croce (e, em sua esteira, Collingwood) argumentaram que a conexão entre arte e apreciação estética é logicamente necessária: o objeto de apreciação é "expressão", e expressão é prerrogativa da arte. No que se segue, desejo mostrar que a abordagem kantiana da estética não só pode ser ressuscitada, como também pode receber uma firme base analítica.

Antes de começar, descreverei certos pressupostos filosóficos dos argumentos em capítulos posteriores, e indicarei brevemente por que esses pressupostos estão próximos dos postulados do empirismo. Qualquer filosofa da mente séria deve permitir-nos responder a questões da forma: "O que é pensamento?", "O que é crença?", "O que é sensação?", "Quais são as emoções morais?", "O que é experiência estética?", e assim por diante. Suporei que respostas a questões como essas envolvem análise do significado do "pensamento", "crença", "sensação" e termos similares. Dito de outro modo, assumo uma das principais doutrinas da filosofia analítica. No entanto, nem todas as explicações do significado de "pensamento", "crença" e "sensação" são filosoficamente adequadas; não desejamos conhecer apenas *quaisquer* fatos sobre o uso desses termos. Assumirei que, à parte algumas exceções muito importantes, que discutirei no Capítulo 5, as características interessantes do significado de um termo, essas características que um filósofo procura descobrir, são as características que regem a verdade e a falsidade de sentenças nas quais o termo ocorre. Estamos interessados no significado dos termos somente porque nos interessamos pela verdade das sentenças. Apenas se soubermos as condições sob as quais é verdadeiro dizer de algo que ele/ela está pensando (por exemplo), saberemos o que é importante sobre o significado de "pensamento". Se conhecermos essas condições, então estaremos em posição de dizer *por que* possuímos um termo com esse significado: aprendemos algo sobre o *conceito* do pensamento. Podemos apontar para relações e coerências entre as condições de verdade que tornam o conceito de pensamento inteligível. Isso se deve, em parte, ao fato de que argumentos filosóficos dizem respeito a condições de verdade, que não se tratam de meros jogos verbais.

Agora, um importante postulado na linha do empirismo analítico que assumirei é este: supomos que existe uma categoria de sentenças, incluindo muitas sentenças declarativas singulares no presente do indicativo, que se ligam essencialmente às condições de verdade, a qual não se pode dar nenhuma explicação do significado de uma dessas sentenças, ou do que significa compreender uma dessas sentenças, sem que se refira às suas condições de verdade. Talvez haja outras sentenças cujo significado não precise ser explicado desse modo, mas é essencial para nossa linguagem, e de fato para qualquer linguagem que transmita informação, que exista essa categoria central de sentenças declarativas, cujo significado deriva de suas condições de verdade. E conferir sentido a sentenças dessa classe é uma condição para conferir sentido a qualquer sentença que seja.

É por esse motivo que uma investigação filosófica sobre o significado dos termos tenderá a se concentrar em seu uso em sentenças declarativas do presente do indicativo – gostaríamos de saber quando é verdade dizer que alguém está agora pensando, sofrendo, temendo, e assim por diante. A esperança é que uma compreensão de certas características gerais da linguagem – regras que regem a introdução de tempos verbais, conectivos, modalidades e assim por diante – nos capacitará a derivar o significado das sentenças restantes. O empirista argumentará que essa classe privilegiada de sentenças se conecta intimamente com os fundamentos de nosso conhecimento. É com essas sentenças que a ideia de uma condição de verdade recebe conteúdo epistemológico.

Aqui, porém, precisamos distinguir duas noções de uma condição de verdade, a primeira epistemológica, a segunda meramente formal. O empirismo envolve uma tentativa de explicar nossa compreensão da linguagem. Mas precisamos ter cuidado para não confundi-la com a abordagem mais formal do conceito de significado que deixe de fazer referência à compreensão. Do ponto de vista da semântica formal, há um sentido no qual quase qualquer sistema de signos pode receber uma condição de verdade para cada uma de suas sentenças, possa ou não semelhante sistema ser usado ou compreendido como linguagem por seres inteligentes. É suficiente que, para cada sentença "*s*", outra sentença "*s*" possa ser encontrada, de modo que "*s*" é verdadeiro se e somente se *s′*. Poderíamos pensar "*s*" e "*s′*" como sentenças em duas linguagens isomórficas, mas não interpretadas. Ou poderíamos pensar "*s′*" como alguma sentença arbitrária introduzida na linguagem precisamente por esse propósito (uma sentença que não possui sentido à parte do sentido conferido a ela por sua equivalência a "*s*"). No caso limite "*s*" e "*s′*" podem até mesmo ser tomadas como idênticas. Assim, contanto que faça sentido *dizer* "*s* é verdadeiro", então a sentença "*s*", nesse sentido puramente formal, possui uma condição de verdade, a saber, a circunstância de que *s*. Porém, filósofos que sustentam que a sentença "*a* é bom" possui genuínas condições de verdade não pretendem negar que "*a* é bom" seja verdadeiro se e somente se *a* é bom, não pretendem negar que "*a* é bom" seja verdadeiro se e somente *p*, onde "*p*" corresponde a alguma outra sentença – como "*a* é desejável", "*a* é um objeto adequado de preferência", e assim por diante – o que apresenta as mesmas dificuldades epistemológicas.

Além disso, essa noção "formal" de uma condição de verdade pode ser reforçada sem produzir quaisquer conclusões substanciais. Pois uma linguagem pode ser dotada de uma teoria semântica, de modo que toda sentença na linguagem receba uma condição de verdade na teoria. Se pudermos construir uma interpretação semântica para uma linguagem ou sistema de signos, então poderemos, de maneira recorrente, atribuir condições de verdade às sentenças da linguagem, de um modo que deixa de ser trivial. Porém, essa atribuição de condições de verdade nos fornecerá os meios para compreender a linguagem original somente se primeiro compreendermos a teoria semântica com a qual ela é cotejada. E compreender a teoria envolverá igualmente a habilidade de, em um sentido mais forte, menos formal, atribuir condições de verdade às suas sentenças.

O empirista argumenta que podemos compreender uma linguagem somente se pelo menos algumas de suas sentenças receberem condições de verdade em um sentido mais forte: condições que mostram como uma sentença deve ser verificada. Precisamos atribuir significado a certas sentenças diretamente, sem a mediação de outras que "forneçam suas condições de verdade" numa maneira puramente formal. Precisamos explicar a função referencial e descritiva das sentenças em termos de características observáveis de nosso mundo. Não é o fato de que "*s*" é verdadeiro se e somente se *s* que nos permite compreender a sentença "*s*". É antes o fato de que há um estado de coisas que garante a verdade de "*s*", e que pode ser identificado não só pelo uso de sentenças equivalentes, mas também diretamente, por assim dizer, por observação. Em outros termos, a ideia de uma condição de verdade é preenchida, ou recebe conteúdo, em termos dos estados de coisas observáveis que tornam sentenças verdadeiras. É um postulado essencial do empirismo que a noção formal de uma condição de verdade só pode ser preenchida desse modo, por meio da referência a estados de coisas que podem ser localizados pela observação.

Ao longo dos próximos capítulos, eu me apoiarei fortemente na distinção aqui enfatizada entre a teoria formal da semântica e essa parte da teoria do significado que pertence mais propriamente à filosofia da mente: a teoria da compreensão [*understanding*]. Minha sugestão é que a primeira não contém quaisquer pressupostos epistemológicos, enquanto a segunda requer uma explicação do conhecimento humano. Se considerarmos o empirismo como uma teoria da compreensão, então veremos por que uma classe central de sentenças – declarativas singulares do presente do indicativo – possui tanta importância para uma investigação filosófica do tipo daquela em que estamos engajados. Pois essas sentenças podem receber explanações ostensivas: suas condições de verdade podem ser ostensivamente identificadas, por meio da indicação de características observáveis do mundo. É por referência a esses estados de coisas observáveis que o significado de sentenças elementares é ensinado, e sem essa relação com uma situação observável jamais se poderiam aprender o significado desses predicados e expressões de referência que são essenciais para a compreensão de uma linguagem. Segue-se que o significado dessas sentenças primitivas deve ser dado em termos dos estados de coisas observáveis que as tornam verdadeiras – esses estados de coisas estão essencialmente envolvidos no ensino e no aprendizado das sentenças em questão. Há, no entanto, um sentido de "condição de verdade" no qual uma condição de verdade de "*s*" se liga com o uso estabelecido de "*s*" e, por conseguinte, ao significado de "*s*"; ele pode, portanto, ser distinguido da mera evidência da verdade de "*s*". É claro, uma condição de verdade de "*s*" também se refere a um estado de coisas que é uma evidência para a verdade de "*s*"; porém, é uma evidência que se liga com "*s*"de uma maneira particular, de tal modo que, se deixasse de ser uma evidência, seríamos forçados a concluir que o significado de "*s*" mudou. No sentido epistemológico de "condição de verdade", portanto, podemos ver porque o significado de uma sentença declarativa (pelo menos nos casos centrais) é dado pela condição de sua verdade.

Ora, o aprendizado da linguagem depende de certa compreensão natural da situação com a qual as sentenças são correlatas: não existe uma determinação *a priori* do que pode ser tomado por certo. A futura prática da criança é o critério do que ela compreendeu, mas de modo algum é a prática logicamente determinada pelo que ocorreu antes. Pareceria seguir-se disso que não podemos derivar da conexão meramente ostensiva de uma sentença com condições de verdade uma descrição das condições que são tanto necessárias quanto suficientes para sua verdade. As condições necessárias subsistirão como um fundo vagamente compreendido e inarticulado para a situação de ensino, embora condições suficientes só pudessem ser afirmadas se dispuséssemos de meios para descrever o que está em jogo na situação que localizamos por ostensão. E isso significa supor uma compreensão de outras sentenças que apresentam precisamente os mesmos problemas daquelas que estamos tentando explicar. No entanto, a impossibilidade de *afirmar* condições necessárias e suficientes não implica que semelhantes condições não existam: pelo contrário, o argumento parece sugerir que elas existem e que são elas que determinam o significado da sentença.

A conexão entre as sentenças declarativas no presente do indicativo com condições de verdade, no sentido epistemológico, talvez explique a importância da noção de "critério" de Wittgenstein. Assumo que um critério de inteligência, digamos, é uma característica de um homem que necessariamente fornece uma razão para descrevê-lo como inteligente: isso é parte do que entendemos por inteligência, de modo que, onde esse fato ou característica deixa de fornecer uma razão para o juízo, o conceito de inteligência seria outro. Essa definição, da forma como é posta, não é muito satisfatória, pois a noção de uma razão é contextual – o que é uma razão em um contexto pode não ser em outro. Por exemplo, poderia ser o caso que ter chifres fosse um critério para algo ser uma vaca: porém, em outras circunstâncias, poderia ser parte da razão para afirmar de algo que é uma cabra e, portanto, não uma vaca. Precisamos explicar, então, como um critério se conecta conceitualmente com certo juízo. Poderíamos dizer que é uma verdade conceptual que, na ausência de qualquer razão em contrário, a presença de um critério dá razão para a verdade do juízo correspondente. Ao chamar isso de verdade conceptual, pretendo apontar para o fato de que é mediante a apreensão das relações entre um termo e seus critérios que se diz que alguém compreende o termo. Uma verdade conceptual é uma consequência direta da maneira pela qual fixamos o significado de um termo.

Ora, segue-se disso que um critério para a aplicação do predicado F é *também* uma condição que rege a verdade da sentença $F(a)$. Os critérios que definem os significados dos termos empregados nas sentenças declarativas do presente do indicativo também fornecem as condições sob as quais essas sentenças são verdadeiras. (Esses critérios não são em geral nem condições necessárias nem suficientes, embora ambas as condições, necessária e suficiente, se relacionem com eles de forma assimptótica.) Wittgenstein pensava que a presença de critérios em qualquer coisa deve poder ser detectada; eles servem, portanto, para fechar o espaço entre epistemologia e lógica. Logo, descobrir os critérios para a aplicação de um predicado é descobrir o que é filosoficamente interessante a seu respeito.

Os problemas da estética serão respondidos de maneira satisfatória para o empirismo se as noções que nos perturbam – como "experiência estética" e "atitude estética" – forem elucidadas em termos de seus critérios, os estados de coisas observáveis que garantem sua aplicação. Contudo, isso nos traz para uma asserção final que pode parecer tornar impossível levar a cabo o programa empirista. É a asserção de que os critérios devem ser fatos ou características publicamente observáveis: a experiência estética, e a atitude estética, por conseguinte, devem ser elucidadas primariamente em termos de sua expressão. Pode-se objetar que é provável não podermos afirmar nada ao nos aproximarmos do tema de uma maneira tão cautelosa. Com certeza, argumentar-se-á, o ponto importante é a experiência ou atitude propriamente ditas, e isso é algo independente de sua expressão, um processo interno que só pode ser descoberto por meio da introspecção. Se quisermos conhecer a natureza essencial da experiência estética, dir-se-á, deveremos embarcar numa investigação fenomenológica, descobrindo o que é a experiência em si mesma, sua "estrutura noemática" tal como ela se revela para o estudo fenomenológico.[3] A plausibilidade dessa visão se reflete no fato de que as mais influentes e ambiciosas obras sobre estética fora da tradição idealista foram obras de fenomenologia, como os dois tratados de Sartre sobre a imaginação, *Phénoménologie de l'Expérience Esthétique*, de Mikel Dufrenne, e *Das Literarische Kunstwerk*, de Roman Ingarden.

A fenomenologia tenta clarificar a noção de experiência estética por meio de uma "redução fenomenológica" da própria experiência. A experiência é submetida a uma "epochê" ou "colocação entre parênteses", o que significa que toda referência a objetos externos é excluída de sua descrição, na qual os termos devem ocorrer com

---

[3] Cf., por exemplo, o método desvelado em E. Husserl, *Ideas*. London, 1931.

sua referência comum suspensa. Adotemos ou não a extensionalidade como condição necessária de análise – conforme empiristas contemporâneos, como Carnap, usualmente fizeram –, fica claro que a busca sistemática por condições de verdade, em qualquer sentido que não o formal, será minada pela existência de contextos intencionais para os quais não possuímos regra de substituição. Logo, a redução fenomenológica, que deve inevitavelmente produzir semelhantes contextos, será evitada neste trabalho. Além disso, há argumentos independentes que apoiam uma abordagem puramente extensional. Pois, embora se suponha que uma experiência seja "reduzida" pelo exame fenomenológico e, portanto, separada tanto de seu objeto material quanto de sua expressão externa, não pode haver descrição coerente *daquilo* a que se reduz. As "descrições" fenomenológicas da experiência, quando não são apenas referências disfarçadas para expressão pública, são elaboradas metáforas que não nos informam nada de definido sobre as experiências às quais se referem. Com efeito, se assumimos a verdade do famoso argumento de Wittgenstein contra a possibilidade de referência a "objetos privados" (enunciados de objetos com os quais estamos apenas de maneira contingente conectados com enunciados sobre o que é publicamente observável), então é isso o que devemos esperar. A estrutura "noemática" da experiência não é mais do que uma tradução metafórica do fato de que a experiência é essencialmente constituída por circunstâncias externas.

Decerto, a experiência estética possui "intencionalidade" e envolve um modo particular de apreensão de seu objeto. Porém, não há razão para deixar de explicar essa característica em termos de critérios que se aplicam igualmente aos casos de primeira pessoa e terceira pessoa. De fato, espero fazer várias sugestões que mostrarão como esses critérios podem ser produzidos. Suporei que nenhum significado pode ser atribuído a um termo de linguagem pública – como "experiência" –, a não ser referindo-se a critérios publicamente observáveis para sua aplicação.[4] Uma vez que é impossível referir-se a "objetos privados", segue-se que as condições de verdade de sentenças sobre experiências e outros estados mentais devem ser dadas em termos de estados de coisas publicamente observáveis. Para colocar de outra maneira: não há fatos sobre estados mentais que não sejam fatos que eu possa conhecer e observar em outro, bem como em mim mesmo. A fenomenologia na tradição de Husserl tenta um estudo aprofundado do caso da primeira pessoa, independentemente dos critérios que precisam ser invocados ao atribuir o significado de qualquer termo psicológico. Contudo, como a discussão de Wittgenstein deixa claro, não devemos tentar responder a questões como "O que é a experiência estética?" olhando para dentro de nós. Nosso conhecimento de nossas próprias experiências é imediato, baseado em nada. Por conseguinte, ele não se baseia em *características* das experiências pelas quais as reconhecemos pelo que são. A observação noemática da experiência não nos pode informar nada a seu respeito. Os únicos fatos sobre a experiência são fatos sobre a experiência de outros. Se tentarmos descrever as experiências estéticas unicamente em nosso próprio caso, se tentarmos descobrir características de nossas experiências que não são publicamente observáveis, e ainda assim com base nisso classificá-las em gêneros, então simplesmente vamos caracterizar nossas experiências por meio de elaboradas metáforas, ou por intermédio de alguma linguagem técnica especial (como aquela inventada por Husserl) cujo campo de referência não pode jamais ser definido.

Na investigação que se segue, portanto, só irei referir-me à fenomenologia quando isso fornecer um método conveniente para sintetizar fatos que poderiam igualmente ser enunciados em termos do que é publicamente observável. Tomarei emprestado da fenomenologia o termo "objeto estético", mas o utilizarei somente em um sentido

---

[4] Ver L. Wittgenstein, *Philosophical Investigations*. Trad. G. E. M. Anscombe. Oxford, 1953, n. 293. [*Investigações Filosóficas*. 5. ed. Trad. Brasileira, Petrópolis, Vozes, 2005.]

material, para me referir ao item (seja ou não obra de arte) que constitui o objeto material do interesse estético. No entanto, isso não significa que estarei em desacordo com aqueles fenomenólogos (como Ingarden e Dufrenne) que sustentaram que a obra de arte e o "objeto estético" são distintos. No sentido em que o entendem, essa asserção é inteiramente verdadeira. A distinção do fenomenólogo corresponderá, pelo menos em parte, a uma distinção que efetuarei entre a obra de arte e seu caráter estético.

Isso nos traz ao fim dos pressupostos sem argumentação que regerão o método dos capítulos que se seguem. Pode ser que esses pressupostos não sejam tão óbvios para alguns como são para o autor; e pode ser que expressem somente parte da verdade. Todavia, isso não deve ser um impedimento para o leitor, uma vez que pressupostos questionáveis precisam ser feitos em todo tratado sobre estética, que é apenas um ramo da filosofia, e não a filosofia propriamente dita. Além disso, haverá algum interesse, mesmo para um filósofo que imagina que toda experiência, pelo menos em parte, é irremediavelmente "privada", para ver até que ponto o aspecto público e observável da experiência estética pode ser descrita.

PARTE I

Juízo Estético

Capítulo 2 | A Individualidade do
Objeto Estético

Existe uma tradição em filosofia estética, talvez derivada da *Crítica do Juízo*, de Kant, que procura definir os conceitos de juízo e apreciação estéticos em termos da "unicidade" do objeto estético. Ao ver algo esteticamente, afirma-se, eu o vejo como é em si mesmo, separado de qualquer interesse prático, e de qualquer comparação com outras coisas. Vejo o objeto como uma ocorrência isolada, única, e, à medida que o aprecio esteticamente, nem o subsumo a conceitos, nem a nenhum fim prático. Associada a essa visão há uma teoria da atitude estética que dominou a estética até o presente. Trata-se da teoria que procura definir a atitude estética por contraste com atitudes científicas (cognitivas), por um lado, e com atitudes morais (práticas), por outro. Iniciarei pela discussão dessa teoria, pois isso nos mostrará onde residem os principais problemas.

Claramente, a teoria envolve duas visões separadas. Em primeiro lugar, há um contraste entre atividade estética e científica (ou cognitiva). Quando aprecio um objeto estético, afirma-se, não estou interessado em compará-lo com objetos similares: não me preocupo em derivar leis universais. Kant foi além, insistindo que, no juízo estético, o objeto não é, de modo algum, subsumido a conceitos. Logo, a faculdade de apreciação é bem distinta daquela do puro entendimento, e envolve uma espécie de salto mental no qual a individualidade de um objeto é apreendida e tornada presente pelo pensamento. Essa parte da teoria sobrevive em forma alterada em boa parte da filosofia recente, em particular no expressionismo de Croce e Collingwood, com seu celebrado contraste entre intuição e concepção. É claro que, para o expressionista, o objeto de apreciação não é tanto a individualidade da obra de arte, mas a individualidade do que está sendo expresso por ela, porém, uma vez que nem Croce nem Collingwood fornecem um critério pelo qual distinguir expressão e conteúdo, as teorias deles não passam de uma ressuscitação do ponto de vista kantiano. Na realidade, não é exagero afirmar que todos os dogmas da filosofia estética na tradição romântica são pressagiados no grande livro de Kant.

A segunda parte da teoria é a postulação de um contraste entre atitudes estéticas e práticas. Kant afirmou que eu me aproximo do objeto estético com os interesses em suspenso. Não o julgo como algo que servirá como meio para algum fim que seja externo a ele, nem o trato como estímulo para a emoção. Minha atitude é de contemplação desinteressada, cujo principal ingrediente é o prazer.[1] Esse aspecto da teoria talvez tenha recebido mais apoio que o outro. Schopenhauer, por exemplo, pensava que um homem pode olhar para qualquer coisa de maneira estética, contanto que a examinasse com independência de sua vontade – ou seja, independentemente de qualquer uso que pudesse fazer disso. Olhando desse modo, portanto, um homem poderia chegar a ver a "Ideia" expressa pelo objeto; e é nesse conhecimento, pensava Schopenhauer, que consiste a apreciação estética.[2] Em sintonia com essa visão está a popular teoria da arte como uma espécie de atividade "lúdica", na qual criação e apreciação são separadas das urgências normais da vida prática e moral.

---

[1] I. Kant, *Critique of Judgement*. Trad. J. C. Meredith, Oxford, vol. I, 1928.

[2] A. Schopenhauer, *The World as Will and Representation*. Trad. E. F. J. Payne, Colorado, 1958, vol. III, seções 34-48. [Cf. A. Schopenhauer, *O Mundo como Vontade e Representação*. Trad. Jair Barboza. 2. ed. 2 vols. São Paulo, Unesp, 2015. (N. T.)].

"Com o agradável, o bom, o perfeito", disse Schiller, "o homem é apenas sério, mas com a beleza, ele joga".[3]

Associada à distinção entre atitudes estéticas e práticas, há uma distinção mais específica entre o que é estético e o que é moral. De fato, filósofos na tradição kantiana tenderam a concentrar-se nessa distinção, em parte, penso eu, porque se supõe que as atitudes estéticas e morais são tão próximas que, se for possível efetuar uma distinção entre elas, a tarefa de definir a atitude estética será mero complemento.

Antes de discutir essa abordagem, há um ponto de método que surge sempre que se teoriza sobre juízo ou apreciação estética. Afirmar-se-á que qualquer teoria filosófica da natureza da estética deve inevitavelmente possuir uma remota e abstrata qualidade, uma vez que a noção que ela pretende discutir está ausente de nosso pensamento comum. Não existe um conceito comum do estético. No pensamento e na fala comum, nós não dividimos a vida mental humana em áreas nas quais a apreciação estética desempenha e não desempenha um papel. Termos como "estética" e "apreciação" são técnicos, e talvez recebam sentido no contexto de uma teoria filosófica, mas só podem ser empregados fora de semelhante teoria de maneira arbitrária, para denotar atividades e atitudes que possivelmente têm pouco em comum. Por que precisamos assumir que nossas atitudes e sentimentos em relação à música são de alguma maneira comparáveis a nossas atitudes e sentimentos ao ler um poema, ou contemplar uma paisagem? Ao que parece, antes de termos realmente iniciado a investigação, já classificamos na mesma categoria, por meio de um truque filosófico, uma assustadora multidão de itens mentais, como se, em última instância, eles exibissem uma estrutura comum. Mas por que tem de ser assim? O que há para explicar que exige uma exposição unitária de todos esses sentimentos e atividades?

---

[3] F. C. Schiller, *Letters on Aesthetic Education*. Org. Wilkinson e Willoughby. London, 1967, p. 107.

Uma sugestão é que, a menos que possamos fornecer uma exposição unitária, seremos incapazes de explicar por que descrevemos e avaliamos coisas tão diferentes (peças musicais, poemas, pinturas, paisagens, pessoas) de modo tão similar. Existe uma linguagem de apreciação comum a todos os exemplos de "apreciação estética" dos filósofos, e isso talvez nos permita assumir que um tipo particular de preferência é emitido em cada um deles. Falamos de obras de arte como "belas" ou "ótimas"; nós nos referimos ao gosto de alguém em pinturas, música, paisagens e decoração interior; criticamos a execução de peças musicais, pinturas, poemas e assim por diante na mesma linguagem, referindo-nos ao que é certo ou não fazer, o que funciona, ou é adequado, e assim por diante. Essa atividade *grosso modo* uniforme de apreciação estética pode parecer sugerir uma atitude subjacente comum em todas as instâncias.

Essa visão deve ter sido tomada como certa por Kant, com toda ênfase que ele pôs sobre o conceito do belo, similar, em outro contexto, à ênfase que ele conferiu a conceitos como os de direito, liberdade, bom, a partir dos quais supôs ser construída a noção de moralidade. Tem sido hábito entre filósofos seguir Kant a esse respeito, e isso levou a muitas tentativas de limitar o que é estético em termos de uma análise do conceito de apreciação estética, uma vez que é aí que a linguagem ordinária parece fornecer mais bases para a suposição de que a estética é de fato uma unidade. Poderíamos comparar com a tentativa, em filosofia recente, de descrever a área moral da experiência humana em termos de um tipo peculiar de avaliação que supostamente seria característico dela, um empreendimento que foi muitas vezes posto em dúvida, mas que continua a atrair grande parte do pensamento filosófico.

A ênfase na avaliação ganha sustentação no fato de que, difícil como é encontrar critérios de relevância consensuais regendo nosso interesse em arte, é pelo menos aceito que a arte possui algum tipo de autonomia, o que significa que não apreciamos arte como meio para algum fim, mas como fim em si mesmo. Mesmo que haja exemplos de obras de arte – prédios, música marcial e potes – que possam ter funções características, ao tratá-las como obras de arte, não as julgamos simplesmente como meios para a realização dessas funções. Se essa intuição for generalizada, então, talvez a base da estética possa ser explorada por meio de sua união com a visão de que há alguma atividade unitária de apreciação estética. É claro, ainda estamos a certa distância de mostrar que a apreciação e o juízo estéticos envolvem a atribuição de uma unicidade (em todos os vários sentidos derivados de Kant) a seu objeto, e que é isso, sobretudo, que distingue a atitude estética das atitudes moral e científica. Porém, teremos mostrado, pelo menos, que existe uma noção de apreciação estética que pode ser derivada das maneiras comuns de pensamento e que, não obstante, exibem alguma similaridade com a construção do filósofo.

Confirmação dessa segunda intuição – que o objeto estético não é tratado como meio, que uma apreciação adequada da arte (por exemplo) deve conferir-lhe uma medida de autonomia – pode ser encontrada em lugares-comuns do pensamento crítico contemporâneo. Alguém que leia Homero apenas a fim de aprender elementos da teologia grega, e quem, assim, trata as obras de Homero como meio para transmissão de informação é alguém que se diz que não está interessado na poesia como poesia. Em outros termos, não a aprecia tal como ela deve ser apreciada: pode estar cego à sua natureza como objeto estético. Mais uma vez, é usual argumentar que a pornografia, a não ser excepcionalmente, não pode ser arte, uma vez que os objetivos de ambas são incompatíveis. A pornografia é essencialmente um meio para o estímulo de sensações sexuais, enquanto a arte não é meio para estímulo de nada. Os argumentos em favor da autonomia estética podem ser estendidos. Afirma-se, por exemplo, que o camponês italiano que adora uma estátua da Virgem, à medida que trata a estátua como objeto de veneração religiosa, não pode apreciá-la de um ponto de vista estético. Pois à medida que seu interesse é religioso, ele precisa tratar seu objeto imediato como substituto para algo diferente. Ele olha além da estátua para o que ela representa, e está interessado nela apenas à medida que evoca uma verdadeira concepção da Virgem Maria. A estátua serve ao camponês como meio para a transmissão de um pensamento religioso: ela pode ter valor enquanto tal como meio, à medida que alcança êxito em inspirar seu pensamento, tenha ou não valor como obra de arte. Segue-se que a questão do bom ou mau gosto não vem ao caso, e a presença de um São Domingos de plástico, além de uma Virgem supermaquiada, por Sansovino, não é em si um sinal da corrupção do juízo estético. Essa maneira de pensar – que abre caminho para a visão expressionista segundo a qual a representação é em si mesma estranha aos fins da arte –, mais uma vez é um dos esteios do romantismo.

Esse argumento pela autonomia pode ser tomado, até aqui, como começando a soar absurdo. Assim, poder-se-ia argumentar, com Kant,[4] e com muitos filósofos contemporâneos, que o interesse estético não pode ser interesse em um objeto como meio para a evocação da emoção e que, portanto, tratar uma peça, por exemplo, como se fosse um veículo para suscitar piedade e terror é incidir no erro da heteronomia do juízo estético. A peça não é um meio para suscitar emoções dramáticas e, portanto, à medida que o fato de alguém gostar de uma peça consiste no experimentar dessas emoções, não é estético – pois a peça poderia ter sido substituída por algum outro objeto de sentimentos similares. Assim, a defesa da autonomia pode conduzir a uma franca condenação da emoção na arte. Na realidade, pode levar a uma teoria segundo a qual a apreciação estética não é nem mais nem menos do que contemplação totalmente desinteressada, sobre o que não se pode dizer mais do que: seu objeto possui certas propriedades formais. Como alternativa, ainda se admite que há algo que pode, de maneira justificada, ser chamado de "experiência" da arte; essa experiência, por sua vez, é autônoma, impossível de ser assimilada a quaisquer

---

[4] I. Kant, op. cit., I, seção 13.

categorias normais de emoção ou pensamento, não tendo nada em comum com qualquer coisa que possa ser sentida em outra situação.[5] Dessa forma, se a arte é, em algum sentido mínimo, um meio para o despertar da experiência estética, é ainda assim um meio que não pode ser substituído por outro. Logo, um interesse em arte não deixa de ser interesse na arte por si própria. A obra de arte ainda não é considerada como meio para a produção de qualquer coisa que possa ser identificada independentemente dela. Esta, em resumo, é a versão crociana da autonomia, a qual traz consigo uma magistral condenação do preconceito popular descrito como uma "*estetica del simpatico*", que em toda parte se supõe substituir o verdadeiro refinamento do gosto.

Claramente, para que a teoria estética tenha avançado sobre uma base tão frágil a tal ponto de obscuridade e dogmatismo, algo muito questionável deve ter sido tomado como pressuposto. Alguns podem querer afirmar que o pressuposto de que o interesse estético não é interesse em algo como meio é simplesmente um dogma, inspirado, como muita coisa mais, pelo movimento romântico, com sua ênfase excessiva sobre a criatividade e a expressão pessoal. Pode-se apontar para sociedades e civilizações nas quais a ideia da arte como um fim em si mesmo, como um todo, não se aplica. Certamente, o propósito primário do que nós agora chamamos de arte no Egito antigo era criar uma atmosfera de reverência, lançar uma espécie de feitiço que conferiria um ar de permanência aos atos e desejos dos faraós, que, de outro modo, poderiam ser esquecidos.[6] Não é esse um exemplo de uma sociedade na qual a arte e a apreciação da arte não podem apresentar a estrutura que o filósofo sustenta ser essencial a elas? Em outros termos, pode-se argumentar, e até certo ponto de maneira persuasiva, que a suposta intuição de um caráter

---

[5] Cf. Clive Bell, *Art*. London, 1913.

[6] Cf. o diagnóstico de Collingwood dessa atitude – e suas equivalentes contemporâneas – em seu estudo da "arte mágica", *The Principles of Art*. Oxford, 1938, p. 69-77.

autônomo na apreciação estética não é nada mais do que o reflexo de certo viés histórico transiente em favor de uma espécie de atitude em relação à arte, que não pode mais ser classificada como *o* modo de apreciação estética, mais que qualquer outro.

Entretanto, esse argumento talvez não seja tão importante quanto parece. Pois o que é de interesse é que devemos ser capazes de classificar *alguma* atividade mental como apreciação estética, e que devemos ser capazes de analisá-la de modo a mostrar suas diferenças e semelhanças em relação, por exemplo, a atitudes práticas e morais. E saber se outras civilizações teriam classificado da mesma maneira não é estritamente relevante para nosso propósito. Pois nosso propósito é produzir uma teoria que criará alguma semelhança entre nossas atuais maneiras de pensar a respeito e experimentar os objetos estéticos. Não estamos analisando uma noção preexistente e autossuficiente do estético que nos permitirá afirmar com qualquer certeza que alguma outra civilização, ou algum outro período da história, apreciava os objetos esteticamente, mas de maneira diferente da nossa. Necessitamos de uma teoria antes de sequer sermos capazes de avaliar a importância desse fato, se for realmente um fato.

Um diagnóstico bem mais direto da confusão do especialista em estética é esta: não se forneceu nenhuma análise adequada do que é estar interessado em algo como meio, ou como é em si mesmo, por si próprio. Não sabemos plenamente que distinção está sendo invocada. Ainda assim, que *há* uma distinção, a meu ver, é algo que não colocamos em dúvida. Talvez, portanto, devamos combinar nossas duas intuições: a primeira, que a apreciação da arte não é sua apreciação como meio para qualquer fim independente e, a segunda, que há algum sentido em uma atividade distinta de apreciação estética, utilizando-as para esclarecer uma à outra. Em outros termos, talvez devamos sustentar que a melhor maneira de definir de que modo a apreciação estética é apreciação de um objeto "tal como ele é em si mesmo" se dá mediante uma análise do procedimento de avaliação estética.

Essa sugestão pode ser sustentada da seguinte maneira: quando avalio ou estimo os méritos de alguma coisa, então a avalio em relação a algum interesse que ela satisfaz. Se estou interessado em algo como meio, então meu interesse se dirige para um fim para o qual o objeto pode contribuir. Por exemplo, se estou interessado em um carro a fim de viajar com conforto para as Highlands, então esse propósito é o fator de meu interesse no carro, e avaliarei os méritos do carro de acordo com isso. Não o considerarei um bom carro para meus fins em razão de sua forma ou velocidade, exceto à medida que encarar essas qualidades possam contribuir de forma integral para meu propósito. Meu propósito define os critérios de relevância, os quais me permitirão separar aquelas características do objeto que são relevantes para sua avaliação daquelas que não são. E uma vez que as características que são relevantes para a avaliação do carro não precisam ser específicas (para qualquer fim distinto daquelas do carro propriamente dito), é claro que carros diferentes podem ainda assim ser idênticos em relação a seus méritos como meios para meu fim particular.

Mas, se não tenho fim ou propósito separadamente identificável do objeto de meu interesse, então certamente não pode haver nenhum critério de relevância desse tipo, nenhum critério que me permita dizer que algumas características de um objeto serão relevantes para sua avaliação, e outras não. De forma que, se o interesse em uma obra de arte não é interesse como meio, parece se seguir que não pode haver critérios de relevância que nos permitam dizer que os méritos de uma obra de arte dependem dessa característica mais do que outra, ou que nos possibilitem produzir qualquer fórmula no que se refere a que características uma obra de arte precisa possuir para que seja inteiramente bem-sucedida de um ponto de vista estético. Chegamos assim às concepções de que toda característica de uma obra de arte é relevante para nossa avaliação dela, e que não pode haver regras para a avaliação de obras de arte. Em outros termos, o que quer que seja uma avaliação estética, ela precisa envolver apenas aquele tipo de interesse na *unicidade* de um objeto que Kant e Croce, de diversas maneiras, tentaram descrever.

Ao que parece, conseguimos obter uma caracterização parcial da atitude estética. Trata-se de um tipo de interesse de espectador, cujo objeto é a unicidade ou individualidade de alguma obra de arte ou outro objeto de interesse artístico. Ele resulta, por conseguinte, num modo particular de avaliação de seu objeto, no qual a ideia de uma característica relevante para a avaliação não pode ter lugar. Esse feixe de doutrinas, na realidade, se origina no mesmo par de intuições aparentemente inegáveis, e sua coerência mútua só pode dar a impressão de confirmar a visão de que a avaliação estética é assim. Não surpreende muito que tais doutrinas ocorram de maneira mais ou menos inalterada nos escritos dos especialistas em estética contemporâneos.[7] A questão que se coloca é até que ponto essa teoria fornece uma caracterização adequada ou completa de um domínio separado da vida mental, e até que ponto permite relacionar arte e experiência da arte com outros fenômenos com os quais são geralmente comparados.

É importante separar a questão da unicidade da obra de arte – a qual, como esbocei aqui, envolve uma teoria da apreciação estética – de questões sobre a identidade da obra de arte. A unicidade que é conferida a um objeto por seus critérios de individuação e identidade está implicada em todas as nossas referências a ele, e se as obras de arte possuem condições de identidade que conferem "unicidade", então isso simplesmente significa que não podem mudar sob nenhum aspecto sem deixar de ser as mesmas obras de arte. Seja isso verdade ou não, me parece uma questão de pouco interesse em estética. A questão não é saber se obras de arte possuem critérios tão fortes de identidade, mas se toda mudança em uma obra de arte é necessariamente uma mudança em seu caráter estético. Se uma obra de arte

---

[7] Ver especialmente Stuart Hampshire, "Logic and Appreciation". In: W. Elton (ed.), *Aesthetics and Language*, e P. F. Strawson, "Aesthetic Appraisal and Works of Art". *The Oxford Review*, 1966.

muda sob algum aspecto, então a questão importante não é como ela deve ser identificada ao longo da mudança (se ela deve ser identificada como a mesma ou como outra obra de arte), mas saber como nosso interesse estético será afetado por essa mudança.

A unicidade da obra de arte, por conseguinte, não é um produto de restrições que, por qualquer motivo que seja, podem ser feitas aos critérios para a identidade das obras de arte. É antes o resultado do fato de que, em determinado estado mental, ao qual nos estamos referindo como apreciação estética, o objeto é *apreciado* por sua unicidade: o objeto não é considerado como substituível por outro, que "servirá também". Em outros termos, não é preciso haver um problema especial sobre a identidade das obras de arte. Não temos obrigação lógica, por exemplo, de estipular que todas as características de uma obra que apreciamos esteticamente devam, por esse motivo, ser características definidoras.[8] Em crédito de Kant, diga-se que, diferentemente de muitos filósofos recentes, ele viu que a suposta unicidade do objeto estético não podia ser objetificada como seu atributo, mas devia ser analisada como um elemento formal do interesse estético.

Pode-se afirmar que nossa apreciação das obras de arte é tal que *impõe* a necessidade de um critério especial de identidade; por exemplo, só deveríamos identificar uma pintura com um objeto físico se realmente a apreciássemos como tal, senão nosso conceito de uma obra de arte e nosso conceito de interesse estético seriam separados. Porém, esse argumento parece estar errado. Contra esses filósofos que defendem que todas as obras de arte são essencialmente "tipos", por exemplo, só é preciso indicar exemplos. Prédios possuem qualquer característica estética que possuam como objetos físicos: instituir um sistema de reprodução limitada da maravilhosa igreja de Borromini em *Quattro Fontanne*[9] só

---

[8] Uma concepção que é sustentada por P. F. Strawson, op. cit., p. 11.

[9] Trata-se da Igreja de San Carlo alle Quattro Fontanne, construída em Roma pelo arquiteto Francesco Borromini (1599-1667) a pedido do cardeal Francesco Barberini (1597-1779). (N. T.)

poderia servir para alterar sua característica como objeto de apreciação. Logo, não poderia ser nossa maneira de apreciar o prédio que dita que ele deveria possuir a identidade de um tipo, e não de um objeto físico. É claro, poderíamos imaginar uma situação – a perfeita reprodução de prédios e pinturas – na qual obras de arte previamente identificadas como objetos físicos teriam de ser reescritas como tipos.[10] Contudo, isso é simplesmente imaginar uma situação na qual alguns objetos físicos foram tão perfeitamente reproduzidos de modo a se tornarem meros representantes de tipos universais, caso em que fundamentos para efetuar uma distinção entre identidade de prédio-ou-pintura, digamos, e identidade-de-objeto-físico entram em colapso. A conclusão, segundo creio, é que devemos identificar obras de arte da maneira ditada pela respectiva mídia de arte. Algumas obras (pinturas, esculturas e assim por diante) serão objetos físicos; outras (poemas e romances) serão tipos; outras (obras musicais) podem ter um gênero de identidade mais complicado, conferido por uma notação elaborada. Em todo caso, a questão da identidade e a questão da unicidade são distintas.

Necessitamos, portanto, discutir a apreciação estética de maneira independente de sua suposta contribuição para as condições-de-identidade de uma obra de arte. Assim, surge a tentativa de derivar uma noção mais útil de "unicidade" mediante uma consideração dos gêneros de razões que podem ser aduzidas em apoio aos juízos estéticos. É possível argumentar que a apreciação estética não pode partilhar a estrutura lógica do raciocínio moral. Isso porque não pode haver razões em favor dos juízos estéticos no sentido de descrições que sempre contariam em favor de uma dada conclusão. Não podem existir propriedades que "conferem valor" a uma obra de arte. O efeito de qualquer propriedade deve ser determinado *a posteriori*, mediante a experiência do caso em questão. Isso é parte do que Kant entendia quando escreveu que o juízo do belo está isento de conceitos: ele não

---

[10] Cf. P. F. Strawson, op. cit., p. 10.

envolve classificação nem descrição prévia de seu objeto. A crítica diz respeito aos méritos do caso particular, a obra de arte em si mesma, como performance única e impossível de ser repetida. Em moralidade, por outro lado, nós nos preocupamos com propriedades que conferem valor moral a nossos atos e a nosso caráter; pois desejamos guiar nossa conduta à luz de princípios racionais.

Essa é uma sugestão interessante, que parece ser apoiada, à primeira vista, por um conhecido truísmo. Uma obra de arte não pode ser de grande valor e interesse, em parte, graças a alguma característica que, em outra obra, cria desinteresse e desordem? (Compare-se o efeito da repetida harmonia decrescente no *Intermezzo* N.º 6, op. 128, de Brahms, com seu efeito nos recitativos do *Der Freischütz*, ou o efeito da "soldadesca ébria", no "Byzantium", de Yeats, com seu efeito no primeiro capítulo de *Salambô*). Por outro lado, por si só, isso pode dificilmente ser visto como marca distintiva do raciocínio estético. Uma ação pode ser moralmente boa e outra moralmente má, em que uma única característica pode contribuir para a bondade de um caso, e para a maldade de outro. Uma ação que causa prazer pode ser boa quando o prazer é merecido, mas má quando o prazer é depravado. Muitos exemplos são conhecidos pela filosofia moral. Com frequência, a única garantia clara de que identificamos um critério de valor na ação, no sentido de uma característica que *sempre* adiciona mérito, reside no fato de que descrevemos a característica em seu contexto pleno. Porém, então não o teremos descrito de maneira independente da ação.[11]

Responder-se-á que poderia haver características das ações que *realmente* contassem como forma de decidir sobre seus méritos, embora essas características não sejam simples "características de primeira-ordem" (como causar a felicidade de alguém), mas antes "características de segunda-ordem", características cuja presença só pode ser descoberta por algum trabalho de interpretação. Essas

---

[11] Ver Ruby Meager, "The Uniqueness of the Work of Art". In: C. Barrett (org.), *Collected Papers on Aesthetics*. Oxford, 1965.

características seriam aquelas cujo valor é estabelecido por um código moral (ou, de um ponto de vista da ética naturalista, o valor do que é descoberto por um código moral), ou que tem papel decisivo no pensamento moral. As virtudes tradicionais, naturalmente, pertenceriam a essa classe de características. Faz sentido afirmar (seja ou não, em algum sentido, necessariamente verdadeiro) que é *sempre* uma razão para o mérito de uma ação que ela seja corajosa, benevolente, honesta, nobre ou gentil. Se uma ação possui ou não semelhante característica não pode ser descoberta pela observação direta de sua estrutura ou consequências. Não obstante, essas características podem ser descritas sem que se forneça uma descrição completa das ações que as possuem.

Mais uma vez, contudo, o ponto não foi estabelecido. Para isso há também duas ordens de descrição aplicáveis aos objetos de julgamento estético, e faz muito sentido afirmar que a presença de uma propriedade no segundo nível é sempre uma razão para chamar uma obra de arte de boa. (À medida que sempre faz muito sentido afirmar que a presença de qualquer característica é *sempre* uma razão, embora não seja condição suficiente, para descrever um objeto de certa maneira.) Por exemplo, descrevemos obras de arte não só em termos de sua estrutura métrica ou harmônica, sua lentidão, altura, brilho ou sentido literal, mas também em termos de interpretações na forma de tentativas e dependentes do contexto, nas quais nos referimos a elas como trágicas, comoventes, equilibradas, evocativas, sinceras, tristes, refinadas, nobres, sentimentais, e assim por diante. Esse segundo vocabulário é, de certa maneira, similar ao vocabulário da virtude moral, e, à primeira vista, parece desempenhar papel similar no pensamento e no juízo estéticos. Assim, por que não admitimos que se trata de um vocabulário referente aos critérios de valor que se supõe que obras de arte não exibem? Embora seja verdade que talvez tenhamos de evocar todo o contexto antes de poder determinar se uma obra de arte é sentimental ou profunda, podemos descrever essas características sem fornecer uma descrição total das obras de arte que as possuem.

Uma réplica possível seria afirmar que as "características estéticas" (como aquelas a que acabamos de nos referir) são nomeadas por palavras avaliativas e, portanto, elas próprias transmitem avaliações; elas não fornecem razões genuínas *para* essas avaliações.[12] Porém, não está muito claro o que se entende ao afirmar que as descrições de uma obra de arte de segunda-ordem, estéticas, são avaliativas – claramente, não pode significar negar que uma obra de arte possa ser triste, nobre, sincera ou qualquer outra coisa e, ainda assim, um fracasso, como uma ação pode ser benevolente, nobre e honesta sem ser certa. É evidente que é difícil forçar qualquer comparação aqui com descrições de segunda-ordem do discurso moral. Caso se acrescentem argumentos sustentando que a linguagem da virtude moral é verdadeiramente mais descritiva do que sua contraparte estética, então não só eles precisam ser produzidos, como seria muito difícil saber que interpretação atribuir ao fato de que possam ser produzidos, se isso for um fato.

Parece, portanto, que seria mais sensato abandonar a tentativa de efetuar uma distinção entre estética e avaliação moral em termos do tipo de unicidade atribuída à primeira. As conclusões a que se chega pela tentativa são demasiadas vagas para servir sem alguma teoria independente sobre a natureza do interesse estético. Claramente, a avaliação estética e a moral diferem; pois, embora ambas envolvam avaliação de objetos como fins, e não como meios, a conexão com os fins, no caso da avaliação estética, é mais imediata. A avaliação estética envolve a avaliação de um objeto particular, por si próprio; deve ser apoiada, por conseguinte, por razões de certo tipo. Porém, o tipo de razão não pode realmente ser descrito até que possuamos alguma explicação independente de como surgem as avaliações estética e moral. Por exemplo, se pudéssemos descrever as atitudes estéticas, seguir-se-iam imediatamente conclusões relativas à natureza das razões que apoiarão uma e não outra, ou relativas à natureza lógica da avalição dos atos de fala, os quais, sob uma plausível teoria da natureza da "avaliação", expressarão ou transmitirão essas razões.

---

[12] Cf. P. F. Strawson, op. cit., p. 11 e 13.

Em resposta a essa objeção, pode-se afirmar que a apreciação estética deve ser caracterizada em termos de seus objetos, e não em termos dos procedimentos avaliativos que lhe conferem expressão. Mas quais são esses objetos? Descobrimos que a discussão precedente contém uma resposta possível: os objetos de interesse prático são as características práticas ou utilitárias de uma coisa, e como os objetos de interesse moral são em geral as virtudes, vícios e propriedades morais de uma coisa; do mesmo modo, os objetos de interesse estético são as qualidades "estéticas" de uma coisa – as características nomeadas pelas descrições de "segunda-ordem" de uma coisa das quais forneci exemplos.

Diante disso, essa sugestão é altamente persuasiva. Ela nos fornece um meio imediato de caracterizar o interesse e a apreciação estética – são simplesmente interesse em, e apreciação de, certas características. O juízo estético, exceto no caso excepcional de uma avaliação geral, é o simples procedimento cognitivo de julgar que um objeto possui certas características estéticas, e que o gosto é a faculdade de ser capaz de discernir essas características. E está claro que há características que recebem ênfase especial na crítica da arte – características como expressividade, nobreza e grandeza. Além disso, essas características são imediatamente associadas com o modo de avaliação, do qual a consistência da expressão era uma de nossas poucas intuições sobre a natureza do interesse estético.

Essa sugestão também abre espaço para um contraste entre atitudes estéticas e práticas. Pois as características "estéticas" às quais usualmente nos referimos são, de certo modo, características intrínsecas de um objeto – ou seja, não pertencem a ele em virtude de qualquer fim ao qual pudesse servir. Uma peça musical não é triste porque pode ser usada para evocar tristeza, ou nobre porque pode ser usada para criar uma atmosfera de autoridade. Isso parece fornecer alguma confirmação da visão de que uma teoria adequada da distinção entre o que é estético e o que não é não pode ser alcançada por meio de uma lista das características que são específicas do juízo estético. Essa é a visão que precisamos examinar agora.

Capítulo 3 | Percepção Estética

A sugestão de que o interesse e a avaliação estética devem ser definidos em termos de características nas quais ambos se baseiam é conhecida[1] e é um pequeno passo para a ideia de que essas características podem ser postas à parte como pertencentes a uma classe *grosso modo* independente. O desenvolvimento mais interessante dessa ideia talvez esteja na teoria da percepção estética, teoria que deriva de Hutcheson, e que foi um dos principais esteios do empirismo por pelo menos dois séculos. Segundo essa teoria, apreciar um objeto esteticamente é "perceber" suas características estéticas, sendo estas precisamente aquelas para as quais se necessita de percepção estética (ou "gosto") para discernir. É essa teoria que discutiremos agora.

A fim de evitar confusão, distinguirei características de propriedades. Por "característica" [*feature*], entendo qualquer coisa que seja, ou pareça ser, atribuída a um predicado. Em outros termos, se "X é Y" faz sentido, então, sempre que X for Y, X possui a característica de Y-dade [*Y-ness*]. Porém, não se segue disso que Y-dade também seja uma propriedade: é somente uma *propriedade* se a sentença "X é Y" possuir condições realísticas de verdade (condições de verdade no sentido forte, explicadas no Capítulo 1). Em outras

---

[1] Ver, por exemplo, J. O. Urmson, "What Makes a Situation Aesthetic?". *A.S.S.V*, 1957.

palavras, a ideia de uma característica é gramatical, enquanto a de uma propriedade possui conteúdo epistemológico. Essa distinção é de grande importância, e eu a elaborarei em detalhe nos próximos capítulos. Por ora, utilizarei o termo "característica" apenas por conveniência: há uma característica para todo predicado. Assim, é uma característica de um homem ser bom, irritante ou belo, mesmo que, no sentido realista, bondade, irritabilidade e beleza possam não ser propriedades.

Como identificamos características estéticas? Parece que não existe resposta pré-teórica adequada a essa questão. Não obstante, temos a ideia de que algumas propriedades de um objeto estético podem ser discernidas por qualquer um com olhos, ouvidos e inteligência normais, enquanto outras podem ser discernidas apenas com ajuda adicional de gosto, perceptividade ou juízo.[2] Essa diferença corresponde à distinção que desejamos estabelecer, ainda que, a fim de identificar características estéticas antes de qualquer teoria, precisemos simplesmente listar os predicados que lhe atribuem. Encontramos grande variedade entre esses predicados. Por exemplo, há predicados cujo uso primário se dá no juízo estético, predicados como "belo", "gracioso", "elegante" e "feio". Esses termos ocorrem principalmente em juízos de valor estéticos. Há então descrições referindo-se à realização formal ou técnica de uma obra de arte: "equilibrada", "bem-feita", "econômica", "grosseira", "indisciplinada", e assim por diante. Muitas descrições estéticas empregam predicados que geralmente são usados para descrever a vida mental e emocional dos seres humanos. Nós descrevemos obras de arte como tristes, alegres, melancólicas, agitadas, eróticas, sinceras, vulgares, inteligentes e maduras. Quase qualquer predicado mental pode ser aplicado a uma obra de arte, e alguns (por exemplo, "triste"), podem ser aplicados

---

[2] Sobre esse ponto, ver F. N. Sibley, "Aesthetic Concepts". *Phil. Rev.*, 1959, e "Aesthetic and Non-aesthetic". *Phil. Rev.*, 1965.

a objetos estéticos. Descrições estéticas também podem referir-se às características expressivas das obras de arte. Diz-se com frequência que as obras de arte expressam emoção, pensamento, atitude, caráter, na realidade, qualquer coisa que possa ser expressa. Por exemplo, a *Embarcation à Cithère*, de Watteau, expressa a transitividade das alegrias humanas; *Medida por Medida*, de Shakespeare, expressaria a essência da caridade cristã.

Estreitamente conectados com termos de expressão são os termos filosoficamente conhecidos como "afetivos": termos que parecem ser usados para expressar ou projetar respostas humanas particulares, os quais também são indicados por nomes – entre os exemplos incluem-se "comovente", "excitante", "evocativo", "nauseante", "tedioso", "agradável" e "adorável". Também precisamos incluir entre as descrições estéticas vários tipos de comparação. Por exemplo, posso descrever o estilo de um escritor como inflado ou masculino, uma cor como quente ou fria, uma peça musical como arquitetônica. Pode-se encontrar exemplos às pencas. Quando se afirma que esse uso dos termos é puramente "figurativo" ou "metafórico", não se deve pensar que qualquer problema tenha sido resolvido. Existe uma questão filosófica sobre a natureza da metáfora e sobre sua distinção, se é que há alguma, de símiles, que é tão intransigente como qualquer problema sobre a natureza do juízo estético.

Finalmente, há várias descrições de uma obra de arte em termos do que ela representa, em termos de sua veracidade, ou de seu caráter geral ou gênero (seja trágico, cômico, irônico ou outro), que não podem adequadamente se encaixar nessas classes, mas que possuem, apesar disso, importante papel no juízo estético.

Essa estonteante lista de exemplos precisa ser estendida de modo a incluir qualquer descrição que possa ser usada (seja ou não, geralmente, *de fato* usada) para se referir a uma característica estética – característica para a qual é preciso "gosto" ou "perceptividade" para discernir, e que pode ser mencionada (segundo a intuição do último capítulo) como parte da razão para um juízo estético. A lista é tão ampla que pode parecer absurdo, num primeiro momento, tentar utilizá-la como definição de juízo estético. Entre outras coisas, uma vez que ela inclui as categorias de comparação e metáfora, será impossível evitar a conclusão de que todo e qualquer objeto possui um caráter estético de indefinida complexidade. Porém, seja esta ou não realmente uma objeção à teoria, essa é uma questão que dificilmente pode ser resolvida em abstrato. Pois a teoria afirma que não podemos fazer melhor do que distinguir um interesse estético como interesse nas características estéticas de um objeto – um interesse nas características dos objetos atribuídas por descrições, como aquelas citadas, em seu uso estético. A apreciação estética é o ganho de *conhecimento* acerca dessas características, por meio da "percepção estética", ou "gosto".

Essa teoria não precisa parecer implausível. Vale mencionar o fato de que, com muita frequência, *julgamos* se o interesse de alguém por um objeto é primariamente estético, com base nas descrições que esse alguém estaria preparado para fornecer de seu objeto. Não é absurdo supor que essas descrições se referem a propriedades perceptíveis do objeto. Por exemplo, alguém que condene as ações dos outros não como covardes, brutais, más ou corruptas, mas como tediosas, deselegantes, deprimentes ou vulgares, tem a consciência delas que seríamos tentados a descrever como sendo, pelo menos em parte, estéticas – em todo caso, como amorais. Seu interesse estético invadiu a esfera do juízo moral, e isso se revela nas características das ações que mais despertam seu louvor ou censura.

Como todas as nossas intuições pré-teóricas em estética, é claro, isso está aberto a tantas interpretações quanto a quantidade de teorias. Não obstante, será mostrado, assim espero, que a teoria em discussão está longe de ser absurda e, se fracassar, será por uma razão bem mais profunda que sua incapacidade de se conformar à intuição comum. O problema central é descobrir se há alguma lógica unitária caracterizando o uso estético dos termos. Sem essa lógica unitária, o conceito de apreciação estética, definido *meramente* em termos de uma classe aberta e indefinida de características, será uma noção arbitrária e desinteressante, sem fundamento último e sem lugar especial na filosofia da mente.

Ora, Sibley sustentou, recentemente, ao defender a teoria da percepção estética, que *há* uma lógica distintiva da descrição estética.[3] Ainda que ele não use efetivamente o termo "critério", é parte de sua concepção que não existem critérios, no sentido de Wittgenstein, para a aplicação dos termos em seu uso estético. Embora as características estéticas dependam de características não estéticas, de modo que uma pintura pode ser delicada, digamos, *graças* a suas cores pálidas e formas suaves, essas características não são "condicionadas" (tal como Sibley o coloca) por características não estéticas. Os argumentos de Sibley em favor dessa conclusão lembram os argumentos kantianos contra a possibilidade de critérios de valor em arte. Ele afirma que qualquer descrição dada como razão para o fato de uma obra ser, digamos, triste, *poderia* ser dada como razão para o fato de alguma outra obra ser chata ou sonolenta e outras duas obras poderiam ser tristes por razões bem diferentes, e muitas vezes conflitantes. Logo, "razão", no juízo estético, não pode significar nada como "critério" tal como utilizei o termo – razões estéticas não são condições de verdade. É claro, "razão" usualmente não significa "critério" em juízos não estéticos; é a posição de Sibley de que simplesmente não *há* critérios para descrições estéticas.

Vale a pena mencionar que é extremamente difícil provar esse ponto. Não é o fato de se considerar de uma maneira que faz uma razão se referir a um critério (ou condição de verificação) – como fica claro à luz do argumento do Capítulo 1. Por exemplo, muitos predicados que atribuem estados mentais partilham critérios: a

---

[3] Ibidem.

mesma característica pode ser tanto um critério de tristeza quanto um critério de raiva. Se ela é uma *razão* para qualquer juízo particular só depende do contexto. Seria possível pensar que poderíamos pelo menos estabelecer que não há condições suficientes (em termos das características não estéticas) para a verdade de uma descrição estética. Lista alguma de características não estéticas pode *implicar* um juízo estético. Porém, alguém pode argumentar que, pelo menos, a lista de características que constitui a descrição completa, fenomênica, de "primeira-ordem" da obra de arte precisa implicar a presença de quaisquer características que possua. Pois se as características estéticas forem verdadeiramente *dependentes*, então qualquer outra obra de arte com exatamente as mesmas propriedades e relações de primeira-ordem deve também ter o mesmo caráter estético. Certamente, isso não nos fornece uma *regra* para a reaplicação de um termo estético. No entanto, essa ausência de regras é insuficiente para definir o contraste entre juízo estético e não estético. Pois, mais uma vez, não parece haver distinção entre descrições estéticas e certas indubitáveis descrições não estéticas – por exemplo, certas descrições de ação em termos de conceitos mentais. Com frequência, podemos descrever ou apontar uma sequência comportamental que seria suficiente para atribuir algum estado mental (como tristeza) a uma pessoa. Logo, possuímos condições suficientes para afirmar que o comportamento em questão é expressivo da tristeza: o fato de ser assim é a base para nosso juízo de que essa pessoa é triste. Aqui, porém, como no caso da descrição estética, não podemos converter essa condição suficiente numa regra que vá além desse caso individual – uma recorrência dessas ações, ou esse comportamento, mesmo como comportamento de outra pessoa, seria uma recorrência das mesmas ações ou do mesmo comportamento.

Ao que parece, portanto, não temos nenhuma prova conclusiva em favor da concepção de que não existem critérios para a aplicação dos termos estéticos. Isso se deve em parte, segundo creio, ao fato de que seria muito difícil imaginar como seria essa prova geral. Assim como ninguém, até o momento, foi bem-sucedido em demonstrar que existe uma falácia naturalista em ética, ou um hiato lógico entre descrição e avaliação, do mesmo modo ninguém, provavelmente, será capaz de demonstrar que existe um hiato similar entre descrições estéticas e não estéticas. Pois, embora possa depreender-se da verdade de alguma teoria sobre o significado dos juízos morais ou estéticos que eles são logicamente independentes das descrições comuns, a plausibilidade da teoria apoia-se na questão de saber se as intuições que temos sobre significado e sinonímia confirmam essa falta de qualquer relação lógica. E, como é notório, as intuições das pessoas diferem umas das outras.

A comparação com juízos morais de fato ajuda-nos a esclarecer a noção de uma característica estética. Será muito apropriado contestar que a nítida distinção entre características de primeira-ordem e de segunda-ordem, estéticas e não estéticas, que até agora se assumiu em estética é grotescamente absoluta, como a distinção similar em ética entre fatos "brutos" e valores morais. Da mesma forma que o naturalista em ética argumentará que a criação dessa dicotomia artificial constitui a única razão até agora fornecida para o dogma de que existe um hiato lógico entre descrição e avaliação, o oponente da ideia de uma característica estética argumentará que o caráter aparentemente "não condicionado" dessas características surge exclusivamente com base na simples classificação das características em tipos exclusivos. Parece plausível afirmar que características de um poema, como seu tamanho, ritmo e esquema de rimas não podem ser critérios de profundidade. Porém, é plausível afirmar que sutileza de ritmo, desenvolvimento de rima, controle do pensamento só se relacionam de maneira contingente com o juízo estético? Elas parecem situar-se entre as claras características de "primeira-ordem" e as características estéticas que dependem delas, como as complexidades do "fato institucional" permanecem entre os fatos brutos e os valores.[4] Por conseguinte, não devemos esperar encontrar qualquer prova da autonomia lógica da descrição estética tentando mostrar que as descrições estéticas carecem de critérios. Pois isso jamais poderá ser demonstrado. E, se for mera hipótese, então necessitamos de uma teoria completa e plausível do significado dos juízos estéticos que explique, de maneira independente, tudo que precisa ser explicado a respeito delas. Foi o fracasso em fornecer semelhante teoria do significado que impediu a formação de uma alternativa genuína ao naturalismo ético. Simplesmente insistir que as características estéticas não são condicionadas por características não estéticas é produzir um protesto sem sentido contra uma hipótese provável. Não podemos fazer nada com semelhante teoria.

O tipo de argumento que é produzido contra o naturalista em ética pode ser produzido contra a visão de que existem critérios para juízos estéticos, mas com uma margem tão pequena de sucesso quanto no primeiro caso. Poder-se-ia argumentar, por exemplo, que alguém que reconheça e aceite uma descrição completa de uma obra de arte mostre completa compreensão dos termos utilizados para atribuir um caráter estético com base nessa descrição, e, ainda assim, discorde de qualquer atribuição particular, não importa quão minuciosamente ele estude a obra. No entanto, isso não é mais que a *asserção* de que não há condições suficientes de juízo estético. Certamente, não é uma prova, dado que se apoia numa intuição sobre o que é "compreender" um juízo estético que poderia, com a mesma facilidade, ser negada. Além disso, o que se entende por descrição completa de uma obra de arte? De modo similar, se alguém simplesmente argumentasse que não existem critérios para uma atribuição de algum termo estético sem por isso mostrar que ele não

---

[4] Cf. G. E. M. Anscombe, "On Brute Facts". *Analysis*, 1958; J. R. Searle, *Speech Acts*. Cambridge, 1969, cap. 8.

compreende o termo – isso ainda não passa de uma asserção do que pode, efetivamente, ser uma posição consistente e sustentável, mas que precisa ser provada por algum outro meio.

Não obstante, ainda pode ser verdade que termos utilizados em descrições estéticas não possuem critérios. Precisamos ter em mente, porém, que essa visão é, no máximo, uma hipótese, que se pode tornar plausível apenas pelo que inserimos nela. A teoria da percepção estética usa essa concepção como base para uma explicação do juízo estético que lembra o intuicionismo ético, o qual Moore derivou de sua "descoberta" da "falácia naturalista" em ética.[5] Moore concluiu que características morais como bondade devem ser como cores, simples propriedades que respondem a uma classificação básica dos objetos em termos da experiência. Ele inventou uma faculdade especial – intuição – pela qual propriedades "simples" poderiam ser discernidas. De modo similar, poderíamos argumentar que características estéticas são discernidas por uma única faculdade perceptual – "percepção estética" ou "gosto". A única diferença é que, para a teoria da percepção estética, propriedades estéticas não são, estritamente falando, propriedades "simples", mas propriedades "terciárias" ou "emergentes":[6] elas sempre dependem, de alguma maneira, de outras propriedades, embora a relação entre elas e essas outras propriedades não seja uma relação lógica. Como exemplos de propriedades emergentes poderíamos considerar aspectos e configurações da Gestalt, em geral.

A ideia de uma propriedade emergente precisa ser examinada de perto. Somos informados que as propriedades emergentes dependem de outros, de alguma maneira, mas não de alguma maneira *particular*: tudo que pode ser dito sobre essa relação de dependência é que, vendo as propriedades de primeira-ordem das quais uma propriedade

---

[5] G. E. Moore, *Principia Ethica*. Cambridge, 1903, cap. 1.

[6] Ver F. N. Sibley, op. cit.

emergente depende, alguém com a correta capacidade perceptual (gosto, no caso do juízo estético) "verá" a propriedade emergente no objeto. Isso é analiticamente verdadeiro (ou quase), pois é realmente uma explicação do que constitui possuir essa capacidade perceptual. A capacidade não poderia ser identificada de qualquer outra maneira – digamos, em termos de órgão dos sentidos, ou em termos de uma sensação particular que precisaria ser ela mesma identificada por referência a alguma parte do corpo. Os juízos em apoio às descrições estéticas não fornecem razões, de fato, mas visam antes a determinada "percepção". A crítica é uma questão de se referir, de maneira judiciosa, às características de primeira-ordem que outro poderia ter deixado de notar, ou a que pode ter atribuído pouca importância, e então esperar que a propriedade emergente venha a se tornar evidente também para ele. (Sustentarei que, de certas maneiras importantes, essa é a explicação correta do que ocorre na crítica.) Não importa quantos argumentos se use, no entanto, nenhum deles pode produzir *conhecimento* de uma característica estética; sua dependência de outras características não é lógica. Em último caso, pode-se apenas olhar e ver se ela está presente. Não obstante, as características estéticas são dependentes, de modo que não ter notado uma característica estética poderia simplesmente ser uma questão de não ter notado alguma propriedade de primeira-ordem da qual ela depende. É por esse motivo que é preciso "ver por si mesmo" na apreciação da arte: se você não percebe de imediato, então não há processo de raciocínio que possa obrigá-lo a mudar sua posição ou ser considerado como irracional, mesmo que *haja* razões cuja validade você precisa aprender para "ver" no caso particular.

A noção de uma propriedade emergente é confusa, pela seguinte razão: no caso dos aspectos (que são um tipo de propriedade emergente), diferentes "propriedades" emergentes podem depender precisamente de *algum conjunto* de propriedades de primeira-ordem. (Na figura ambígua, o aspecto pato e o aspecto coelho não são o *mesmo* aspecto, mesmo que dependam das mesmas formas observáveis.) Estendendo essa observação à crítica, chegamos imediatamente à conclusão de que juízos críticos *incompatíveis* podem ser (mesmo que talvez jamais sejam) inteiramente baseados no mesmo conjunto de características de primeira-ordem de uma obra de arte.

Esse ponto pode ser prontamente ilustrado por um exemplo. Considere-se a seguinte passagem de *Paraíso Perdido*: "a outra forma / Se forma pudesse ser chamado o que forma não tinha / Distinguível, em membro, junta ou perna; / Ou pudesse ser chamado de substância o que parecia sombra, / Pois cada um parecia ser: negro como a noite; / Feroz como dez fúrias; terrível como o Inferno; / E disparou dardo mortal. O que parecia ser sua cabeça / Portava o que uma coroa real parecia ser [...]".[7]

Há uma inegável obscuridade das imagens nessa passagem, combinada com uma estrita regularidade em ritmo iâmbico. Alguém poderia indicar outras características – as numerosas descrições qualificadoras, nenhuma das quais serve para acrescentar qualquer detalhe visual, além das duas últimas; o uso de frases comuns, como "feroz como dez fúrias", "negro como a noite", "dardo mortal"; a repetição da mesma ideia em "membro", "junta", "perna", e assim por diante – e argumentar que "emerge" dessas características não estéticas uma qualidade morta e retórica. Porém, é igualmente possível descrever de novo essa passagem de modo que o leitor a tome em um sentido inteiramente diferente. É possível, por exemplo, sustentar que as frases "comuns" são utilizadas deliberadamente, a fim de evitar que os detalhes a que se referem se sobressaiam acima da obscuridade

---

[7] Versão livre: "the other shape / If shape it might be called that shape had none / Distinguishable, in member joint or limb; / Or substance might be called that shadow seemed, / For each seemed either; black he stood as night; / Fierce as ten furies; terrible as Hell; / And shook a deadly dart. What seemed his head / The likeness of a Kingly crown had on. [...]". Cf. John Milton, *Paraíso Perdido*, ed. bilíngue. Trad., posfácio e notas Daniel Jonas. Rio de Janeiro, Editora 34, 2015. (N. T.)

da impressão geral; que a repetição envolvida em "membro, junta ou perna" sirva para obliterar o que, de outra forma, seria um detalhe demasiado tangível e concreto; que a incerteza e a obscuridade são conduzidas com o mesmo ritmo iâmbico regular e determinado, de modo que, quando a imagem, afinal, adquire concretude na referência a uma coroa real, isso serve apenas para confirmar o terror e a confusão latentes no que ocorreu antes. É como se o único detalhe da cena que poderia ser apreendido fosse aquele que confere poder e majestade ao objeto do terror. Claramente, alguém poderia argumentar dessa forma, e, por fim, persuadir o leitor a "ver" nas mesmas características de primeira-ordem que pareciam responsáveis por um efeito fúnebre, a sublimidade propriamente dita para a qual Burke tomou essa passagem como exemplo.[8]

O que ocorreu exatamente no curso dessa argumentação é difícil avaliar. Mas isso sugere que a noção de uma propriedade meramente emergente, cuja presença só pode ser detectada por um tipo de percepção, é confusa. Pois em que sentido são as propriedades incompatíveis A e B dependentes das propriedades de primeira-ordem P, Q e R, se P, Q e R não determinam, unicamente, nem A nem B? E em que sentido podem A e B ser propriedades observáveis e, exclusivamente com base no raciocínio de alguém sobre P, Q e R, passo a ver A onde antes via B, e se supõe que isso seja tudo o que existe para ser visto de cada um?

Há um argumento adicional em favor da mesma conclusão, o qual, embora menos geral (aplicando-se somente a certos termos em seu uso estético), é mais poderoso. Considere-se a aplicação de um termo de emoção – como "triste" – a uma obra de arte (ou, no caso, a um evento, ou carta, ou qualquer coisa que não possa estar literalmente no estado emocional de tristeza). Compreender a

---

[8] Edmund Burke, *A Philosophical Enquiry into the Origin of Our Ideas of the Sublime and the Beautiful*. London, 1757.

palavra "triste" é saber como aplicá-la a pessoas a fim de descrever seu estado emocional. Os critérios para aplicação do termo "triste" concernem a gestos, expressões e enunciados de pessoas com base nas quais eu as descrevo como tristes, e apreender o conceito de tristeza consiste em saber como aplicá-lo com base nesses critérios. Quando aplicamos o conceito à arte, contudo, pode-se sustentar que os critérios não estão, ou não precisam estar, presentes. Isso significa que o termo "triste" é ambíguo?

Afirmar que o termo "triste", em seu uso estético, nomeia uma propriedade perceptual que é emergente, mas que não possui critérios, com efeito, é afirmarque ele é ambíguo em relação a seus usos estético e não estético. Pois a base de sua atribuição em cada uso não é a mesma. Em um caso, o termo denota uma propriedade perceptual emergente, no outro, denota uma propriedade determinada por critérios estabelecidos. Segue-se que alguém poderia compreender um uso sem compreender o outro. No entanto, isso não parece ser possível. O uso para referir-se a um estado emocional é primário, e qualquer um que não compreenda *esse* uso do termo "triste" – que não compreenda o que significa a emoção da tristeza – não saberia do que está falando ao atribuir tristeza a uma obra de arte.

Esse ponto é confirmado pela seguinte consideração: suponha que haja certa concordância entre adultos treinados na apreciação da arte no que se refere a saber quais obras de arte são tristes. A própria ideia de uma propriedade observável parece requerer que, no mínimo, semelhante concordância seja possível, se não efetiva.[9] Suponha, então, que eu classifique todas as obras de arte como tristes ou não tristes: eu as classifico em dois grupos, contendo talvez um terceiro grupo, no qual não se pode decidir se ela é triste ou não. Agora, suponha também que alguém efetue a mesma classificação, sem me consultar, e agrupe obras de arte exatamente da mesma maneira

---

[9] Cf. F. N. Sibley e M. K. Tanner, "Objectivity and Aesthetics". *A.S.S.V.*, 1968.

que eu. E suponha-se, finalmente, que ambos, esse alguém e eu, concordemos em nossa aplicação do termo "triste" a pessoas (seu uso para denotar um estado emocional). Em outros termos, concordamos sobre o sentido normal do termo e o utilizamos, consequentemente, para os mesmos critérios. Imagine, portanto, que, embora eu chame as duas categorias de "triste" e "não triste", esse alguém se recusa a aplicar esses termos. Ele diz, por exemplo, que é um absurdo chamar obras de arte de tristes, não sabe como chamar a propriedade em virtude da qual efetuou a classificação que efetuou, mas certamente seria errado chamá-la de tristeza – obras de arte não podem ter estados mentais.[10] A despeito disso, se a característica estética em questão for uma propriedade emergente observável, precisamos dizer que alguém percebeu a tristeza das obras de arte em questão, bem como um indivíduo que usou o termo "quente" para nomear a propriedade da vermelhidão seria considerado como alguém que percebe a *vermelhidade* [*redness*] das coisas, contanto que efetue a classificação correta com base em sua experiência visual.

Entretanto, é muito estranho afirmar que o homem em questão viu a tristeza das obras de arte que ele põe na mesma classe. Ele não viu que o que elas têm comum é a *tristeza*, alguém poderia dizer, pois não viu a conexão vital que existe entre essas obras e o estado emocional. É um fato estranho que ele tenha posto essas obras de arte na mesma classe, um fato que poderia constituir uma razão para afirmar que ele viu sua tristeza, mas não, *pace* a teoria da percepção estética, uma razão suficiente. Pois ele precisa, de alguma forma, efetuar a conexão entre essas obras de arte e a tristeza das pessoas.

É fácil ver que essa conexão não deve ser interrompida. Pois poderia ser uma razão para afirmar que Henry está triste pelo fato de ele escolher, digamos, obras tristes de literatura a fim de ler em voz alta

---

[10] Suponhamos, igualmente, que, ao afirmar isso, nosso tema não seja, como Stravinsky em seus inúmeros ataques ao sentimentalismo musical, meramente filosofante.

para sua família, ou peças musicais tristes para tocar ao piano. E se a tristeza da música e a tristeza dos homens forem propriedades muito diferentes, então Jacques, em *Como Gostais?*, está simplesmente enganado ao pensar que ele "[...] pode sugar melancolia de uma canção, como uma doninha suga ovos [...]". Além disso, há muitos usos não estéticos de "triste", casos em que o que é triste não é uma pessoa, nem qualquer tipo de ser senciente: poderia ser um evento. Se afirmamos que também nesse caso temos um conceito diferente de tristeza, então uma importante conexão se rompeu – aquela entre a tristeza de ocorrências lamentáveis e a tristeza de pessoas. Porém, se afirmamos que temos o mesmo conceito de tristeza aqui, então somos forçados a admitir que empregamos o mesmo conceito de tristeza ao nos referirmos, igualmente, às artes representacionais. Pois, de outro modo, o tormento de Stephen Dedalus na escola, que é triste da mesma maneira que o tormento de qualquer pessoa viva na escola pode ser triste, teria de ser triste de uma maneira bem diferente daquela pela qual a abertura do *Retrato do Artista Quando Jovem* é triste.

De modo similar, se não dizemos que uma peça musical é triste de uma maneira que marque algum tipo de relação entre a música e certo estado emocional, toda a razão de ser de efetuar o juízo parece se esvanecer. De repente, torna-se um fato *peculiar* que devamos estar interessados na tristeza da música, e certos tipos de resposta a essa tristeza se tornam praticamente incompreensíveis. Ainda assim, é evidente que, se nos pedirem para explicarmos o que entendemos por música triste, devemos naturalmente apontar para outras manifestações comuns de tristeza. Continuaríamos indefinidamente efetuando paralelos com outras obras de arte. Pense no caso de uma pessoa que costumava atribuir tristeza a obras de arte, que não mostrava habilidade para empregar o conceito de tristeza ao falar de pessoas (incluindo a si mesmo) ou de outros seres sencientes. Diríamos que ela não compreendia o que *significa* afirmar que uma peça de música é triste.

Parece, portanto, que a ideia de características estéticas como meras propriedades emergentes cai por terra e, com ela, o conceito de percepção estética. A teoria da percepção estética fracassa – como muitas outras teorias – por criar uma separação muito rígida entre o uso estético e o uso não estético dos termos, de modo que, em última instância, ela fica sem nenhuma explicação do significado dos juízos estéticos.

A criação dessa rígida separação entre o significado dos termos no juízo estético e seu significado em outros contextos também é característica da tradição do pensamento estético descrita no Capítulo 2 – embora por razões bem diferentes. Há muitos filósofos na tradição do idealismo que se referiram às obras de arte como tipo especial de entidade, distinto de quaisquer objetos materiais nos quais poderiam, por assim dizer, encarnar-se. Obras de arte não podem ser descritas nos termos apropriados a objetos materiais. Mesmo que sejam expressivas, digamos, não existe descrição independente disponível do que expressam (em termos de atitude, pensamento ou sentimento). Assim, quando falamos das qualidades expressivas de uma obra de arte, não pretendemos referir-nos a alguma propriedade comum – a de expressar algum sentimento identificável – que poderíamos encontrar em outras coisas além das obras de arte. Estamos referindo-nos a uma única característica da obra de arte em si mesma, uma característica que só pode pertencer a uma obra de arte, e somente a *essa* obra de arte. Essa maneira de pensar é característica de muitos especialistas em estética além de Croce e Collingwood, e a ideia de uma "propriedade estética" talvez seja seu equivalente mais claro em especialistas em estética empiristas. É interessante notar que Croce insiste explicitamente no fato de que termos usados para descrever a qualidade estética de obras de arte são utilizados em um sentido bem distinto. Tome-se um exemplo: para Croce, o termo "sinceridade" é ambíguo, denotando, por um lado, a virtude moral de não decepcionar o próximo, e por outro, a propriedade estética da "plenitude e verdade da expressão".[11] É a aceitação desse tipo de ambiguidade, e a visão de que a autonomia estética segue o mesmo caminho, que leva à trivialidade do expressionismo.

No próximo capítulo, retornarei à questão de como esse tipo de ambiguidade crucial pode ser evitado, e quais são as consequências para a noção de uma característica estética se tentamos evitá-la. É claro que, a menos que a evitemos, será extremamente difícil explicar a finalidade e o significado dos juízos críticos. O interesse estético se tornará uma seção da atividade humana inteiramente autônoma e não relacionada, cuja importância e valor será impossível avaliar. Essa consequência é inaceitável – mas note-se que isso não é simplesmente a consequência de *qualquer* teoria cognitiva. É apenas uma consequência de teorias como a da percepção estética, que constroem aquilo de que estamos cientes na apreciação estética (o caráter estético de um objeto) como algo não relacionado àquilo de que estamos conscientes na moral comum e na atenção prática.

Por outro lado, não há dúvida de que a teoria da percepção estética é conduzida a essa consequência paradoxal por sua tentativa de separar a estética (da moral, do prático, de qualquer coisa) por um simples critério lógico. Porém, sem esse simples critério lógico, a ideia de uma característica estética deixa de ser útil na tentativa de definir a natureza do interesse estético. Torna-se difícil ver como atenção às características estéticas de algo pode tornar-se a marca distintiva da estética, em vez de apreciação moral ou prática. Pois, se um termo como "triste" significa o mesmo quando aplicado a uma obra de arte (para descrever seu caráter estético) e quando aplicado a um ser humano (para descrever seu estado emocional), então, como pode um interesse estético ser definido como um interesse em características como a tristeza das coisas, quando semelhantes características são

---

[11] B. Croce, *Estetica, Come Scienza nell'Espressione e Linguistica Generale*. 7. ed. Bari, 1943, p. 60.

precisamente o tipo de coisa para a qual nossos interesses comuns morais e práticos se dirigem? Talvez ainda seja possível assinalar um grupo de características que predomine como objetos de interesse estético, mas, sem uma distinção lógica do tipo proposto pela teoria da percepção estética, não haverá razão para assinalar *essas* características como os objetos de uma atitude separada. A importância de semelhante conceito da atitude estética será totalmente obscura.

Além disso, uma vez que abandonemos a teoria da percepção estética, a noção de uma característica estética, bem como qualquer coisa que seja referida por meio de uma descrição estética, torna-se extremamente problemática. Pois, se a palavra "triste" não pode ser aplicada a obras de arte com base em critérios outros além daqueles que regem seu uso normal, e se não for, por outro lado, aplicada a uma propriedade perceptual, então em que sentido ela é aplicada a uma propriedade em geral? A propriedade não é nem perceptual, nem baseada no que é percebido. Podemos referir-nos a ela, portanto, como uma propriedade genuína? Essa é a questão a que precisamos responder agora.

A tentativa de explicar a experiência estética em termos das características para as quais ela se dirige, por conseguinte, foi abandonada. Se podemos ou não extrair quaisquer conclusões de uma análise mais plausível da descrição estética é algo que resta ser visto. Porém, temos de admitir que as duas tentativas de explicar a noção de experiência estética até agora consideradas – em termos da avaliação que ela suscita, e em termos das características para as quais ela se dirige (os fundamentos da avaliação estética) – são inadequadas.

Capítulo 4 | Descrição Estética

Tendo rejeitado a ideia de percepção estética, nós nos vemos diante de uma dificuldade. Pois admitimos a existência de um uso estético dos termos, ao mesmo tempo que rejeitamos a explicação mais natural a esse respeito. Precisamos, por conseguinte, dizer algo de definido acerca da lógica da descrição estética.

A principal objeção à ideia de uma propriedade estética era esta: ou os termos que denotam propriedades estéticas possuem o mesmo significado que têm quando usados em seus contextos normais; nesse caso, como podemos distinguir as propriedades estéticas como uma classe separada? Ou, então, eles possuem significado diferente; nesse caso, qual a finalidade de nomear as propriedades estéticas tal como fazemos? Descobrimos que termos utilizados na descrição estética devem possuir seus significados normais. Porém, isso implica que possuímos critérios para igualdade e diferença de significado. Tendo em vista o ceticismo com o qual semelhante proposta é geralmente recebida, é sensato começar com algumas observações sobre a noção de ambiguidade.[1]

Filósofos da lógica dão pouca atenção à distinção entre ambiguidade e significado estendido. Isso ocorre porque eles tratam o

---

[1] Esse ceticismo, é claro, deve-se em grande parte a Quine. Ver, por exemplo, *Words and Object*. Cambridge, Massachusetts, 1960, cap. 4.

conceito de significado inteiramente mediante as categorias de sintaxe e da semântica formal, negligenciando a conexão entre significado e compreensão enfatizada no Capítulo 1. Ainda assim, a noção de significado é mais ampla que o esqueleto que foi reduzido a nada pela análise lógica: tem sua vida na prática, no ensino, no aprendizado e no uso das palavras. A teoria do significado, como a teoria da verdade, requer uma base pragmática, bem como uma base formal. Ora, a ambiguidade é sempre, em alguma medida, uma questão de grau, e geralmente será difícil afirmar se um novo uso de algum termo é independente do antigo uso ou meramente extensão dele. Porém, a distinção pode ser estabelecida de maneira suficientemente clara para nossos propósitos, assim que nos voltamos para a conexão entre significado e compreensão [*meaning and understanding*]. Tome-se o exemplo de "justo" ["*fair*"]. Os critérios de equidade [*fairness*] e dividem-se naturalmente em dois grupos, que têm pouco ou nada a ver um com o outro, e com base nos quais não se pode reunir condições suficientes para que algo seja justo tomando-se alguns (mas não todos) os critérios de um grupo e acrescentando a eles mais critérios de outro grupo. Os dois conjuntos de critérios são logicamente independentes no fato de que cada um fornece regras totalmente adequadas para o uso particular de "justo" em questão: logo, é possível compreender plenamente um uso sem compreender o outro. Por conseguinte, não há nada no significado de "justo", em si mesmo, que impeça sua substituição por dois termos heteromórficos. Isso não significa afirmar que não existe uma cadeia de conexões causais entre ambos os usos. Por exemplo, podemos acompanhar a transformação da palavra "justo" ao longo da seguinte série: pele delicada, boa perspectiva, tempo bom, chance justa, boa questão, veredicto justo, juiz imparcial.[2] Efetuar conexões como essas é fornecer (em parte) uma

---

[2] Trata-se de expressões que não podem ser traduzidas literalmente: "fair skin, fair prospect, fair weather, fair chance, fair question, fair verdict, fair judge". (N. T.)

explicação lexicográfica (enquanto contraposta a uma explicação lógica) dos motivos pelos quais possuímos o mesmo termo.

Nem sempre é verdade que os vários usos de um termo são logicamente independentes dessa maneira. Por exemplo, tome-se a palavra "pato" utilizada para patos decorativos e patos vivos: não devemos dizer que a palavra "pato" é ambígua, pois ela pode ter *esses* dois sentidos. Nem poderíamos dizer que a classe dos patos foi estendida pela invenção dos patos decorativos, pela simples razão que um pato decorativo não é um pato. Nosso motivo para afirmar que "pato" possui apenas um significado aqui é que um uso é parasitário do outro, e não poderia ser compreendido de maneira independente. É somente se compreendo o que são patos que posso compreender a aplicação do termo "pato" a um objeto de decoração.

Uma forma de estender o significado de um termo é mediante analogia, ou "características partilhadas". Utilizar um termo de maneira analógica é usá-lo na ausência de alguns de seus critérios, mas na presença de outros (ou na presença de "sintomas" geralmente conectados com os critérios do termo). No entanto, analogia não é o único método de extensão. Austin chama atenção para o que considera ser a noção de paronímia de Aristóteles:

> Um caso bem simples, com efeito, é um com frequência mencionado por Aristóteles: o adjetivo "saudável": quando falo de um corpo saudável, e depois de uma compleição saudável, de exercícios saudáveis – a palavra *não* está sendo usada apenas de forma "equívoca". Aristóteles diria que está sendo usada de forma "paronímica". Nesse caso, há o que podemos chamar de sentido *nuclear primário* de "saudável": o sentido no qual "saudável" é usado em relação a um corpo saudável. Chamo a isso de nuclear porque ele está "contido como parte" nos dois outros sentidos, o que pode ser estabelecido como "produtor de corpos saudáveis" e "resultando de corpos saudáveis".[3]

---

[3] J. L. Austin, "The Meaning of a Word". In: J. O. Urmson e G. J. Warnock (orgs.), *Philosophical Papers*. 2. ed. Oxford, 1970, p. 71.

É claro que um termo usado de forma "paronímica", nesse sentido, não está sendo usado de forma ambígua. Um uso paronímico é um uso derivativo e só pode ser compreendido por alguém que primeiramente entendeu o emprego primário do termo. Eis um caso, portanto, de um termo que pode ser tratado de forma não ambígua para nosso presente propósito. E o exemplo é próximo daquele que temos até agora considerado: o termo "triste" aplicado a obras de arte. Podemos nós, por conseguinte, permanecer nesse ponto, e construir a descrição estética como uma espécie de paronímia? Sob esse ponto de vista, as características estéticas ainda seriam propriedades observáveis de uma obra de arte, como o aspecto saudável de um rosto jovem, ou a tristeza de um gesto. E a teoria da percepção estética seria praticamente supérflua como explicação desse fato.

Eis uma sugestão: chamo um gesto de triste porque é um sintoma da tristeza (paronímia). Chamo a música de triste porque ela se assemelha a tal gesto (analogia). Assim, Susanne Langer sustenta que obras de arte compartilham certas estruturas formais com a emoção humana e, portanto, são nomeadas de acordo com as emoções que imitam: "[...] há certos aspectos da chamada 'vida íntima' – física e mental – que possuem propriedades formais *similares às* da música – padrões de emoção e de repouso, de tensão e relaxamento, de acordo e desacordo, preparação, plenitude, excitação, mudança súbita, etc".[4]

Essa teoria é herdeira daquela de Aristóteles, segundo a qual a música adquire seu caráter moral e emocional mediante a "imitação" do comportamento humano e de estados de mente.[5]

Creio que está claro que essa teoria não nos fornece indicação do sentido *geral* das descrições estéticas – como uma paisagem pintada por compartilhar as propriedades formais do sentimento humano? – e, em todo caso, deixa-nos refletindo sobre o motivo de tomarmos a

---

[4] Susanne Langer, *Philosophy in a New Key*. Cambridge, Massachussets, 1942, p. 193.
[5] *Política*, 1340*a* ss.

assim chamada "tristeza" da música tão a sério como fazemos. Mas descobrimos que outras explicações paronímicas do significado das descrições estéticas fracassam em produzir uma teoria satisfatória. Por exemplo, "É triste" claramente não significa "Isso me deixa triste", bem como "É bom" não significa "Eu aprovo isso". Essa maneira de manter uma conexão com o uso central do termo "triste" fracassa imediatamente ao cair nos paradoxos conhecidos na refutação do subjetivismo ético. E o mais importante: "É triste" não significa "Torna as pessoas tristes", ou "Tende a tornar as pessoas tristes". Canções e poemas demasiado fracos ou sentimentos para serem verdadeiramente tristes tiveram um efeito entristecedor sobre muitas pessoas. (É por isso que desejamos afirmar que "gosto" está envolvido na percepção das características estéticas.)[6]

Logo descobrimos, portanto, que, embora haja uma gama de casos sobre os quais a analogia e a paronímia fornecem uma explicação bastante adequada da descrição estética, há também muitos outros, nos quais nenhuma das duas parece apropriada. Ora, até o momento não forneci nenhuma razão para supor que deve haver apenas *uma* maneira pela qual os termos são esteticamente empregados; pode parecer que já chegamos a uma explicação parcial da descrição estética. Porém, dificilmente podemos satisfazer-nos com essa explicação, uma vez que ela parece fracassar exatamente no ponto em que a descrição estética começa a revelar peculiaridades da lógica, peculiaridades que talvez derivem de sua conexão com o ponto de vista estético.

A esse respeito, parece mais promissor argumentar que as descrições estéticas são essencialmente normativas: quando chamo uma peça musical de triste, é como se a chamasse de excitante ou deprimente. Não estou afirmando nada sobre o que as pessoas realmente sentem, *estou* dizendo algo sobre o que seria natural ou apropriado sentir.

---

[6] Cf. David Hume, "Do Padrão do Gosto". In: *Ensaios Morais, Políticos e Literários*. Trad. Brasileira, Rio de Janeiro, Topbooks, 2004.

Ora, certamente podemos referir-nos à tristeza como justificada, ou tornada apropriada, por seu objeto, e a importância desse fato – que as emoções podem ser apropriadas por seus objetos – é enorme. Mas *o que* estou dizendo é apropriado quando chamo a música de triste? Não encontramos uma resposta imediata. A resposta apropriada é raramente a tristeza em si mesma: somente em circunstâncias especiais alguém fica triste por causa de uma obra de arte. A arte, como afirmou Hegel, é essencialmente prazerosa. Além disso, parece estranho falar *da* resposta apropriada em um caso como esse.

Assumirei, contudo, que essa réplica cética pode ser refutada. Assumirei que poderíamos, em princípio, identificar alguma coisa – uma emoção, uma resposta, um sentimento, uma experiência ou qualquer outra coisa – que poderíamos querer afirmar que está envolvida em toda reação apropriada à tristeza de uma obra de arte. Pode ser que, ao chamar um poema de triste, estejamos dizendo que essa experiência ou resposta é apropriada a ele? Por mais plausível que essa teoria possa inicialmente parecer, podemos ver de imediato que ela precisa ser substituída por outra, mais simples – a saber, a teoria segundo a qual a descrição estética não *afirma* que certo estado de mente é justificado, mas, antes, expressa diretamente esse mesmo estado de mente. Logo, a função da descrição estética não é, primariamente, descritiva.[7] A visão normativa deslocou [*mislocated*] o ato-de-fala envolvido quando os termos são usados em sentido estético. Pode ser que eu tenha alguma noção do que é justificar uma resposta, se estou a ponto de me engajar na atividade de crítica tal como a conhecemos. Porém, não é necessário afirmar que, portanto, eu estou *dizendo* que uma resposta é justificada quando chamo uma peça musical ou um poema de triste. Semelhante teoria nos deixa com a tarefa de explicar em que consiste considerar uma resposta como justificada, e isso, como veremos, é uma complicação

---

[7] Essa sugestão foi feita por Ruby Meager, "Aesthetic Concepts". *B.J.A.*, 1970.

desnecessária. Além disso, ela deixa de explicar por que não hesitamos em prosseguir com o uso estético de "triste": parece a coisa mais natural do mundo estender o uso do termo dessa maneira, e o fazemos quase sem pensar. É inconcebível que essa aplicação estendida do termo seja uma prática estabelecida entre pessoas que, ao mesmo tempo, carecem de qualquer ideia da justificação das respostas – por exemplo, elas podem sempre concordar em suas respostas, e assim jamais necessitar defendê-las. É certamente por esse tipo de razão que muitos filósofos consideram que as descrições estéticas carecem de condições de verdade, no sentido forte (epistemológico) – pois nós podemos compreendê-las, pelo menos em parte, sem saber como elas podem ser justificadas.

Suponhamos, portanto, que pelo menos algumas descrições estéticas não são descritivas. Tudo que precisa ser dito para explicar essa suposição, por enquanto, é que as descrições estéticas se relacionam a crenças. Utilizarei o termo "expressão" como nome para essa relação íntima entre uma sentença e um estado mental, e suporei que existe um sentido no qual a expressão determina o significado, ao determinar nossa compreensão de uma sentença; a suposição, portanto, é que certas descrições estéticas são não descritivas, pelo fato de que não expressam crenças, mas "experiências estéticas". Compreender semelhante descrição estética envolve dar-se conta de que alguém só pode asseverá-la ou assentir nela se tiver tido certa "experiência", da mesma forma que alguém só pode asseverar uma descrição normal ou assentir nela se possuir a crença apropriada. Temos colocado questões como "O que é uma característica estética?", "O que é descrição estética?", "Como sei que uma obra de arte possui certas características estéticas?". Claramente, se nossa suposição for correta, essas questões são erradas, uma vez que passam ao largo do propósito do juízo estético. Devemos perguntar, em vez disso, o que significa concordar com uma descrição estética ou discordar dela, como o filósofo moral pergunta o que é aceitar ou rejeitar um juízo moral.[8] Chamarei a essa teoria da descrição estética que se baseia nessa analogia com o juízo moral de teoria "afetiva".

O primeiro problema para uma teoria afetiva é como evitar a ambiguidade que destruiu a teoria da percepção estética. Como pode o termo "triste" preservar o mesmo significado quando transferido de um uso descritivo para um não descritivo? Encontramos uma resposta para essa questão assim que vemos que não são apenas palavras individuais que adquirem usos estendidos (por meio de analogia, paronímia ou outro recurso "figurativo"). Como um todo, nossas palavras podem ser usadas de uma nova maneira sem mudança de sentido. Isso pode ocorrer quando descrevo um sonho: aqui, a função referencial normal de minha palavra é, por assim dizer, mantida em suspenso, mas se o que digo for para ser compreendido, então as palavras precisam ter seus significados normais. Considere-se também a seguinte passagem de Wittgenstein:

> Dadas as duas ideias de "gordo" e "magro", você se inclinaria a dizer que a quarta-feira foi gorda e a terça magra, ou o contrário? (Eu tendo a escolher a primeira alternativa.) Ora, possuem "gordo" e "magro" aqui algum sentido diferente do usual? – eles possuem um uso diferente. – Assim, eu deveria realmente ter usado outras palavras? Certamente não. – Desejo usar *essas* palavras (com seus sentidos familiares) *aqui*. – Ora, não digo nada a respeito das causas desse fenômeno. *Pode* haver associações vindas de minha infância. Porém, essa é uma hipótese. Qualquer que seja a explicação, – a inclinação está presente.
> Se perguntado "O que você realmente entende aqui por 'gordo' e 'magro'"?, – eu só poderia explicar os significados no sentido usual. Eu *não* poderia apontar para os exemplos de terça e quarta-feira.[9]

---

[8] Para uma aplicação desse método, ver R. M. Hare, *The Language of Morals*. Oxford, 1952.

[9] L. Wittgenstein, *Philosophical Investigations*. Trad. G. E. M. Anscombe. Oxford, 1953, p. 216. [WITTGENSTEIN, L. *Investigações Filosóficas*, 5. ed. Trad. Brasileira, Petrópolis: Vozes, 2005.

Resulta disso, forçosamente, segundo creio, o argumento de que as palavras podem ser usadas com seus significados padronizados, mas fora de contexto, não porque são usadas para descrever alguma relação *de facto* com o caso central, mas porque a finalidade de usar essas palavras é aqui inteiramente diferente. Compreender o uso dos termos não é conhecer um novo significado, nem mesmo um significado paronímico, dos termos individuais. É antes "ver o propósito" da descrição. É esse tipo de uso estendido que mais prontamente elude os modos de análise dos logicistas. Suponha-se, por exemplo, que optemos por um critério semântico de ambiguidade. Desse modo, decidimos chamar um predicado de ambíguo se ele puder ser incorporado numa teoria semântica em dois pontos separados, marcados por duas contribuições sistemáticas para as condições de verdade das sentenças como um todo.[10] (Esse critério cobriria o exemplo de "justo" dado anteriormente.) Semelhante análise, provavelmente, não poderia ser utilizada para legislar sobre a univocidade ou outro aspecto dos termos que, em um uso, fornecem uma contribuição sistemática para as condições de verdade, enquanto em outro (como aquele que estamos considerando), não fazem nenhuma contribuição sistemática. Não podemos dizer mais do que esse segundo uso é "estendido", e só pode ser compreendido por alguém que primeiramente compreenda o uso do qual ele deriva. Assim, somos confrontados com uma sentença cujo significado estendido somente pode ser apreendido em termos do que é compreendê-la, cujas peculiaridades devem ser ignoradas em qualquer teoria sintática ou semântica.

Ora, o exemplo de Wittgenstein tem muito em comum com certos tipos de descrição estética – descrições do "calor" de um esquema de cores, do "peso" de certos efeitos visuais (vidro metálico, por

---

[10] Semelhante abordagem da ambiguidade é frutiferamente explorada em David Wiggins, "On Sentence-sense, Word-sense and Difference of Word-sense". In: D. Steinberg e L. Jakobovitz (orgs.), *Semantics, an Interdisciplinary Reader*.Cambridge, 1971.

exemplo), do caráter "pesado" de um estilo musical, da qualidade "barroca" de um ornamento literário. E claramente existe uma continuidade entre esse tipo de descrição e as sugestivas comparações da crítica, como exemplificado pela descrição da música de Chopin, por Baudelaire, como "um pássaro brilhante voltejando sobre os horrores de um abismo".[11] É evidente que todos esses juízos poderiam ser *apoiados* por analogias, mas seria peremptório sugerir que não há mais nada em seu significado além disso. Eles não *necessitam* uma base analógica, e esse fato surge do fim peculiar envolvido na descrição de um objeto estético dessa maneira. Assim, qualquer explicação que eu possa fornecer de semelhante juízo irá bem além de analogias observáveis: ao descrever a rapsódia de Brahms como "gorda", posso apontar para uma qualidade excessiva, exagerada na linha melódica, a um "tom" ou "sentimento" na música, como se o piano estivesse gulosamente engolindo acordes – e assim por diante.

Embora com frequência não sejamos capazes de dizer (como no exemplo de Wittgenstein) como exatamente estamos usando as palavras quando as usamos de maneira não descritiva, esse pode não ser o caso. No início das *Categorias*, Aristóteles chama atenção para um uso de palavras não padronizado particularmente interessante. Esse uso é exemplificado quando aponto para uma pintura e digo: "Isso é um homem". Se tomarmos esse "isso" como se referindo à pintura, então a predicação, novamente, parece indicar uma ambiguidade. Talvez queiramos negar que o termo "isso" se refere à pintura: não se está predicando "é um homem" à pintura, mas à coisa *na* pintura. Porém, isso não parece ser uma maneira de distinguir essa espécie de "pseudopredicação" com base na teoria semântica. Pois não temos como decidir, de antemão, que um aparente ato de predicação seja realmente desse tipo ou não. A única coisa que nos informará isso é o estudo das condições de aceitação do juízo – o que significa compreendê-lo,

---

[11] C. Baudelaire, "Obituary Notice of Eugène Delacroix". In: J. Crépet (org.), *L'Art Romantique*. Paris, 1925.

aceitá-lo ou ver sua finalidade. É isso que determina o caráter não referencial do "isso" ostensivo. O mesmo vale para a descrição estética. Quando digo da música "Isso é triste", ainda não há nada que nos informe que a predicação é genuína e, portanto, nada que determine ou não se alguma propriedade é atribuída à música por essa descrição.

A comparação das características estéticas com aspectos é frutífera.[12] Já podemos ver como ela resolve nítida e efetivamente os problemas com os quais começou este capítulo. Em primeiro lugar, descobrimos que aspectos, como as características estéticas, não podem ser propriedades simples, mesmo que, como as propriedades simples, não possuam critérios para sua presença que possam ser afirmados em outros termos. Imagine uma pessoa que, ao classificar um conjunto de quadros, sempre coloca os quadros de patos de um lado. Ainda assim, a palavra "pato" não parece ter para ela aplicação ao que ela vê quando olha para os quadros. Se lhe pedissem que explicasse esse comportamento, ela poderia responder que sente que esses quadros estão associados, embora não saiba por que, ou que eles parecem similares em algum aspecto (que não tem nada a ver com patos, embora corresponda a certa forma na tela). Penso que não existe contradição nessa suposição. É implausível argumentar que essa pessoa viu o aspecto-pato dos quadros da mesma forma que a pessoa que classifica canções, embora recuse descrevê-las como "tristes", notou a tristeza que lhes é inerente. Poderíamos apoiar essa tese mais uma vez referindo-nos ao fenômeno – claramente excluído pela lógica das propriedades simples – do aspecto ambíguo. Suponha que um objeto possui o aspecto tanto de um coelho como de um pato. Um homem que "vê" o pato pode, conscientemente, reproduzir todas as características que são responsáveis por esse aspecto: do que se segue que ele reproduz igualmente o coelho. Assim, ao que parece, temos a situação, que certamente

---

[12] Ver também John Casey, *The Language of Criticism*. London, 1966, cap. 1, p. 28 ss.

não surgiria no caso de uma propriedade simples, na qual um homem pode infalivelmente (e não apenas por acaso) reproduzir um aspecto, ao reproduzir somente *o que vê*, e, ainda assim, não "ver" o aspecto propriamente dito.

Em segundo lugar, podemos demonstrar que o termo "homem" *deve* ter o mesmo significado quando usado para descrever um aspecto e quando usado para se referir a um homem. Pois é precisamente a disposição para aplicar o termo "homem" *em seu sentido normal* ao quadro que é nosso critério para afirmar que alguém viu o aspecto do quadro. O "uso das palavras" envolvido não é o uso normal – mas isso foge à questão.

Em terceiro lugar, vemos que o "uso das palavras" em questão não é um uso figurativo: ver um aspecto não é notar uma analogia, mesmo que seja indubitavelmente verdadeiro que, quando vejo um homem em um quadro, as linhas no quadro possuem alguma semelhança com a forma de um homem. Esse é um ponto que explorarei em detalhe no Capítulo 8.

Finalmente, podemos ver como há um importante sentido no qual aspectos não são propriedades (como, de fato, Wittgenstein sustentou). Pois não é preciso haver outros critérios para a aplicação de um termo a um objeto quando esse termo é usado para descrever seu aspecto. Termos utilizados nesse sentido são termos cujos critérios e significado derivam de algum outro uso. Ainda assim, depreende-se dos argumentos anteriores que esses termos devem possuir o mesmo significado quando descrevem aspectos como eles geralmente são: logo, eles não podem ter *outros* critérios para sua aplicação nesse uso secundário. Segue-se que, em seu uso para descrever aspectos, os termos *não* precisam ter critérios para sua aplicação. Generalizado para cobrir o uso de termos como "triste" em juízos estéticos, esse argumento forneceria a prova necessária de que as descrições estéticas são separadas das condições de verdade no sentido epistemológico: características estéticas não são propriedades.

É útil aqui prevenir uma objeção que já pode ter ocorrido ao leitor. Assumi que, se a descrição-aspecto é uma descrição de alguma coisa, é uma descrição do *quadro*. Mas, certamente, dir-se-á, a descrição-aspecto é a descrição de um aspecto, que pode estar "no" quadro, em certo sentido, mas que não é idêntico ao quadro, nem a qualquer parte dele. Logo, a descrição-aspecto é uma descrição genuína, embora o que ela descreve (o aspecto) não seja uma coisa física. Porém, essa objeção só defende o mesmo ponto de uma maneira diferente. Pois a questão consistia em saber se os aspectos são propriedades dos itens que os "possuem", e o argumento parece estabelecer que não. A objeção não faz mais do que propor o aspecto *em si mesmo* como portador de propriedades, o que é simplesmente uma petição de princípio. Em todo caso, se afirmarmos isso, então precisamos estar preparados para fornecer critérios de identidade para a coisa à qual as "propriedades" dos aspectos são atribuídas, e isso se provará impossível. Pois, se aspectos são objetos, então pertencem à classe dos "objetos intencionais", para os quais não podem ser especificados critérios de identidade.[13]

Em outros termos, existe uma flagrante analogia formal entre a descrição do aspecto de uma coisa e a descrição de seu caráter estético; com efeito, mesmo a teoria da percepção estética une as duas, tratando aspectos e características estéticas como, do mesmo modo, características "emergentes" de um objeto.[14] No entanto, vimos que a analogia formal aponta na direção oposta à teoria perceptual, na direção da teoria "afetiva": ela sugere que devemos tentar descrever a descrição estética não em termos de uma propriedade de seu objeto, mas em termos de uma experiência daquilo que ele expressa. A teoria da percepção estética toma como ponto de partida a intuição de que, em questões de juízo estético, é preciso ver por si mesmo – outra

---

[13] Ver G. E. M. Anscombe, "The Intentionality of Sensation: a Grammatical Feature". In: R. J. Butler (org.), *Analytical Philosophy, Series 2*. Oxford, 1965.

[14] Ver F. N. Sibley, "Aesthetic and Non-aesthetic". *Phil. Rev.*, 1965.

pessoa não pode emitir os juízos estéticos por você –, e enfatiza o fato de que utilizamos um verbo de percepção ("ver") ao expressar essa opinião. Contudo, a teoria é incapaz de explicar por que você também *tem* de ver ϕ por si mesmo: e a explicação disso não é, de modo algum, direta. Se ϕ é uma propriedade visual, digamos, então não é verdade que eu *tenho* de ver ϕ por mim mesmo a fim de saber que um objeto o possui: há circunstâncias nas quais a opinião de outros pode fornecer a mim uma razão logicamente conclusiva para afirmar que ϕ está presente, bem como um cego pode ter conhecimento de cores. Em estética, é preciso ver por si mesmo precisamente porque o que é preciso "ver" não é uma propriedade: seu conhecimento de que uma característica estética está "no" objeto é fornecido pelos *mesmos* critérios que mostram que você o "vê". Ver a tristeza na música e saber que a música é triste é a mesma coisa. Concordar com o julgamento de que a música é triste não é concordar com uma crença, mas com algo mais semelhante a uma resposta ou a uma experiência; é concordar com um estado mental que – diferentemente da crença – está logicamente ligado às circunstâncias imediatas que o suscitaram. "A música é triste", portanto, apenas superficialmente possui uma forma proposicional: o que você sabe quando sabe que a música é triste não pode ser elucidado por meio de referência às condições para a verdade de uma proposição.

Podemos agora expor a teoria afetiva de forma mais precisa, com a ajuda de R. M. Hare. Uma das ideias centrais por trás da teoria do prescritivismo de Hare[15] era que o significado de um juízo se relaciona com as condições para sua aceitação: pelo que significa aceitar um juízo desse tipo. A esperança é que as condições para aceitação do juízo moral poderiam mostrar-se bastante diferentes das condições para aceitação da descrição comum. A "conexão íntima" que existe entre um juízo e um estado mental, para a qual até agora utilizei o

---

[15] Ver R. M. Hare, op. cit.

termo "expressão", pode ser reescrita como a relação de uma sentença com sua condição de aceitação.[16] E somente se esse estado mental for uma crença podem as condições de aceitação vir acompanhadas de condições de verificação. No caso dos usos "descritivos" da linguagem, significado e justificação vêm lado a lado – descobrimos o significado de uma sentença ao descobrir as condições para seu uso, e essas condições se tornarão as condições de verdade do juízo que a sentença expressa. Justificar um juízo é justificar sua aceitação: nesse caso, justificar a crença em que consiste a aceitação do juízo. Porém, a crença que justificamos é a crença na realidade *desse* juízo, e pode ser plenamente especificada em termos do próprio juízo. A verdade do juízo justifica tanto a crença quanto o uso da sentença.

A teoria afetiva da descrição estética afirma que a condição de aceitação de uma descrição estética pode não ser uma crença, mas antes algum outro estado mental que explique mais efetivamente do que se trata a descrição estética. Concordar com uma descrição estética é "ver qual a finalidade" ["*see the point*"], e esse "ver qual a finalidade" deve ser elucidado em termos de alguma resposta ou experiência que ainda precisa ser descrita. Logo, descrições estéticas não precisam ter condições de verdade no sentido forte, e justificá-las pode consistir em justificar uma experiência, e não uma crença. Isso não significa que as descrições estéticas sejam meramente arbitrárias ou "subjetivas", não possuindo mais validade do que preferências por certos tipos de alimento: precisamos separar o conceito de objetividade daquele de verdade, como argumentarei mais tarde.

É claro que a comparação com aspectos ainda não resolve o problema da descrição estética: tristeza e obesidade, obviamente, não são aspectos da música, da mesma maneira que uma batalha é parte de uma pintura. A fim de não cometer outras petições de princípio,

---

[16] Tomo emprestado o termo "condição de aceitação" de Roy Edgey, *Reason in Theory and Practice*. London, 1969.

portanto, direi simplesmente que a condição de aceitação de uma descrição estética (do tipo que temos considerado) é uma experiência, sendo esta interpretada no sentido mais amplo possível, de modo a ser equivalente a qualquer resposta à qual possamos finalmente chegar. Será somente depois de considerável análise detalhada que algo mais preciso estará disponível para nós.

Segue-se do fato que a condição para a sincera aceitação de um juízo estético é uma experiência que um juízo estético sincero só pode ser emitido por alguém que experimente seu objeto de maneira apropriada. Nesse caso, é perfeitamente aceitável descrever o juízo, conforme fiz antes, como uma expressão da experiência. A descrição estética e a descrição de primeira-ordem são contrastadas como expressão da experiência e expressão da crença. No entanto, há uma importante assimetria no fato de que a "experiência" estética, diferentemente de uma crença, não pode subsistir além da presença de seu objeto, em cuja ausência deve permanecer somente como disposição a reagir de maneira similar. Enquanto um juízo "descritivo" pode ser expressão de sua condição de aceitação em um sentido bem real – o juízo estético pode ser considerado como expressão somente no sentido atenuado de ser um meio de *comunicar* [*putting over*] algum estado de espírito que, na ocasião, pode existir apenas em forma latente ou recordada.

Em conclusão, precisamos lembrar para nós mesmos que os termos não possuem um tipo especial de significado quando usados em descrições estéticas, mesmo que sejam empregados de maneira diferente nesses casos. Pois vimos que os usos estéticos dos termos, como o emprego dos termos "gordo" e "magro" no exemplo de Wittgenstein, devem com frequência ser construídos como derivativos. A única explicação clara do que significam os termos em seu uso estético deve ser fornecida por referência retroativa a seu uso *comum*. Assim, não conseguimos encontrar nenhuma chave sobre o significado dos termos no que se refere a como podemos justificá-lo aplicando-o ao juízo estético.

Entretanto, isso não significa que não há nada para compreender no uso estético dos termos além de seu uso comum. Há uma diferença entre o homem que usa um termo para efetuar um juízo estético e aquele que está simplesmente se referindo a uma relação de similaridade.[17] E existe uma diferença correspondente entre o homem que sabe quando uma descrição é entendida [SIC] como um juízo estético (o homem que, entre outras coisas, reconhece a diferença a que acabamos de nos referir) e o homem que não o sabe. Este último pensará que juízos estéticos são símiles distorcidos. Semelhante homem compreende a forma das palavras que é usada ao efetuar um juízo estético, mas não compreende o que está sendo feito pelo uso dessa forma de palavras. O homem que não compreende a descrição estética é aquele que não possui familiaridade com as experiências que elas costumam expressar.

Nossa investigação da lógica da descrição estética perfez o círculo completo. Esperando definir os estados mentais estéticos, como aqueles que se dirigem para certo grupo de características, descobrimos que não há acesso à noção de uma "característica" desse tipo, a não ser mediante a compreensão da descrição estética. Descobrimos também, porém, que a descrição estética pode ela mesma ser compreendida somente em termos dos estados de mente que serve para comunicar. Precisamos nos voltar, portanto, para uma análise das assim chamadas "experiências" que foram invocadas como critérios para a aceitação de juízos estéticos. Antes de iniciar essa análise, no entanto, é necessário mostrar que é realmente possível explicar o significado das descrições estéticas da maneira até agora tentada. O próximo capítulo, por conseguinte, consistirá numa breve digressão sobre a teoria do significado.

---

[17] Esse ponto é bem levantado em G. Santayana, *The Sense of Beauty*. New York, 1896, p. 18-19.

Capítulo 5 | Significado não Descritivo

O capítulo anterior deixou um problema em aberto. Argumentou-se que as descrições estéticas não precisam ser descrições: a condição para sua aceitação pode não ser uma crença e, portanto, há um sentido no qual pelo menos algumas descrições estéticas carecem das condições para sua verdade. Resta mostrar que essa suposição não entra em conflito com nossas intuições sobre o conceito de significado.

Há duas abordagens padrão, em filosofia contemporânea, sobre a teoria do significado: uma por meio da análise de atos-de-fala, e outra por meio do estudo da semântica. O conceito de significado aplica-se tanto ao que é feito quando as palavras são proferidas quanto ao próprio proferimento: ambas as abordagens não fazem mais que refletir essa complexidade inerente ao conceito. A teoria dos atos-de-fala inspira-se em Austin, mas encontrou sua base teórica mais firme na obra de Grice, que analisa o que é, para um falante, significar algo em termos das intenções que subjazem a seu proferimento.[1] A abordagem semântica inspira-se em Frege, e de fato parece se afastar da teoria do significado à qual Quine chamou de teoria da referência:[2] ou seja, sua principal tendência é substituir questões sobre o significado por

---
[1] P. Grice, "Meaning". *Phil. Rev.*, 1957, e "Utterer's Meaning, Sentence-meaning and Word-meaning". In: *Foundations of Language*, 1968.
[2] Ver W. V. Quine, *From a Logical Point of View*. Cambridge, Massachusetts, 1953, cap. 7.

questões sobre a verdade. A abordagem da teoria do significado do ponto de vista da teoria semântica, de maneira quase inevitável, leva a uma conexão entre significado e condições de verdade.

De fato, embora as duas teorias sejam com frequência apresentadas como rivais, nenhuma delas pode ser descartada como supérflua. Ambas parecem constituir respostas generalizadas a questões separadas. A primeira nos informa sobre como a linguagem possui significado, ao mostrar o que é usar e compreender formas linguísticas na prática da comunicação. A segunda nos informa como podemos conferir um "significado" distinto a qualquer sentença. Diferentemente da teoria do ato-de-fala, a teoria semântica não fornece uma resposta última à questão "Que é, para uma sentença, possuir significado?". Em vez disso, ela visa oferecer uma resposta recursiva à questão "Que significado possui qualquer sentença dada?" (onde "sentença" é usado em sentido estrutural, para se referir a uma sequência ordenada de elementos linguísticos).

Precisamos assumir, portanto, que as conclusões do último capítulo servirão para ambas as teorias. E podemos perceber de imediato que, do ponto de vista da teoria dos atos-de-fala, a ideia de um "significado não descritivo" não apresenta nenhuma dificuldade genuína. A característica essencial da teoria de Grice, por exemplo, é a análise do significa-que-*p* [*meaning-that*-p] em termos de uma intenção de que alguém mais deve acreditar-que-*p*. O proferimento de "*p*" é aceito ou tem a concordância do homem que adquire a crença correta.[3] Claramente, não existe dificuldade teórica em estender essa explicação ao caso em que a intenção é levar outra pessoa a não acreditar em algo, mas antes em "ver qual a finalidade" ["*see the point*"] do que alguém diz, de modo que, ao responder de forma apropriada, esse alguém "verá qual a finalidade" de um juízo estético. Assim, a teoria

---

[3] Correções subsequentes produziram uma pequena mudança nesse princípio, mas não é uma mudança que afete a questão em debate. Cf. Grice, op. cit., 1968.

de Grice pode prontamente incorporar como parte do significado de um proferimento uma especificação do estado mental que constitui sua condição de aceitação, e a condição para sua asserção sincera.

É por esse motivo que nos apoiamos, até agora, numa análise de ato-de-fala do significado. Porém, ao fazê-lo, parece que nos evadimos dos problemas que a teoria semântica do significado visava resolver. Como podemos fornecer uma explicação do significado de uma sentença dada? Certamente, segundo a teoria de Grice, os significados serão diferenciados somente à medida que os estados mentais expressos forem diferenciados. Por exemplo, identifica-se o que dado proferimento descritivo significa ao se identificar a crença expressa por ele. Mas como isso é feito? Como as crenças são diferenciadas e identificadas numa linguagem, a não ser por referência às sentenças que as expressam? Referência à crença numa linguagem deve empregar sentenças na forma de *oratio obliqua* ou *oratio recta*: a crença é identificada pela sentença em fala relatada. Mas, se for assim, só é possível compreender a qual crença se refere quando possuímos algum método recursivo que nos informe sobre o significado de uma sentença relatada. Uma teoria semântica é obrigada a atender a essa demanda.

É fato notável que sentenças numa linguagem podem ser usadas para expressar uma quantidade indefinida de pensamentos, crenças, verdades ou significados, e ainda assim são formadas tendo por base um vocabulário finito. Ora, regras meramente semânticas jamais nos permitirão dizer quando uma dada sequência de palavras é significativa: do ponto de vista da sintaxe, "João bebeu o leite" e "O leite bebeu João" são ambas bem formadas. No entanto, poderíamos compreender a maneira pela qual a linguagem é construída com base nas palavras se pudéssemos fornecer uma teoria que implicasse algum esquema generalizável da forma (A): s significa que p, em que "s" é uma descrição estrutural de uma sentença, e "p" outra sentença que "confere o significado" da sentença "s". Ora, de maneira persuasiva, Davidson argumentou que, se deixamos claro para nós mesmos as condições que um esquema da forma (A) deve satisfazer para que forneça um teste adequado para uma teoria do significado, descobrimos que elas são idênticas àquelas postas por Tarski para a definição esquemática do predicado "T".[4] Esse predicado foi definido por Tarski de modo a ser coextensivo com a verdade em alguma linguagem dada; para os fins da análise formal, portanto, o predicado pode ser considerado como idêntico a "verdadeiro". Em outros termos, o esquema (A) cede o lugar a (B): "*s*" é T se e somente se *p*; onde "*s*" é substituído por uma descrição estrutural de uma sentença, e "*p*" é substituído por essa sentença mesma. Uma teoria do significado será adequada para nossa linguagem se fornecer uma caracterização recursiva do predicado de verdade "T" – isto é, se implicar todas as sentenças da forma (B). Porém, isso parece sugerir que podemos responder a questões sobre o que uma dada sentença significa somente ao descobrir as condições para sua verdade. E isso concorda com o argumento bastante independente do Capítulo 1, que implicava que o significado de uma sentença declarativa (extraída de certa classe central) é descoberto ao se encontrar uma distinção entre as circunstâncias que devem ser aceitas por qualquer um que a tenha "compreendido", e circunstâncias nas quais ela deve ser rejeitada.

À primeira vista, poderia parecer que a sugestão de que fosse possível haver sentenças sem condições de verdade deve inevitavelmente entrar em conflito com a teoria semântica: pois como poderiam significados ser atribuídos a semelhantes sentenças? No entanto, não é assim: os problemas que surgem no caso de semelhantes sentenças são dificuldades na análise de predicados individuais, e uma teoria semântica não afirma nada a respeito destes.

---

[4] D. Davidson, "Truth and Meaning". In: *Synthese*, 1967 [cf. Donald Davidson, *Ensaios sobre a Verdade*. Trad. Brasileira. São Paulo, Marco, 2002. (N. T.)]; A. Tarski, "The Concept of Truth in Formalised Languages". In: *Logic, Semantics, Metamathematics*. Oxford, 1956.

Contanto que esses predicados (como o "bem" da ética) possuam as propriedades sintáticas normais, eles não apresentarão obstáculos para a teoria semântica, que se preocupa não com questões de análise individual, mas com questões de "forma lógica". A análise semântica dirige-se para artifícios linguísticos que produzem sentenças mais complicadas a partir de formas simples de predicação. A menos que o predicado, ele próprio, possua uma estrutura logicamente complexa (como no caso dos termos atributivos), a análise não o aborda, e não faz nada para revelar nem resolver quaisquer dificuldades epistemológicas que o predicado cria.

Quaisquer problemas sobre o significado de sentenças particulares serão resolvidos na teoria geral, e a teoria será adequada simplesmente se implicar que todas as sentenças na forma "'s' são verdadeiras se e somente se s'. Nesse sentido, é perfeitamente possível produzir uma semântica para sentenças éticas, em termos de uma teoria cuja interpretação apresentaria os mesmos problemas filosóficos que as próprias sentenças. Em outras palavras, quaisquer razões filosóficas para negar condições de verdade, em algum sentido forte, para sentenças éticas formadas na linguagem-objeto, simplesmente ressurgiriam como razões em favor de uma interpretação similar da teoria semântica que as explicasse. A teoria semântica do significado incorpora uma noção de "condição de verdade" que, com efeito, é inteiramente formal: ainda é uma questão em aberto saber se a noção corresponde, em qualquer caso particular, ao conceito epistemológico de uma condição de verdade exposto no Capítulo Um. Pareceria seguir-se disso que a teoria semântica não pode ser usada para enquadrar o contraste que desejamos estabelecer entre sentenças com condições de verdade e sentenças sem elas, não porque ela negue a distinção, mas porque é uma distinção que precisa ser feita em outros termos: por exemplo, em termos da teoria do ato-de-fala esboçada.

Contudo, ainda que seja verdade que a existência de sentenças que são tanto declarativas quanto não descritivas não constitui obstáculo genuíno para a teoria semântica, também é verdade que os argumentos que nos levam a aceitar essa teoria como explicação genuína do *significado* apresentam um novo problema para nossa análise. Pois esses argumentos sugerem que o significado de uma sentença é dado pelas condições para sua verdade, de modo que a teoria do significado colapsa na teoria da referência, no sentido fregiano. Ora, é certamente verdadeiro que a ideia de uma condição de verdade empregada pela teoria semântica é inteiramente formal. Porém, argumentou-se no Capítulo 1 que essa ideia não pode permanecer inteiramente formal se a teoria do significado pretende explicar – como deve – nossa *compreensão* das palavras que utilizamos. A teoria semântica parece exigir seu complemento na epistemologia. Isso porque ela implica que conhecer o significado de uma sentença é conhecer o que ela afirma. Segue-se que, se pudermos dotar a teoria semântica de algum conteúdo epistemológico, ela explicará o significado de uma sentença em termos da real informação que ela contém, ou seja, em termos da situação que determina sua verdade. A noção epistemológica de uma condição de verdade indica como a teoria semântica poderia ser estendida de modo a explicar o conceito do significado como um todo. Ela mostrará como nossa compreensão de uma sentença repousa em nosso conhecimento dos vínculos entre palavras individuais e o mundo – nosso conhecimento daquilo a que elas correspondem, ou das propriedades que elas expressam. Porém, esse processo de fornecer conteúdo à ideia meramente formal de uma condição de verdade não pode, no caso das sentenças avaliativas ou das descrições estéticas, ser levado a cabo. Pois, se aceitarmos, digamos, uma explicação prescritiva da avaliação, então se segue que nada torna uma sentença avaliativa verdadeira na maneira real pela qual uma situação torna uma sentença descritiva verdadeira. Os significados não são conferidos a sentenças avaliativas da mesma maneira.

Um teórico dos atos-de-fala poderia objetar que a transmissão de informação é apenas um possível ato-de-fala. Como, afinal, a teoria semântica explica coisas como questões e comandos? Contudo, essa objeção se equivoca. Pois a dificuldade surge do fato de que as sentenças avaliativas, bem como as descrições estéticas, compartilham a estrutura superficial de sentenças portadoras de informação [information bearing sentences] e, portanto, constituem em algum sentido uma anomalia semântica (diferentemente de comandos, cuja condição de aceitação desviante acompanha uma forma gramatical distinta).

Devemos ter em mente, em conexão com isso, que o principal propósito de uma teoria semântica é explicar a maneira pela qual o número indefinido de sentenças complexas numa linguagem pode ser compreendido em termos de um vocabulário finito. Uma vez incluída uma sentença declarativa, em um esquema de Tarski, dispõe-se de várias teorias que podem explicar seu comportamento lógico em proferimentos mais complexos – por exemplo, a teoria das funções de verdade. A teoria semântica mostra-nos como podemos compreender condicionais, por exemplo, de uma maneira que assuma que sentenças que ocorram em condicionais possuem condições para sua verdade. Pois, se compreender "p" e para compreender "q" é conhecer suas condições de verdade, então a compreensão, pelo menos, da implicação material "$p \supset q$" decorre imediatamente de uma compreensão de seus componentes. A condição de verdade da sentença complexa é dada por uma simples função das condições de verdade das partes que a compõem. (Isso não significa que "se" na linguagem comum significa exatamente o que "$\supset$" significa, embora esse seja um argumento para afirmar que existe um modelo para o significado de "se" que pode ser incorporado à teoria semântica.) Porém, temos aqui a base para a objeção mais popular à ideia de significado não descritivo. Pois, como se aplica essa explicação das condicionais quando um ou outro de "p" ou "q" carece de uma condição de verdade no sentido realista? Como aprendemos e compreendemos a estrutura condicional em casos como esse?

Do ponto de vista dos atos de fala, pode-se colocar o outro lado da objeção como segue: se dizemos de um predicado que ele é caracteristicamente utilizado para realizar certo ato de fala, definido, suponhamos, por certa condição de aceitação, e que isso explica seu significado em contextos assertóricos, então esse fato também deve explicar seu significado na prótase[5] de uma condicional (por exemplo, em "Se ela é boa, então ela é feliz", ou em "Se a música é triste, então Alfredo irá chafurdar nela"). Mas, como podem esses termos ("boa" e "triste") realizar seus atos de fala padrão nesse contexto, em que, graças à própria natureza das asserções condicionais, sua condição de aceitação não pode ser incorporada como parte da condição da aceitação da sentença como um todo?[6] Isso parece sugerir que o significado de uma sentença só pode ser explicado de modo semântico, e que as condições de aceitação não podem influenciar diretamente o significado. Em particular, não podem tornar o significado "não descritivo", a menos que também produzam o tipo de forma gramatical desviante para os quais conceitos como o de verdade não são mais aplicáveis.

A fim de responder a essa objeção, precisamos novamente esclarecer a distinção entre a noção formal de verdade (como expresso no predicado "T" de Tarski) e a noção substancial investigada pela teoria do conhecimento. Ao explicar a função dos conectivos e outros "complicadores" da linguagem, só precisamos, de fato, invocar a ideia formal de verdade. Nesse sentido, qualquer sentença declarativa possuirá uma condição de verdade, exclusivamente em virtude de sua posição na linguagem. Pelo fato de os juízos moral e estético possuírem forma indicativa e assertórica, então eles podem ser incorporados a uma teoria semântica juntamente a todas as outras sentenças indicativas. Porém, uma vez ajustadas à linguagem dessa maneira,

---

[5] Prótase: nesse contexto, a cláusula dependente de uma sentença condicional. (N. T.)

[6] J. R. Searle, *Speech Acts*. Cambridge, 1969, p. 138.

é inevitável que tomem emprestadas da descrição as transformações lógicas. Essa consequência se seguirá, possua ou não o uso assertórico dos juízos morais e estéticos condições de verdade no sentido epistemológico: a verdadeira questão não é como é possível que tais juízos se ajustem à linguagem como quase descrições, mas qual o propósito de se ajustarem. A que fim serve que juízos morais e estéticos possuam a forma declarativa plena das descrições comuns? De que modo nossa compreensão deles se estende a seu uso em sentenças complexas? Essa é a questão para a qual já foram sugeridas respostas, no caso dos juízos morais. No Capítulo 9, destacarei vários fatos que fornecem igualmente uma resposta para os juízos estéticos.

O problema sobre os condicionais, segundo penso, surge porque se assume que a base lógica do argumento condicional pode ser explicada em partes, para cada exemplo particular. Assim, assume-se que, para qualquer proposição da forma "Se $F(a)$ então $G(a)$", deve ser possível dizer *o que* está sendo posto como hipótese na prótase. Mas, claramente, se a relação entre as sentenças não descritivas e o conceito de verdade possuir o caráter meramente formal que sugerimos anteriormente, então essa questão, para semelhantes sentenças, possui apenas respostas triviais. É uma questão ignorada pela teoria semântica, e que só pode ser respondida de forma não trivial apenas em termos de alguma análise do predicado "F" relevante. Porém, nada impede que essa análise se apoie numa especificação da condição de aceitação de "$F(a)$", em vez de se apoiar numa especificação da situação que determina a verdade de "$F(a)$".

É possível aproximar-se do último ponto por meio de um exemplo. Suponha-se que uma linguagem natural esteja em uso, com uma divisão apropriada das partes da fala, e uma gramática para proposições descritivas que satisfaça as condições normais de aceitação, incluindo a condição de que deve ser possível formular um esquema que corresponde a (B), acima. Será possível incorporar nessa linguagem novas expressões que carecem de critérios, referindo-se somente às condições para a aceitação de sentenças, e não às condições para sua verdade. Por exemplo, posso introduzir o adjetivo "bastante" ["*nuff*"] como segue: "Chame-se alguma coisa de 'bastante' somente se ela o atrai". A condição de aceitação de "X é bastante" se incorpora a essa regra: o juízo é aceito por um homem que é atraído por X. A regra fornece uma explicação clara do que significa concordar ou discordar sobre a suficiência de uma coisa, e nada na regra impede que a palavra "bastante" tenha uma posição normal na linguagem – a de um adjetivo ligado a sentenças de forma proposicional. A regra tampouco permite que "X é bastante" se reduza a "Eu gosto de X", uma vez que as condições de aceitação desses dois juízos serão inteiramente diferentes. Posso concordar com um e não com o outro (exceto no caso "degenerado" no qual profiro ambos). Não deveria haver sentença em primeira pessoa sobre um estado mental que compartilhasse a condição de aceitação da sentença "X é bastante", uma vez que concordar com esse juízo é adotar uma atitude, e não uma crença. Isso tampouco significa que a atitude deve ser expressa sempre que o juízo for emitido. A condição de aceitação torna inteligível a extensão do uso de "bastante" à expressão de opinião de segunda-mão: posso observar que um homem é "dito ser bastante", e assim por diante. Uma vez que esteja clara a condição de aceitação, usos como esses se tornam compreensíveis em termos da estrutura de linguagem como um todo. O utilizador maduro da linguagem também pode julgar que possui um uso para a extensão de "bastante" em sentenças complexas, como hipóteses e disjunções. Imaginando se terei o prazer de um encontro com X, digo a mim mesmo: "Se ele for bastante, então tudo irá bem", e assim por diante. Utilizar o adjetivo dessa maneira mostrará tanto compreensão como domínio de seu uso assertórico.

Note-se que esse exemplo se inicia tendo por base uma linguagem à qual o esquema da verdade já é aplicável. Assumimos desde o início que é possível introduzir a palavra "bastante" dessa maneira, em vez de introduzir a palavra "agradável" [*nice*] em nossa maneira de falar.

Dado esse pressuposto, uma explicação do fato de que um adjetivo pode sofrer certas transformações sem mudança de significado é simplesmente uma explicação do fato de que adjetivos possuem o lugar lógico e gramatical que possuem. Trata-se de uma questão independente saber que ato de fala o uso assertórico de um adjetivo realiza e, portanto, uma questão em aberto saber se o adjetivo possui critérios em qualquer sentido mais forte que simplesmente ser incorporado à linguagem como adjetivo.

Isso pode sugerir que juízos sem condições de verdade (no sentido epistemológico) devem ser incorporados numa linguagem fragmentária, com base em uma compreensão anterior da linguagem como um todo. E também pode sugerir que, uma vez incorporado o juízo dessa maneira, ele apresentará uma tendência inevitável e permanente a adquirir condições realísticas de verdade, como os juízos éticos parecem apresentar. Não obstante, isso também mostra que a teoria semântica, como a teoria dos atos de fala, não pode ser usada para demonstrar a impossibilidade de significado não descritivo no juízo estético. Além disso, caso se pergunte como explicamos o lugar dos juízos estéticos na linguagem como um todo, dispõe-se de uma explicação que passa por cima de todas as dificuldades que, por razões de completude, tenho levantado. Precisamos apenas responder que palavras como "triste", "expressivo", "pesado", "gordo" e assim por diante possuem um uso que não se limita ao juízo estético, um uso que é regido por condições de verdade, que fornece uma explicação de seu lugar no juízo estético e que se encaixa sem dificuldade numa teoria semântica. Uma vez que estamos supondo que esse uso é logicamente anterior, e explica o lugar dos termos na linguagem como um todo, então não precisamos perguntar-nos como podemos derivar de uma análise do ato de fala do juízo estético a estrutura declarativa dos proferimentos que os expressam. A estrutura declarativa é derivada do emprego primário dos termos envolvidos.

Existem juízos individuais, entretanto, que ainda precisam ser explicados. Trata-se dos juízos que não empregam termos em um sentido estendido, e que, ainda assim, possuem o tipo de forma declarativa que a teoria semântica estipula: juízos como "Seu cabelo é elegante", "Seu estilo é belo", "A peça era comovente". Desejo sustentar que há um sentido no qual muitos desses juízos também carecem de condições de verdade, e irei apoiar-me na explicação precedente de como uma coisa é possível. Trata-se de uma questão separada, no entanto, e à qual retornarei, saber o motivo pelo qual a forma declarativa dessas sentenças é útil.

PARTE II

Experiência Estética

Capítulo 6 | Reconhecimento e Resposta

Sugeri que devemos tentar explicar o juízo estético em termos da condição para sua aceitação, em vez da condição para sua verdade. Ora, existem certos exemplos centrais de descrição estética – aqueles que empregam termos de emoção e termos de comparação – para os quais é plausível sugerir que a condição para sua aceitação não é uma crença, mas algum outro estado mental, o qual, em prol do argumento, descrevi como experiência. Se for possível caracterizar essa experiência, e se for possível descobrir certas características em virtude das quais podemos querer descrevê-las como estéticas, então teremos pelo menos iniciado nossa tarefa de descrever as condições gerais do interesse estético. Neste capítulo, examinarei uma teoria que tenta descrever diretamente esses objetivos.

Por razões de simplicidade, continuemos a discutir o exemplo do "triste" no juízo estético. Como descrevemos a aceitação do juízo de que uma música ou uma peça é "triste"? Argumentei que há pelo menos dois usos do termo "triste", um ao descrever um estado mental, outro ao expressar um estado de espírito. Porém, também argumentei, criticando a visão normativa da descrição estética, que o estado de espírito descrito em um uso não é, em geral, o mesmo expresso no outro. Não é porque a música me faz sentir triste que eu a chamo de triste – "triste" não significa "entristecedor". Como, então, usamos o mesmo termo dessas diferentes maneiras? O que explica seu novo uso na descrição estética e quase-estética? É inegável que não precisamos aprender o novo uso: é bastante natural adquiri-lo; na realidade, ele é fornecido junto como significado primário do termo. Esse fato, por si só, serve para afastar severas restrições à "experiência" que devemos tentar descrever.

Aqui está uma primeira tentativa de resposta à questão: quando considero uma obra de arte triste, ou a vejo como triste, estou respondendo a ela, de certo modo, da maneira pela qual respondo (sob certas condições especificáveis) à tristeza (à tristeza de um ser humano). É porque respondo a cada uma de modo similar que uso o mesmo termo para cada uma, e essa resposta é a condição para a aceitação da descrição estética. Ver a obra como triste não é simplesmente, e mesmo talvez frequentemente, ver uma semelhança entre a obra e os fenômenos da tristeza – nem mesmo uma semelhança "dinâmica", ou semelhança de "forma lógica". Uso o termo "triste" espontaneamente para descrever todos esses objetos que provocam em mim respostas análogas à minha resposta à tristeza humana, e é isso que explica por que não preciso aprender nenhum novo significado para o termo "triste" a fim de estar disposto a usá-lo, e compreendê-lo, nesse sentido estendido. Em outras palavras, considerar uma obra de arte triste é responder a ela da maneira que respondo a um homem quando estou "tocado" por sua tristeza.

Semelhante teoria não é incomum – ela está implícita tanto em certas obras de fenomenologia quanto em grande parte do pensamento empirista padrão sobre metáfora.[1] A teoria da "empatia" pode ser vista como uma elaboração dessa visão da experiência estética, e mesmo Collingwood, em sua estética quase idealista, abriga uma versão dela, com a distinção entre representação literal

---

[1] Desse modo, descobrimos que pensadores tão diversos como Ingarden e I. A. Richards subscrevem uma forma dessa teoria: ver Roman Ingarden, "Aesthetic Experiences and Aesthetic Object". *Phil. and Phen. Res.*, 1961, p. 305; I. A. Richards, *Practical Criticism*. London, 1929, p. 221.

e emocional.[2] Quando se diz que um retrato é "como" o modelo, o que se pretende significar, segundo Collingwood, é que o espectador, ao olhar para o retrato, "sente como se" estivesse na presença do modelo. Assim, a representação passa a ser separada da semelhança, e aproxima-se do status da expressão: "O acompanhamento de piano da canção *Feldeinsamkeit*, de Brahms, não emite, de modo algum, ruídos que se assemelhem àqueles emitidos por um homem deitado na grama alta em um dia de verão, observando a passagem das nuvens no céu; mas emite ruídos que evocam sentimentos notavelmente parecidos àquilo que alguém sente em semelhante ocasião".[3]

Antes de considerar as objeções a esse tipo de teoria, é importante notar o que ela não diz. Para começar, nada de definido foi dito sobre a natureza da "resposta" em questão – tudo que foi sugerido é que não se trata de uma crença. A despeito da explicação tradicional em termos de "sentimentos", certamente não é verdade que, ao fornecer uma teoria afetiva da descrição estética, somos forçados a explicar a apreciação da arte em termos inteiramente emocionais. Até agora, não sabemos a que categoria de estados mentais as experiências estéticas pertencem. Em consequência, não se pode objetar à teoria afetiva que é impossível estendê-la além do exemplo de um termo como "triste", que nomeia uma característica que é o objeto propriamente dito da simpatia. Mencionei o exemplo de Wittgenstein da descrição dos dias da semana como "gordos" ou "magros". Alguém poderia objetar, de imediato: "Qual é a experiência da qual 'gordo' é a expressão?" Como poderia haver algo como uma experiência da obesidade? Aqui seria preciso recorrer à ideia empirista tradicional de uma associação. Metáforas não se referem simplesmente a analogias, pode-se argumentar, elas também transmitem associações. Assim, mostrar a

---

[2] R. G. Collingwood, *The Principles of Art*. Oxford, 1938, p. 52-56.

[3] Ibidem, p. 56.

parte desempenhada pelos juízos de comparação na crítica é mostrar a importância da associação na apreciação da arte.[4] A tentação é afirmar que não estou apenas associando obesidade com quarta-feira no juízo que pronuncio (embora, é claro, isso seja verdade em sentido trivial); também estou expressando uma associação das duas ideias. Certamente, se há algo em meu juízo de que quarta-feira é gorda, qualquer coisa que alguém poderia compreender nisso, além do mero fato de que estou disposto a dizer essa frase peculiar, então ela não deve ser encontrada em analogias: não há, e não poderia haver, analogias suficientemente importantes. Isso não significa que o juízo de que a quarta-feira é gorda *descreve* associações; significa, antes, que associações podem muito bem fazer parte da "experiência" que constitui sua aceitação.

Em outras palavras, termos de emoção e de comparação apresentam exatamente os mesmos problemas, e se uma teoria afetiva é uma resposta para um deles, será também uma resposta para outro. Porém, como fornecemos conteúdo a essa teoria extremamente simples de que ver uma obra de arte como triste é responder a ela da mesma maneira que se responde a um homem quando tocado por sua tristeza? Apenas se referir a uma "resposta" é inadequado, pois isso não nos diz nada sobre as condições particulares da experiência e do juízo *estético*. O exemplo da quarta-feira certamente não é um juízo estético, da forma como se apresenta. Se constitui um juízo estético descrever a música de Brahms como gorda é porque a descrição está sendo usada para expressar uma resposta que possui caráter estético. Mas que resposta é essa? A teoria afetiva precisa permanecer vazia até que forneçamos uma descrição dessa resposta – uma descrição

---

[4] Teorias associacionistas são moeda de troca na crítica clássica das formas de arte abstratas, como é exemplificado pelos ensaios de Addison, "The Pleasures of the Imagination" [Os Prazeres da Imaginação]. *The Spectator*, 1712, e outras obras citadas no primeiro capítulo, como a de Peter Collins, *Changing Ideals in Modern Architecture*. London, 1965.

independente das supostas "qualidades estéticas" de seu objeto. Imediatamente, no entanto, encontramos certas objeções quase idealistas que parecem implicar que todo esse projeto de descrição independente é resultado de confusão. Ao fornecer uma descrição vaga de uma "experiência" estética, é possível formular uma teoria afetiva plausível. Porém, se tentarmos dizer qualquer coisa mais precisa, então somos imediatamente envolvidos em certos paradoxos conhecidos que surgem da suposição de que a experiência da arte pode ser caracterizada de maneira independente de seu objeto.

Em primeiro lugar, a seguinte objeção. Falamos de uma resposta a uma obra de arte que é *em si mesma* o "reconhecimento" da tristeza da obra. Porém, respostas são intencionais: elas se dirigem para seus objetos, e certas características muito importantes se seguem dessa característica da "diretividade". Em geral, podemos afirmar que, se as respostas são intencionais, é porque, diferentemente das meras reações de reflexo, elas envolvem consciência e compreensão de seus objetos. Como resultado, as respostas devem fundar-se numa certa concepção de seu objeto (concepção que pode ou não corresponder à realidade). Podemos afirmar, sem distorcer muito o uso corrente, que essa concepção define o "objeto intencional" da resposta. Logo, ao se referir a um tipo de resposta, precisamos referir-nos também a um tipo de consciência que essa resposta envolve. Em outras palavras, se uma resposta pertence a algum tipo K, então ela deve envolver pensamento e juízos característicos de K. É uma verdade necessária, portanto, que os objetos das respostas do tipo K são vistos sob certa descrição: pensa-se que possuem alguma propriedade ou conjunto de propriedades características de K. Podemos apresentar esse ponto afirmando que o objeto intencional desse tipo de resposta deve possuir certa característica, e podemos chamar essa característica, adaptando um uso de Kenny,[5] de "objeto formal" da resposta. Por exemplo, aquilo

---

[5] A. Kenny, *Action, Emotion and Will*. London, 1963, p. 189.

que é temido é tido por danoso (de modo que o objeto intencional do medo é "algo danoso"). O que é invejado é tido por desejável, o que é desprezado é tido por uma fraqueza, o que é lamentado é tido por ser mau. E assim por diante. Ao classificar estados intencionais de espírito, descobrimos que também estamos identificando certas qualidades de seus objetos intencionais (ou seja, certas qualidades que se pensa que seus objetos materiais possuem). Note-se que a objeção não se preocupa apenas com a maneira pela qual classificamos emoções. Ela sustenta, além disso, que as emoções, e respostas em geral, adquirem objetos formais à medida que se baseiam em crenças ou juízos. É porque penso que algo é perigoso que o temo, e assim por diante. Assim, o objeto formal parece resultar de uma crença ou juízo sobre o qual o estado mental se apoia. Sem essa crença, meu estado de espírito não seria descrito como de medo, mas antes como de ansiedade ou pavor. A qualidade da capacidade de provocar danos liga-se, assim, com a emoção do medo. O medo pode ser descrito como uma maneira de acreditar que algo é perigoso.

O defensor de uma teoria afetiva imediatamente tem de enfrentar um dilema. Ele deseja afirmar que eu considero uma peça de música triste se respondo a ela de uma maneira que ou é a mesma ou pelo menos se assemelha àquela pela qual respondo quando sou afetado pela tristeza humana. Chamemos minha resposta à tristeza humana de R. Então, evidentemente, R se baseia na crença de que seu objeto é triste, ou surge a partir dela. Ora, ou essa crença deve ser considerada como parcialmente definitiva de R (de modo que a tristeza seja o objeto formal de R) ou não. Se for considerada como definitiva de R, então ela deve voltar a ocorrer sempre que R ocorrer – em particular, deve ocorrer quando o objeto de R não for um homem, mas, digamos, uma sinfonia. Do que se seguiria que se pode pensar numa sinfonia como triste exatamente da maneira pela qual se pensa que um homem esteja triste, de modo que o "reconhecimento da tristeza" na experiência estética é uma questão de crença, e a tristeza, a qualidade comum com a qual já estamos familiarizados. Se, por um lado, a crença não é considerada em parte como definitiva de R – se R pode ocorrer sem ela –, então em que sentido é um fato importante sobre R que ele se direciona para a tristeza humana, e com que direito podemos chamar sua ocorrência, em outro contexto, de reconhecimento da *tristeza* de seu objeto?

Essa objeção me parece extremamente poderosa. Ela nos força a retroceder em relação a todas as teorias tradicionais sobre o lugar do sentimento na arte, e determina a descrição da condição de aceitação do juízo estético de uma maneira que as teorias da mente empiristas mais tradicionais são incapazes de seguir. Somente no contexto de uma teoria da imaginação – tal como sugiro no próximo capítulo – pode-se encontrar a solução para esse dilema. Primeiramente, no entanto, precisamos refutar a sugestão de que a intencionalidade de um estado mental surge apenas mediante juízo ou crença. Sugerir que a intencionalidade surge apenas dessa maneira é forçar a totalidade dos estados mentais a entrar num molde excessivamente rígido. Embora eu deva acreditar que o leão que vejo é perigoso para que eu tenha medo dele, em que devo acreditar em uma situação para que eu me divirta com ela? Dizer "alguma coisa, mas nada de definido" não é absolutamente fornecer uma resposta. Pode-se afirmar que, pelo menos, deve-se considerar que o objeto de minha diversão *exista*; porém, mesmo isso é errado. Posso divertir-me com algo inteiramente imaginário. Com efeito, a diversão é apenas um entre muitos estados de espírito – o horror é outro – que pode existir com objetos inteiramente imaginários. Eles podem existir, até mesmo, como resposta às cenas que um homem invoca em sua imaginação. Semelhantes estados mentais, portanto, não se fundam de modo algum em crença ou juízo. A atividade da imaginação – conforme argumentarei – contrasta essencialmente com a crença.

Assim, podemos comparar minha resposta a um homem a quem considero triste com minha resposta ao espetáculo imaginado de semelhante homem. Ao imaginar o homem, eu certamente "respondo" de alguma maneira: ou seja, minha imagem ou pensamento suscita certos estados de espírito análogos, talvez, àqueles suscitados pelo espetáculo da tristeza genuína.

O defensor da teoria afetiva, então, deve argumentar que minha resposta à música triste não se baseia na crença na tristeza de seu objeto e, portanto, que não possui um objeto formal do tipo já descrito. Ele precisa mostrar que minha resposta se baseia em alguma outra maneira, como a diversão se baseia em outra maneira, uma maneira que permite que ela exista independentemente de qualquer crença sobre a presença ou natureza de seu objeto. Em outras palavras, precisamos argumentar que a resposta em questão se baseia não na crença, mas em algum outro tipo de pensamento, um pensamento que não envolva a atribuição de alguma qualidade a uma coisa existente. Semelhantes pensamentos são característicos da imaginação, e se formos descrever as reações "estéticas" sem mencionar qualquer objeto "formal", precisamos recorrer à teoria da imaginação. Minha experiência de uma obra de arte envolve uma ordem distintiva de intencionalidade, derivada da imaginação e separada da crença e do juízo. Com efeito, pode ser que a palavra "resposta" já apresente uma tendência à descrição dessa experiência. Ela parece implicar algo emocional, enquanto pode muito bem ser o caso que o reconhecimento da tristeza numa obra de arte não envolva absolutamente nada de emocional.

A objeção da intencionalidade é apenas um aspecto do protesto contra a maneira pela qual a distinção entre crença e estados não cognitivos de espírito foi formulada: como se o contraste entre a crença e as respostas estéticas só pudesse ser feito pelo apelo à emoção. Essa é certamente a maneira pela qual os empiristas – quando forçados a abandonar a ideia de percepção estética – tenderam a pensar a respeito da arte: como se ela convocasse uma riqueza de sentimentos que poderiam ser prontamente descritos, e como se esses sentimentos, de maneira totalmente não problemática, pudessem ser separados da consciência e do juízo de seus objetos. Isso vai completamente de encontro a nossa convicção profunda de que a arte mais controla que suscita emoções, convertendo sentimento puro em pensamento direcionado.

É importante notar que o conteúdo intelectual das experiências estéticas pode ser tão pronunciado que qualquer fala de "emoção" parece deslocada. Obras de arte são objetos altamente deliberados e complexos, e pode ser requerida considerável compreensão para apreender seu significado. Por conseguinte, as experiências estéticas devem incluir grande porção de compreensão intelectual e, portanto, apresentarão alguma conexão com a expressão verbal. Uma maneira de mostrar que se vê uma obra de arte sob uma descrição (como "triste") é produzir a descrição propriamente dita. A expressão verbal de uma experiência estética, tipicamente, é uma descrição que se considera justificar a experiência, e frequentemente a justificação consiste em efetuar comparações – mostro que um poema é carinhoso comparando-o com expressões de ternura. Em outras palavras, a expressão verbal da experiência estética pode muito bem consistir num padrão de justificação por meio de argumentos, análogo à justificação de um juízo factual. E o juízo tende a se apoiar em comparações, como a justificação do juízo que atribui uma propriedade. Tome-se, por exemplo, a seguinte passagem de uma sonata de Schubert:

Figura 6.1

Posso argumentar que essa passagem possui um movimento de aparência extrovertida, brilhante, a despeito da linha melódica descendente e suave. E posso justificar essa descrição "estética" efetuando certas comparações. O baixo, por exemplo, conduz a harmonia para o interior, mediante as notas não pronunciadas de Fá e Si menor, e essa gesticulação corajosa parece contrabalançar a descida da melodia na terça de Mi menor. Se alguém notar essa característica da linha do baixo, é mais provável que concorde com a descrição estética: o caráter da passagem se modificará para esse alguém. É como se, ao descrever a relação da obra de arte com outras coisas (por exemplo, com a maneira como a ousadia de um gesto pode contrabalançar a debilidade de outro), alguém estivesse tentando mostrar que a obra possui alguma propriedade em comum com essas outras coisas. A referência a uma "resposta" ou a uma "experiência" parece inteiramente inapropriada, simplesmente porque parece ignorar a evidente intelectualidade do juízo estético. O que é interessante sobre a experiência estética, como veremos, não é a experiência em sua integralidade, mas antes o pensamento que reside em seu bojo.

Tendo chegado até aqui, porém, descobrimos outro argumento contra a possibilidade de produzir uma descrição independente de uma experiência estética. Essa objeção aponta para outra relação lógica, mas não aquela entre um estado de espírito e seu objeto formal; aquela entre um estado de espírito e sua expressão. O argumento, conhecido a partir de Croce e Collingwood, pode ser apresentado da seguinte forma: um estado mental e sua expressão não constituem dois fenômenos, mas são antes dois aspectos de um único processo. Quando digo que uma obra de arte expressa um sentimento particular, por exemplo, não estou afirmando que há uma relação entre a obra de arte e alguma outra coisa. Do mesmo modo, quando digo que alguém compreende o sentimento particular de uma obra de arte (sua qualidade particular de tristeza, por exemplo), então não pode haver outra expressão dessa compreensão a não ser uma estreita atenção, ou envolvimento com *essa* obra de arte particular. Qualquer outra maneira de identificar o processo de compreensão teria como consequência que o trabalho da arte, que é a expressão dessa compreensão, só se conecta de modo contingente com ela. Qualquer descrição generalizada da experiência, que nos permitiria afirmar que ela poderia ser sentida em relação a alguma outra obra de arte, não seria uma descrição do que é apreender ou compreender a qualidade emocional *dessa* obra de arte particular e, portanto, não seria uma descrição de qualquer coisa que pudesse ser chamado de reconhecimento da qualidade estética da obra.

Essa objeção é muito próxima em espírito à objeção da intencionalidade, e ocorre em muitas variantes. Talvez sua proposição mais marcante seja a de Collingwood,[6] que afirmava que precisa haver uma distinção desse tipo entre arte e técnica. Pois a arte é um fim, não um meio, e somente pode ser apreciada como atividade autônoma, sem nenhuma finalidade externa a si mesma. Ela não se refere, por exemplo, para além de si mesma, a objetos ou estados de espírito que podem ser identificados de maneira separada. Tampouco é uma expressão de qualquer estado de espírito já identificado, uma vez que a expressão, em um caso assim, possuiria um fim externo, a saber, a expressão desse estado identificável de espírito. À medida que a expressão ocorre na arte, ela se opõe essencialmente à descrição: ela nos fornece a particularidade, e não a generalidade, dos estados de espírito. De modo similar, podemos sustentar que nossos sentimentos *em relação* à arte encontram sua principal e central expressão na apreciação da arte, e não podem ser identificados separadamente. Ampliada dessa forma, a objeção argumenta da conexão necessária entre emoção e expressão à conexão necessária entre emoção e objeto, exatamente como a prévia objeção, e assim, chega a uma conclusão similar. Porém, seu teor é na realidade bem diferente, uma vez que se

---

[6] Op. cit., cap. 2.

baseia na visão de que tentar uma descrição independente da apreciação estética é, na realidade, confundir toda a natureza da apreciação. A apreciação liga-se essencialmente às circunstâncias particulares nas quais encontra expressão. Wittgenstein, renovando a objeção, argumenta aproximadamente da seguinte maneira: se alguém diz que uma obra de arte expressa um sentimento de certo tipo, isso sugere que podemos identificar e descrever o sentimento em questão. Porém, se fosse assim, poderíamos pensar em alguma outra maneira de expressar o sentimento que serviria igualmente bem. Mas isso permitiria uma abordagem experimental das obras de arte, a qual é bem diferente de nossos presentes e aceitos modos de interesse estético: não olhamos além da música para algo que ela não é.[7] De modo similar, pensar que a experiência da música pode ser descrita de maneira independente, pensar que ela é uma réplica de alguma outra experiência, é fornecer à música um papel meramente instrumental na apreciação.

No centro dessa objeção, há uma questiúncula sobre identidade que não pode ser exposta.[8] É perfeitamente possível escolher um critério bem forte de identidade para estados mentais, de modo que não se pode encarar nenhuma instância como igual à outra, a menos que suas expressões sejam absolutamente idênticas. Assim, quando digo que o sentimento particular expresso pela Sexta Sinfonia de Tchaikovsky não é idêntico ao sentimento particular expresso pela *Kindertotenlieder*, o que digo pode ser construído como verdade analítica. A plausibilidade do argumento crociano fornecido repousa num sentido do termo "particular" que mascara a trivialidade dessa verdade analítica. Como assinala Wittgenstein,[9] o termo

---

[7] Ibidem, p. 29-36; Wittgenstein, *Lectures and Conversations on Aesthetics, Psychology, and Religious Belief*. C. Barrett (org.), Oxford, 1966, p. 28 ss., esp. p. 34-36, e *Brown Book*. Oxford, 1958, p. 177-78.

[8] Baseio-me aqui em Richard Wollheim, *Art and Its Objects*. New York, 1968, seção 48.

[9] Wittgenstein, op. cit., 1958, p. 158 ss.

"particular" possui uso transitivo e intransitivo. Quando digo que o primeiro movimento da Sexta Sinfonia de Tchaikovsky expressa um sentimento particular, ou que reajo em relação a ele de determinada maneira, então posso estar utilizando o termo "particular" de modo intransitivo, a fim de evitar as questões "Que sentimento?" ou "Que maneira?". Nesse sentido, "particular" significa algo como "peculiar",[10] e está sendo utilizado simplesmente para impor a um estado mental o forte critério de identidade. Por outro lado, quando desejo não apenas me referir a um estado mental, mas também descrevê-lo, então posso afirmar que é um sentimento particular, ou uma resposta particular, num sentido transitivo – de modo a permitir a questão "Qual sentimento (resposta)?". Aqui, a palavra "particular" equivale a uma descrição genérica que ainda não produzi. Que haja também um sentido intransitivo de "particular" não prova que não haja uma maneira de descrever sentimentos referidos por meio dessa locução transitiva; significa apenas que o falante não pretende fornecer nenhuma descrição adicional. Ele identificou o sentimento ao qual se deseja referir como o sentimento particular expresso (ou sentido em resposta) pela Sexta Sinfonia de Tchaikovsky. Essa, para ele, é sua mais importante característica – é para essa expressão particular que ele deseja chamar a atenção.

Embora se possa circular em torno dessa objeção, como se fez, isso nos deixa ainda um quebra-cabeça a resolver. Pois é inegável que, ao nos referirmos aos sentimentos que são "expressos" pela arte, e aos sentimentos que essa arte "suscita", utilizamos com muita frequência a locução intransitiva. E o fazemos em razão da maneira pela qual apreciamos obras de arte. Se estivéssemos sempre descrevendo os sentimentos suscitados em nós por obras de arte, isso seria uma expressão do fato de que apreciamos a arte como um meio para suscitar esses sentimentos (como algumas pessoas valorizam certas drogas).

---

[10] Cf. Collingwood, op. cit., p. 113, "essa raiva bastante peculiar".

Porém, isso vai de encontro à intuição de que, em geral, não apreciamos a arte como um meio. Essa é a principal razão pela qual filósofos, de Kant até hoje, desejaram negar que exista um lugar para o *sentimento* em nossa resposta à arte. Se pensarmos na arte simplesmente como um meio para suscitar emoção, a melhor arte, presume-se, é aquela que suscita mais emoção do tipo apropriado. No entanto, objeta-se que o uso da arte como meio para suscitar emoção, nesse sentido, é um uso pervertido, e que a principal falha da arte sentimental é ela empregar quaisquer meios disponíveis para a finalidade do sentimento. Semelhante arte só nos interessa em nossas próprias emoções, e não em seu objeto estético. Certamente, sustenta-se, a apreciação estética não é assim; ou, se for, a arte é um fenômeno bem menos interessante que imaginávamos. A apreciação, desse ponto de vista, reduz-se à intoxicação, e o valor da arte não é de uma ordem diferente de valor que o valor de certas drogas. A avaliação da arte torna-se um procedimento instrumental, baseado na investigação de sua relação causal com certos sentimentos. Nenhuma obra de arte será considerada como possuidora de uma relação maior com a psicologia que a pornografia ou o jornalismo.

Assim, a objeção do lugar de uma "experiência" ou "resposta" na apreciação é parte de toda uma tradição do pensamento estético, a começar pelo ataque de Kant ao lugar do "interesse", e chegando até ao século XX, com a rejeição de Croce da *estetica del simpatico*, e à crítica da "arte mágica" por Collingwood. Ela vem acompanhada de um justificado desprezo por certa visão da apreciação estética (visão encorajada pelas teorias empiristas da mente padronizadas), e convive com a tentativa de definir a apreciação como um reino autossubsistente de vida mental, cujo valor, e cujo lugar na experiência humana, pode ser definido de maneira independente. Pensar na apreciação estética em termos de experiências particulares parece envolver a incidência numa antiga falácia, a falácia de reduzir o interesse estético a algum outro e mais comum exemplar. Combinados com essa falácia, há vários outros erros: a confusão de meios com fins, de sentimentos com pensamentos, de causas com objetos (pois, para essa visão, o que interessa sobre uma obra de arte não é seu status como objeto de determinado sentimento, mas seu status como a causa do sentimento).[11] E assim por diante.

Uma vez revelados os pressupostos dessa objeção, nos vemos forçados a concordar com eles. O que precisamos pôr em dúvida, porém, é a conclusão de que, portanto, as experiências estéticas simplesmente não podem ser descritas de maneira independente. Responderemos às objeções se pudermos descrever alguma experiência que se liga essencialmente à percepção de seu objeto – da maneira, talvez, pela qual a percepção de um aspecto já envolve a percepção da coisa que o "contém". As experiências estéticas, conforme argumentarei, são modos de interesse em um objeto percebido, e devem ser descritas parcialmente em termos de uma percepção. Ao mostrar isso, terei percorrido parte do caminho em direção à análise do que significa afirmar que o interesse estético é interesse em um objeto por si próprio. Pois estaremos em posição de ver como o fato de a experiência estética poder ser classificada em tipos e, portanto, referida, independentemente de seus objetos (materiais), é não obstante compatível com seu envolvimento na apreciação dos objetos *particulares* aos quais se dirige.

Algo que emerge dessa discussão é que parece fazer pouco sentido afirmar que uma obra de arte expressa um sentimento particular, quando se entende o termo "particular" de forma intransitiva. De maneira similar, faz pouco sentido afirmar que uma obra de arte desperta em alguém uma resposta particular, quando se entende o termo "particular" dessa forma. E, na maior parte dos casos, utilizamos o termo dessa forma ao discutir obras de arte, simplesmente porque desejamos chamar a atenção para o objeto, em vez de para qualquer sentimento ou experiência que pudesse ser descrita de maneira independente. E é

---

[11] Cf. John Casey, *The Language of Criticism*. London, 1966, cap. IV.

isso, "acima de tudo", que sugere que a tentativa de descrever semelhante experiência é tanto fútil quanto irrelevante para a estética.

    A sugestão que desejo desenvolver – diante dessa objeção – é que, afinal, é tanto possível quanto interessante descrever as condições de aceitação de certos juízos estéticos, de modo a distingui-los das crenças. É certamente verdade que as teorias empiristas tradicionais da mente tornaram extremamente difícil a tarefa de descrever semelhantes "experiências". Isso se deve, em parte, ao fato de elas suporem que a distinção entre estados de espírito cognitivos e não cognitivos é intuitiva e óbvia, e, em parte, a seus pressupostos cartesianos sobre os estados mentais em geral – que podem ser distinguidos por meio de "introspecção" direta, independentemente de qualquer conhecimento de sua expressão externa. Rejeitamos esses pressupostos. Se formos elucidar a natureza das respostas estéticas, precisaremos, consequentemente, examiná-las mais profundamente; em particular, precisamos examinar a distinção entre estados cognitivos de espírito – como a crença – e estados não cognitivos, como os fenômenos mentais agrupados sob o título de imaginação. É para o tema da imaginação, portanto, que precisamos voltar-nos.

Capítulo 7 | A Imaginação I

Ao propor um contraste entre sentenças declarativas que expressam crenças e sentenças declarativas que não o fazem, acredito ter deixado implícito que as crenças podem ser identificadas de maneira independente das sentenças que as expressam. Uma vez que vários filósofos sustentaram que o conceito de crença só pode ser explicado em termos do conceito de um enunciado ou asserção na linguagem, pode parecer que meu argumento cai por terra, e que a tentativa de distinguir tipos de juízo em termos da condição para sua aceitação é errada desde o início. É necessário dizer algo em resposta a essa objeção, se eu quiser que o contraste entre crença e imaginação que pretendo desenvolver tenha força.

O argumento sustenta que não se pode atribuir crenças a uma criatura, a menos que se possa dizer algo sobre *o que* ela acredita: se X acredita em algo, deve ser possível decidir, para algum p, que X acredita que p. Ora, se listarmos o número de crenças que existem, descobriremos que não fazemos nada mais que listar sentenças declarativas: não há como contar crenças, a não ser contando sentenças que possam ser assertivas. Ou, se afirmarmos que duas sentenças podem expressar a mesma crença, o único critério disso seria sua identidade de significado. As sentenças e seus significados parecem fornecer o único acesso seguro ao conceito de crença, e isso apoia uma conexão notável entre crença e linguagem. Parece natural concluir que, sem uma linguagem, criatura alguma pode expressar qualquer crença definida (digamos, a crença que *p*, em lugar da crença que *q*). O comportamento meramente animal pode expressar o caráter essencialmente definido da crença, caráter que deve ser descrito em termos da correspondência entre crença e linguagem. Para possuir crenças, ao que se sustenta, uma criatura precisa exibir a habilidade para dar seu assentimento a uma sentença, ou para usar uma sentença como premissa no raciocínio teórico ou prático.[1]

Se esse argumento tiver força, talvez haja algo de errado com a ideia de que somente *algumas* sentenças declarativas expressam crenças. E é certamente verdadeiro que, na fala habitual, não distinguimos entre declarativas que expressam crenças e declarativas que não as expressam. Falamos de maneira bastante livre de crenças morais, por exemplo, e não há restrições além das gramaticais quanto a quais sentenças podem ocorrer depois da construção "*X* acredita que..." ou "*X* pensa que...". Com efeito, pode-se argumentar que a lógica dessas construções deve ela própria se explicar em termos da lógica de "*X* afirma que...", e não vice-versa.[2] É possível que ainda possamos reconstruir uma distinção entre essas sentenças que expressam crenças e aquelas que não o fazem, em termos de alguma teoria filosófica. (Por exemplo, a teoria de que, embora a maior parte das sentenças indicativas numa linguagem natural possua condições de verdade em sentido forte, há uma minoria de sentenças que adquire significado de alguma outra maneira.) Porém, semelhante teoria torna a ideia de uma "condição de aceitação" redundante: não mais será útil explicar o significado de uma sentença em termos da condição para sua aceitação.

Como, então, pode ser descrita a diferença entre crença e outros "modos de aceitação"? Na realidade, se examinarmos o argumento, descobrimos que ele possui certas consequências extremamente

---

[1] Cf. B. Aune, *Knowledge, Mind and Nature*. New York, 1967, p. 213 ss.
[2] Cf. D. Davidson, "On Saying That". In: D. Davidson e J. Hintikka (orgs.), *Words and Objections*. Dordrecht, 1969.

paradoxais. Pois, se realmente pudéssemos argumentar com base na premissa de que crenças são identificadas na linguagem somente por meio da referência a sentenças declarativas, em direção à conclusão de que as crenças são em algum sentido dependentes da linguagem para sua própria existência, então teríamos de ser capazes de construir um argumento similar para a dependência da linguagem de qualquer outro tipo de entidade que seja identificada de forma similar. No entanto, isso não podemos fazer, pois, entre semelhantes entidades encontramos não só crenças como fragmentos de informação, verdades, fatos e mesmo situações. Defender a dependência da linguagem de *todas* essas entidades é abrir caminho ao idealismo em sua forma mais paradoxal.

Isso deveria levar-nos a rejeitar semelhante abordagem do conceito de crença. Considere-se o conceito paralelo de "informação". Assume-se usualmente, nos círculos científicos (esteja isso correto ou não), que esse conceito pode ser usado na descrição e na explicação do comportamento das máquinas; ainda assim, isso mostra exatamente o mesmo tipo de relação com a linguagem e com o significado que o conceito de crença. A informação é identificada na linguagem com exatamente as mesmas construções de discurso indireto que são empregadas para identificar crenças. Falamos da informação que..., onde as reticências são preenchidas por uma sentença que transmite a peça precisa de informação que desejamos considerar. Não obstante, é geralmente tido como verdadeiro que o conceito de informação pode ser aplicado ao comportamento de uma máquina: um míssil teleguiado, por exemplo. Pode-se dizer que semelhante máquina recebe a informação de que um objeto metálico se move dezesseis quilômetros acima dele a uma velocidade de oitocentos quilômetros por hora e responde a essa informação. Não importa se esse uso do conceito de informação é um uso lato ou extenso, pois temos aqui uma sentença em discurso indireto, para a qual não há nenhum substituto disponível, e que supostamente oferece uma explicação plausível e verificável do comportamento da máquina. Se essa é a melhor explicação, isso é outra questão: é certamente a mais simples. E nenhuma sombra de paradoxo se liga ao fato de que, aqui, a explicação se baseia numa construção em discurso indireto. Por que não deveria valer o mesmo para as sentenças que identificam crenças? Podemos ver o conceito de crença como fornecendo um tipo particular de explicação do comportamento humano e animal (explicação por meio de "razão", e não por "causa"). Se o conceito de crença é introduzido dessa maneira, então não se segue absolutamente que uma criatura que possui crenças precise ter também uma linguagem na qual essas crenças possam adquirir expressão "direta".

O paralelo com o conceito teórico de informação leva-nos a extrair certas conclusões úteis. Em primeiro lugar, pode-se imaginar uma máquina (um computador, digamos) que receba uma fórmula que, embora gramaticalmente bem formada, não lhe transmita nenhuma "informação" (porque, digamos, contém um termo indefinido). E pode-se imaginar o computador sendo programado para reagir a semelhantes sentenças de uma ou duas maneiras definidas – correspondentes a nossa aceitação ou rejeição de uma sentença não descritiva. Em outros termos, a analogia do significado não descritivo poderia ser reconstruída na teoria da informação. Em segundo lugar, descobrimos que, se houver uma aplicação básica do conceito de crença na explicação do comportamento (em analogia com o conceito de informação), as crenças serão fornecidas precisamente por aquelas sentenças conectadas com condições de verdade no sentido forte (epistemológico). Pois, ao explicar o comportamento animal em termos de crença, se está relacionando as respostas do animal a situações das quais se está, de certa maneira, consciente: situações observáveis que podem ser diretamente localizadas no mundo externo (cf. a relação do míssil com seu alvo). Logo, essas crenças básicas receberão condições de verdade no sentido forte. Como é possível admitir, uma criatura que use linguagem também pode possuir crenças gerais e teóricas que lhe são disponibilizadas pela linguagem. Porém, podemos denominar o assentimento a sentenças gerais e teóricas de *crença*, em razão da conexão lógica com exemplos centrais.

Isso sugere que, embora possa ser geralmente necessário, em referência a crenças, mencionar as sentenças declarativas que as expressam, o estado mental de acreditar em algo pode ser explicado em termos de sua expressão, independentemente da linguagem. Exatamente que forma essa explicação assumirá é outra questão, que está bem além do escopo da presente discussão: porém, pelo menos podemos ver como ela pode nos conduzir de volta ao tipo de ideia forte, filosófica de uma condição de verdade com a qual nossas investigações começaram.

É inegável, no entanto, que todas as nossas maneiras de nos referirmos à crença na linguagem são dependentes de nossas maneiras de nos referirmos a sentenças e significados – o que era de esperar. A fim de discutir a crença em abstrato, portanto, é melhor abordá-la de maneira indireta, mediante a ideia de uma asserção na linguagem, como Geach e Aune, por exemplo, julgaram necessário fazer.[3] Porém, se abordamos a crença dessa maneira, logo descobrimos um meio de distinguir crença de outros modos de pensamento, pois nem tudo que é dito é também asserido. Descobrimos que podemos distinguir dois tipos de enunciado, primeiro, o caso no qual sentenças são usadas para dizer algo, e segundo, o caso – como na elocução – no qual as sentenças são tratadas mais como padrões de som que como símbolos verbais. E entre os exemplos de coisas ditas podemos novamente distinguir entre ocorrências asseridas e não asseridas. Por exemplo, "p" ocorre de forma não asserida em "Suponha-se que p", "É possível que p", "p implica q", e assim por diante. Essa não é uma distinção gramatical, pois sentenças que ocorrem de forma não asserida podem preservar sua forma assertórica. De fato, pode ser difícil dizer com que tipo de ocorrência temos de lidar: podemos ter de relacionar uma sentença com seu contexto como um todo. Por exemplo, alguém pode

---

[3] P. T. Geach, *Mental Acts*. London, 1957, seções 22-23; B. Aune, op. cit.

iniciar uma narrativa da seguinte maneira: "Suponha-se que *p*; então *q*, depois do que *r*, etc....". Pode ser impossível descobrir o caráter não asserido de qualquer sentença nessa sequência sem relacioná-la à suposição inicial da qual decorre o relato. (A situação é ainda mais complicada no caso da narrativa tal como usualmente praticada, pois, exceto quando contadas a uma criança, as suposições iniciais podem permanecer veladas.)

Baseando-se nessas distinções amplas, podemos afirmar que é possível sustentar a proposição de *p* não asserida, e podemos descrever isso como um ato mental análogo ao ato aberto de afirmar "*p*" não asserida, da maneira que Geach sustentou que julgar que *p* é um ato mental análogo ao ato aberto de asserir "*p*". Ora, acreditar e julgar são conceitos diferentes, embora o primeiro seja uma condição necessária para o segundo. Acreditar, diferentemente de julgar, é disposicional ou quase disposicional: não é uma ocorrência mental das mesmas variedades instantâneas. Porém, isso não nos deve preocupar indevidamente, uma vez que tudo que precisamos afirmar sobre o contraste entre crença e outros modos de pensamento pode ser expresso em termos do contraste entre o juízo e outros tipos de ato mental. Claramente, há modos de pensamento que envolvem não a asserção de "*p*", mas a habilidade mais elusiva apenas para sustentar a proposição que *p* diante da mente de alguém, manter *p* como uma possibilidade, ou suposição. Com efeito, boa parte de nossos processos mentais mais complexos – imaginação, por exemplo – são desse tipo, e sabemos exatamente o que significa dizer "*p*" não asserido. Além disso, é uma conclusão célebre de Frege que a assertividade não pode ser parte do significado de uma sentença.[4] "*p*" deve significar o mesmo em seu uso asserido e não asserido. Na terminologia de Frege, toda sentença declarativa possui um conteúdo que pode ser asserido

---

[4] G. Frege, "Sense and Reference". In: P. T. Geach e M. Black (orgs.), *Philosophical Writings of Gottlob Frege*. Oxford, 1952. Ver também P. T. Geach, "Assertion". *Phil. Rev.*, 1965.

em comum com seus usos asseridos e não asseridos. Esse conteúdo está "diante da mente" quando se mantém a proposição que *p*, quer ele também acredite ou não que *p*.

Até aqui, isso parece bastante óbvio. Se há atos mentais de julgar, então existem também atos similares de "manter" que são separados do juízo. Nesses atos, as proposições vêm à mente, e parece ser uma consequência necessária da maneira pela qual essa ideia de um pensamento não asserido foi introduzida que o que está diante da mente no ato de manter *p* é precisamente o que é asserido ao asserir *p* e, portanto, precisamente o que se acredita ao acreditar em *p*. Assim, quando imaginamos algo, ou contamos uma história, embora indiferentes a sua verdade, o conteúdo de nosso pensamento é o conteúdo de uma crença; no entanto, o processo de pensamento em si mesmo é independente dessa crença.

Sustentar uma proposição não asserida, como o juízo, envolve a ideia de uma proposição estar "diante da mente", uma ideia que até agora foi explicada mediante analogia com o ato público de fala. Com efeito, descobrimos que a base no comportamento para atribuir atos desse tipo pressupõe que o agente seja um utilizador da linguagem. Não podemos compreender o sentido da atribuição de semelhantes pensamentos aos animais: são propriedade peculiar dos seres racionais e, diferentemente das crenças, exigem a dimensão do comportamento verbal para que sejam expressos. Como veremos, esse fato possui importantes consequências na descrição da experiência imaginativa e perceptual.

Até aqui, contrastamos a crença (e seu associado ato de julgamento) com apenas um outro tipo de pensamento – a manutenção de uma proposição não asserida. Isso é uma base ainda insuficiente para uma teoria da descrição estética que atenderá às exigências do capítulo anterior. Pois precisamos de uma explicação de algum modo de pensamento que se dirija e seja suscitado em resposta a seu objeto, à maneira da experiência estética. E a mera manutenção de uma proposição sobre um objeto dificilmente pode ser considerada uma resposta genuína a isso. No entanto, descobrimos que também estamos em posição de descrever outras espécies de pensamento em termos da ideia da manutenção de uma proposição. Por exemplo, já podemos fornecer uma elucidação parcial do conceito de "pensar *em*...". Pensar em X pode envolver a manutenção de pensamentos sobre X, ou seja, é ter diante de sua mente proposições cujo sujeito-objeto [*subject-matter*] é X. Quando se pensa em X, não é necessário que os pensamentos sobre X sejam também crenças sobre X. Com efeito, pode-se pensar em coisas que são inteiramente ficcionais ou imaginárias. "Pensar em", nesse sentido, é indiferente à verdade.[5]

Agora, a primeira tentativa de solução para o problema das respostas estéticas pode se dar mediante um exame do conceito "Pensar em X como Y", um modo de pensamento que é distinto da crença e, ainda assim, estreitamente relacionado a "ver como". No processo de pensamento de meu amigo, posso pensar nele como, por exemplo, um oficial do exército, ou como compositor; e posso chegar à conclusão

---

[5] Pode parecer que cometi um erro ao assimilar pensamento sobre o objeto fictício com a categoria de pensamento que é "não asserido". Com certeza, quando digo "Banquo foi assassinado", estou asserindo algo: a peculiaridade de meu enunciado reside no fato de que o termo "Banquo" não se refere a qualquer pessoa real. O que digo, pode-se argumentar, é deficiente na dimensão da referência, não na dimensão da asserção. Porém, precisamos distinguir dois usos do termo "referência". Em um deles, o termo denota uma propriedade de uma expressão linguística, propriedade que pertence a essa expressão, tenha ela ou não jamais sido usada para asserir algo, e que pode ser analisada de maneira independente da ideia de asserção. No outro, o termo denota uma propriedade de um ato de fala, do que é feito quando as palavras são proferidas. É esse último uso que é relevante aqui. Ao dizer "Banquo foi assassinado", não me refiro a um homem chamado Banquo, uma vez que mantenho não asserida a proposição existencial que assegura a referência (no primeiro sentido) do termo "Banquo". Supus a existência de um homem chamado Banquo – e esse homem, segundo afirmo, foi assassinado. Em outros termos, o fracasso da referência no ato de fala pode ser analisado em termos do fracasso em asserir (seja explícita ou implicitamente) uma sentença cuja verdade é uma condição necessária para a verdade de "Banquo foi assassinado".

de que, embora ele se saísse muito bem em um caso, não possui aptidão para o outro. Aqui, mais uma vez, as proposições mantidas não são necessariamente asseridas: posso pensar em X como Y, mesmo sabendo que não é verdadeiro – até mesmo impossível – que X seja Y. Em nenhum sentido eu preciso, ao ter esse pensamento, ao afirmar que X é Y. Podemos dizer que pensar em X como Y pelo menos envolve a manutenção da proposição "X É Y". No entanto, isso claramente não esgota o que há a dizer sobre essas espécies de pensamento. Em pelo menos um sentido de "pensar em X como Y" a manutenção dessa proposição não é suficiente para ter o pensamento. Se digo que penso no diretor como um elefante, por exemplo, claramente estou dizendo algo sobre uma disposição mental minha: não é suficiente para a verdade desse pronunciamento que eu mantenha a proposição "O diretor é um elefante" em uma ocasião. Tampouco é suficiente que eu tenha disposição de manter essa proposição, se eu sempre imediatamente a rejeitar. A ideia deve-me chamar a atenção como de certa maneira correta ou apropriada, para que seja realmente uma descrição da maneira como penso no diretor. Isso não significa que o pensamento possui um caráter "asserido": pois, claramente seria uma representação equivocada de meu processo de pensamento dizer que tenho a impressão de que o diretor (literalmente) é um elefante. Em outros termos, ao pensar em X como Y, com frequência penso em X, e penso na descrição "Y" como particularmente apropriada (por qualquer razão que seja) a X. Esse é um modo de aceitação racional da proposição "X é Y", que, não obstante, não é uma crença, mesmo que compartilhe muitas das propriedades da crença, incluindo o caráter de uma disposição, mais que de um ato.

Ora, superficialmente, poderia parecer que é esse tipo de pensamento que está envolvido na aceitação de pelo menos alguns juízos estéticos – por exemplo, o juízo de que uma canção de Schubert é triste, ou de que um retrato de Gainsborough é terno. E, de fato, podemos desejar argumentar que é precisamente esse tipo de pensamento que está envolvido no exercício da imaginação, em geral: a imaginação é em essência pensamento não asserido, embora seja mantido como "apropriado" a seu assunto. E a experiência estética, como um dos fenômenos da imaginação, compartilha a estrutura que esse tipo particular de pensamento dita.

Infelizmente, essa conclusão é demasiado apressada. Descobriremos que ela ao mesmo tempo simplifica o conceito de imaginação, de maneira inaceitável, e também falha em localizar a maneira precisa pela qual uma experiência estética se dirige a seu objeto. Pode-se apreciar melhor a questão abordando-se o tópico da imaginação de maneira independente. Veremos que a relação dos pensamentos imaginativos com seus objetos é consideravelmente mais sutil que implicado pela explicação anterior.

A primeira questão que vem à mente na tentativa de analisar um conceito tão complexo como o da imaginação é esta: "Há um conceito ou muitos?". É fácil dizer muitos e deixar as coisas dessa maneira. Quando consideramos todos os fenômenos separados que foram discutidos sob essa rubrica, parece improvável que se possa descobrir qualquer série de vínculos entre eles. Porém, nesse caso, por que utilizamos o mesmo termo ("imaginação") para denotar *mais* que um conceito? Sustentarei que existem vínculos importantes entre os diversos fenômenos agrupados sob a rubrica da imaginação, e que, com efeito, há apenas um conceito expresso no uso desse termo. Os fenômenos que precisam ser discutidos são: formação de uma imagem ("figuração"); imaginar em suas várias formas (imaginar que..., imaginar como seria se..., imaginar como é ser...: algumas dessas construções são proposicionais, algumas não; algumas se relacionam com saber que...; algumas, com o conhecimento por familiaridade); fazer algo com a imaginação (imaginação como adverbial, e não como predicativa); usar a imaginação para ver algo; ver um aspecto. Estes últimos raramente são descritos como "imaginação", e, portanto, apresentam uma dificuldade superficial. No entanto, será uma de minhas conclusões que há pelo menos um sentido da expressão "ver como" em que ela denota uma atividade da imaginação, mais que uma atividade do juízo.

Podemos investigar como os separados usos de "imaginar" e seus cognatos se vinculam de diversas maneiras, mas evidentemente não desejamos apenas um mapa de seu uso. Precisamos ver como explicar certos fenômenos no contexto de uma filosofia da mente coerente. Precisamos descobrir as condições de verdade de certas coisas que dizemos sobre as pessoas, e mostrar como elas se relacionam com as condições de verdade de proposições mais fundamentais na descrição da mente, como proposições que empregam os conceitos de crença, sensação e desejo. Os fenômenos da imaginação parecem situar-se estranhamente à parte da lista de noções mentais do filósofo analítico, e embora pelo menos um empirista (Hume) tenha conferido à imaginação um papel central na teoria do conhecimento, houve poucas tentativas de se analisar o conceito no âmbito de uma filosofia empirista da mente. Não é injusto sugerir que esse fracasso é correlato da presente ausência de qualquer estética sistemática na tradição empirista. Não se descobre ausência similar na filosofia idealista, e é frequente que os idealistas dediquem parte de seus escritos sobre estética à imaginação, da qual derivam continuidade entre a experiência estética e não estética.[6]

Onde se inicia nossa investigação? Os filósofos modernos tenderam a abordar o tópico mediante a noção de uma imagem, como se a presença de imagens fosse a característica distintiva de todos os atos de imaginação. Um dos principais objetos de discussão foi refutar a tradicional noção dualista e empirista da formação de imagens, que concebe a imagem como um retrato mental privado formado como uma cópia de uma impressão dos sentidos, só ligeiramente mais apagada, por assim dizer. Essa noção foi refutada com base em

---

[6] Ver, por exemplo, Collingwood, *The Principles of Art*. Oxford, 1938, livro II.

três aspectos: ela não distingue entre formação de imagens e sensação (Ryle, Sartre); ela não explica a intencionalidade da formação de imagens (Husserl, Sartre); ela transforma a imagem num objeto privado sobre o qual nada pode ser dito (Ryle, Wittgenstein).[7] Cada um desses argumentos é conclusivo, mas nenhum deles fornece base alguma para uma teoria positiva da imaginação. Não aprendemos o que é uma imagem, tampouco aprendemos como a formação de imagens se relaciona com imaginar, imaginação, memória, percepção e crença. Tudo o que se evidencia é (i) a necessidade de conectar formação de imagens com pensamento; (ii) a necessidade de fornecer critérios públicos para a verdade da proposição de que alguém possui uma imagem de algo (ou "figura" algo). A concepção de Ryle da formação de imagens como uma espécie de fazer de conta, atende a essas duas exigências. Porém, por uma variedade de razões, ela deixa de fornecer uma resposta ao problema.[8] Em boa parte do que se segue, eu me apoiarei em argumentos de Wittgenstein, tirados de *Zettel*, especialmente as seções 621-55, e das *Investigações Filosóficas*, parte II, xi.

Podemos fazer quaisquer observações gerais sobre as noções listadas que sirvam como ponto de partida para uma teoria mais positiva da imaginação? Apenas do tipo mais primitivo, segundo penso. Podemos começar separando dois componentes no uso de "imaginar" e seus cognatos, como componentes predicativo e adverbial. Por um lado, falamos de "*X* imaginando *Y*", "*X* vendo *Y* como *Z*", "*X* formando uma imagem de *Y*", "*X* imaginando que *p*, como seria a vida se *p*", e assim por diante, todos predicando uma atividade de *X*. Por outro lado, falamos de *X* fazendo algo com imaginação, ou de maneira imaginativa, usando sua imaginação na realização de alguma

---

[7] G. Ryle, *The Concept of Mind*. London, 1949, cap. VIII; J.-P. Sartre, *L'Imaginaire*. Paris, 1940; E. Husserl, *Ideas*. London, 1931, cap. 3 (há também uma exposição das concepções de Husserl no capítulo final de *L'Imagination*, de Sartre).

[8] Ver Hidé Ishiguro, "Imagination". In: B. Williams e A. Montefiore (orgs.), *British Analytical Philosophy*. London, 1966.

tarefa (esteja ele cumprindo um objetivo prático, ou adquirindo alguma parcela particular de conhecimento) – nesse sentido, a imaginação qualifica uma atividade adicional, identificada em separado. As atividades predicativas são atos mentais, ao passo que as atividades realizadas com imaginação não precisam sê-lo. Isso é exatamente como pensar: pensar é uma atividade mental; fazer algo de caso pensado muitas vezes não é. Isso poderia levar-nos a supor que a atividade mental é anterior – embora Ryle derive daí a conclusão oposta, em parte porque ele parece pensar que conceitos mentais exclusivamente predicativos abrem caminho para o dualismo cartesiano.

O que significa dizer de alguém que esse alguém possui (ou forma) uma imagem de algo? Necessitamos de uma explicação positiva da formação de imagens, mas onde a encontramos? A explicação fornecida por Sartre, bem como a de Husserl, na qual ele se inspira, permanece no nível da pura fenomenologia – é um estudo aprofundado do caso da primeira pessoa, independentemente dos critérios de terceira pessoa que precisam ser invocados para conferir significado a qualquer termo psicológico. Como sugerem as observações no Capítulo 1, devemos tentar não responder à questão "O que é uma imagem?" olhando para dentro de nós. O conhecimento que temos de nossas próprias imagens é imediato, baseado em nada; não se apoia, por conseguinte, em *figurações* das imagens pelas quais as reconhecemos pelo que são. A mera "observação" de nossas imagens não nos dirá nada sobre elas: os únicos fatos sobre imagens são fatos sobre o caso da terceira pessoa. Embora estas sejam o que se pode chamar de descrições "fenomenológicas" de coisas tais como imagens, elas não são descrições propriamente falando – não transmitem informação sobre imagens da maneira que uma descrição de uma mesa transmite informação sobre uma mesa. Compreender semelhantes descrições não é reconhecer caraterísticas na experiência às quais se possam aplicar: é simplesmente ver como elas podem ser apropriadas, ou como podem *transmitir* o que não pode ser verdadeiramente descrito. Tais descrições são metáforas, que podem ser formuladas numa linguagem técnica concebida para esse fim (Husserl), e, portanto, incompreensível, ou que podem ser expressas na linguagem literária característica de Sartre (que compara a imagem a um encantamento mágico destinado a recapturar uma coisa ausente), e, portanto, agradável, mas não informativa.[9] Se quisermos saber o que é uma imagem, precisamos perguntar: "O que há no outro que me permite dizer a seu respeito que ele possui imagens?".

Existe uma característica tanto da formação de imagens quanto do imaginar que serve para distingui-las de vários estados mentais. É a característica da sujeição à vontade.[10] Isso não significa que "figurar" ou imaginar sejam sempre ou quase sempre voluntários. Tampouco significa que outros estados mentais – como sensação, percepção e crença – não possam ser induzidos mediante um esforço da vontade. Significa que a requisição de imaginar ou formar uma imagem de algo faz sentido. Alguém pode assentir nisso diretamente. Não há nada mais que essa pessoa precise fazer primeiramente a fim de atender a esse tipo de demanda. Pode invocar uma imagem, e se as imagens são às vezes involuntárias, e se às vezes é impossível bani-las ou evocá-las, isso é inteiramente contingente, e não essencial. É impossível imaginar alguém, ciente da evidência que prova conclusivamente que p, por exemplo, escolhendo primeiro acreditar em p, e então não, segundo sua vontade. Tampouco é possível imaginar alguém escolhendo primeiro ver o que está diante de seus olhos, e em seguida, escolhendo não ver. O que se pode imaginar é alguém escolhendo evitar a evidência para p, ou escolhendo fechar os olhos.

---

[9] Sartre, op. cit., p. 239.

[10] Essa característica é difícil de definir precisamente, e foi descrita por filósofos de variadas maneiras ao longo do tempo – ver, por exemplo, Aristóteles, *De Anima*, 427b; Tomás de Aquino, *Summa Theologiae*, Ia, 2ae, 56, 5; Locke, *Essay Concerning Human Understanding*. London, 1690, II, xxx, e mais recentemente, Sartre, op. cit., e Wittgenstein, *Brown Book*.

Porém, aqui essa pessoa está fazendo algo mais a fim de não adquirir a crença ou a percepção em questão. O caráter voluntário não se liga à crença ou à percepção em si mesmas, mas às ações que as produzem. A ordem para acreditar, ou ver, não faz em si nenhum sentido.

Isso poderia ser colocado em dúvida. Certamente, quando digo que alguém imaginou algo, a construção proposicional que emprego visa identificar uma crença (que eu dou a entender que seja falsa). O imaginar, por conseguinte, não pode às vezes envolver crença? Se a crença não é sujeita à vontade, como pode a imaginação ser sujeita à vontade? Aqui precisamos contrastar dois usos bem diferentes do termo "imaginar", um para nos referirmos a um ato mental, outro para emitir juízos sobre as crenças de outros. Quando digo "Imagine que p", não estou pedindo a você para acreditar falsamente que p. Obedecer a essa ordem não envolve acreditar em algo, mas manter proposições não asseridas. Assumirei, portanto, que o uso do termo "imaginar" para emitir juízos sobre as crenças de outro é derivativo. Nesse uso, "imaginar" significa apenas "acreditar falsamente", e claramente nenhuma teoria interessante da imaginação poderia basear-se em semelhante uso. Um uso derivativo similar de "imaginar" ocorre ao se relatar certo tipo de crença especulativa. Por exemplo: "Onde você acha (pensa) que está João?" – "Eu imagino que ele está na biblioteca".

Na realidade, é muito difícil estabelecer o contraste com a crença, por uma razão adicional. *Há* sentido na requisição "Acreditar p" em certos contextos. Adquire sentido de seu entorno, quando este fornece uma plausibilidade independente a p, tornando possível, assim, "obedecer" à ordem. Em outros termos, "Acreditar p" não é tanto uma ordem, como uma maneira de testar a verdade de p. Esse é o caso na maior parte dos exemplos da forma "Acredite você em mim, p". Ordens para acreditar são maneiras de se comprometer com a verdade de uma proposição e, portanto, de adicionar à crença a plausibilidade antecedente derivada da própria confiabilidade. Na ausência dessas circunstâncias especiais, no entanto, a ordem para acreditar não faz sentido. Pode-se dizer que há circunstâncias, porém, nas quais posso acreditar em uma proposição por *escolha* – por exemplo, quando não conheço nenhuma razão para não acreditar nela, e desejo que seja verdadeira. Por exemplo, posso escolher confiar em alguém, e isso me compromete com acreditar no que essa pessoa diz. Quando digo a alguém: "Diga-me o que aconteceu – acreditarei em você", o que digo não é diferente de uma expressão de intenção. Contém a sugestão de que a crença, pelo menos de vez em quando, está sujeita à vontade. Por outro lado, existem outras características da relação entre crença e vontade que servirão para distinguir imaginação de crença. Por exemplo, não posso escolher um momento para acreditar [que] *p*, e no momento seguinte não acreditar que *p*, e assim por diante, sem ter descoberto alguma evidência adicional contra *p*. Ao passo que posso imaginar algo em um momento, e então deixar de imaginá-lo, e assim por diante, independentemente de quaisquer outras circunstâncias. Pois a imaginação é algo em que me envolvo, enquanto a crença não o é. Daí o caráter absurdo da observação da Rainha Branca: "às vezes cheguei a acreditar em até seis coisas impossíveis antes do café da manhã". E assim o absurdo de acreditar em algo por uma razão prática, e não teórica (que é o paradoxo envolvido na aposta de Pascal).[11]

Podemos resumir essa diferença como segue: enquanto a ordem "Imagine o seguinte:..." faz sentido, a ordem "Acredite no seguinte:..." não faz, exceto em circunstâncias muito especiais. E esse é um argumento lógico, que reflete uma diferença categórica entre imaginação e crença. O contraste com percepção, sensação e desejo é muito mais claro. Não posso, por exemplo, ordenar que você tenha dor em seu dedo, embora possa ordenar que você faça algo que garanta que você tenha essa dor, e assim por diante.[12] Mais uma vez, pode parecer que

---

[11] Para mais argumentos, ver Roy Edgley, *Reason in Theory and Practice*. London, 1969, p. 60 ss.

[12] L. Wittgenstein, *Zettel*. Trad. G. E. M. Anscombe. Oxford, 1967, seção 52.

essa diferença é apenas contingente: apenas ocorre que não posso adquirir dor dessa maneira. Mas, na realidade, descobrimos que a diferença é mais fundamental. Se tentarmos descrever o caso de alguém que obedece à ordem de ter dor em seu dedo, pareceremos forçados a descrever essa pessoa como fazendo algo diferente, como pensar sobre isso, em resultado do que sofre a dor. O ato mental é o pensamento, enquanto a dor é apenas sua consequência causal.

As imagens, como a imaginação em geral, compartilham essa característica de sujeição à vontade. Formar uma imagem é algo que posso fazer: nem sempre é algo que sofro ou suporto. Do mesmo modo, posso evidentemente pedir a alguém para imaginar uma cena, ou imaginar como seria se p, e assim por diante. A esse respeito, a imaginação é como pensamento não asserido. Com efeito, podemos com frequência substituir "imaginar" e seus cognatos, "pensar" e seus cognatos ("Pense como seria se p", e assim por diante), e isso pode levar-nos a suspeitar que, em geral, a imaginação nada mais é que uma espécie de pensamento.

Adiante, mostrarei que essa abordagem é excessivamente simples: a imaginação pode, e com frequência envolve, a formação de imagens [*imagery*], e a formação de imagens não é *apenas* um tipo de pensamento. No entanto, podemos desejar sustentar que a formação de imagens é um fenômeno separado: não é somente no imaginar que temos imagens; há também imagens da memória. Seria possível, portanto, tratar a imaginação e a formação de imagens separadamente, uma vez que nenhuma delas é uma característica necessária da outra. Podemos querer afirmar, então, que a imaginação apenas é uma espécie de pensamento. Na realidade, dizemos que alguém imagina X (ou o que seria como se p) à medida que pode fornecer uma explicação de X (ou p), contanto que certas outras condições sejam satisfeitas. É difícil especificar detalhadamente essas outras condições, mas uma análise grosseira poderia proceder do seguinte modo:

1. A imaginação envolve pensamento não asserido, e portanto, que se estende além do que aquilo em que se acredita. Assim, não se diz que uma pessoa esteja imaginando X (ou como seria se *p*) se ela produz sua explicação com base no que já sabe – digamos, porque X está diante dela e ela o está estudando, porque *p* é verdadeiro e ela está observando as consequências de sua verdade; porque foi informada da explicação que produz agora, ou se lembra dela, porque possui evidência, a qual, juntamente ao conhecimento que já tem, a capacitará a deduzir ou predizer sua explicação de X ou *p*. Em outras palavras, a imaginação vai além do que ela recebe na predição e na crença comuns. Isso não significa que não se pode acreditar que X seja como se imagina. Uma pessoa, porém, não pode imaginar X como ela conhece ou tem boas razões para pensar que é. Na imaginação, se está envolvido em especulação, e não se está tipicamente visando a uma asserção definida sobre como as coisas são. Na imaginação, por conseguinte, vai-se além do que é estritamente dado.

2. Nenhuma maneira de ir além do "dado" contará como imaginar X, ou como seria se *p*. Imaginar é um caso especial de "pensar em *x* como *y*". Ele possui dois objetos: o objeto primário (o X ou *p* que tem de ser imaginado) e o objeto secundário, que é *como X ou p é descrito*. A imaginação não se limita a produzir descrições de um objeto que não se está preparado para asserir. Envolve pensar nessas descrições como de alguma maneira apropriadas ao objeto primário. A imaginação é uma atividade racional. Aquele que imagina está tentando produzir uma explicação de algo e, portanto, está tentando relacionar seus pensamentos a seu tema; está construindo uma narrativa, e fazer isso não é meramente ir além do que já está "dado". É necessário que ele tente colocar o que diz ou pensa em relação com o tema; seus pensamentos precisam ser mantidos graças a seu caráter "apropriado".

Em razão dessa racionalidade inerente à atividade, é natural que questões "por quê?" estejam presentes quando alguém fornece uma descrição imaginada de um objeto ou estado de coisas. Podemos explicar, portanto, por que deve haver uma ideia parcialmente normativa de imaginação: nós com frequência distinguimos, entre as atividades da imaginação, aquelas que são realmente *imaginação* e aquelas que são mera fantasia ou capricho. Essa não é uma distinção genuína entre imaginação e algo mais, mas é um exemplo de um uso derivativo de "imagine": marca uma distinção baseada em nossa própria noção do que é apropriado ao descrever uma coisa ausente.

Como julgamos que uma descrição é apropriada para certo objeto? Essa é uma questão profunda, fundamental para a estética, sobre a qual teremos alguma coisa a dizer num estágio posterior. Claramente, não podemos reduzir essa noção a uma mais comum de julgar algo como sendo provável. Quando se imagina como seria X, geralmente se abandonam as categorias normais de pensamento causal, e inventa-se uma história na qual se pensa como, peculiarmente apropriado a X, mesmo que se possa saber que isso é improvável ou falso. Quando Flaubert se propôs a imaginar como seria uma pessoa de disposição fútil e romântica viver casada com um doutor rural numa província da França, ele não contou uma história sobre as prováveis consequências de semelhante casamento. Ele escolheu os detalhes de sua história à luz do que pensou ser o mais revelador e expressivo do estado de espírito provinciano, fosse ou não provável que ocorressem esses detalhes. Para tomar um exemplo mais impactante, Lewis Carroll imaginou como seria viver por trás de um espelho, escolhendo cuidadosamente coisas ilógicas que criassem a aparência de uma história coerente. De modo similar, posso imaginar como seria para meu amigo encontrar a rainha, e, com isso, chegar a uma história que se adequasse a seu caráter, e que explorasse duas divertidas possibilidades, sem dar a mínima para a plausibilidade ou para a verdade do relato. Ao imaginar, as proposições são mantidas por um motivo, mas o motivo não deve ser encontrado no assunto e em nenhum outro lugar. Isso é tudo que precisamos dizer sobre o conceito de "apropriado".

O elemento de racionalidade introduzido por essa característica não nos deve levar a confundir imaginação com crença, mesmo que haja, como vimos, um uso de "imagine que" que simplesmente denota crença. Quando narro uma história, o que digo conta como expressão da imaginação, acredite eu ou não no que relato. A racionalidade da imaginação não é a racionalidade da crença (embora, em certos casos, possa incluir esta última); é antes uma espécie de razão prática. Quando pergunto a alguém "Por quê?" no meio de seu relato de um objeto imaginado, essa pessoa me responde dando razões pelas quais ela disse isso, não razões pelas quais acreditava (asseria) nisso.

Segue-se dessa explicação que podemos com frequência querer comparar dois exercícios da imaginação, dizendo que um mostrou mais imaginação que outro. Pelo que entendo que se foi bem além do óbvio (condição (1)), ao mesmo tempo que não se separa do apropriado (condição (2)) e, portanto, não degenera em mera fantasia ou capricho. A imaginação admite graus. Pode ser de fato difícil definir o ponto de fuga [*vanishing point*] desta quando a estreita literalidade se impõe.

É em termos desta última consideração que podemos tentar definir o sentido adverbial de imaginação. Fazer algo de maneira imaginativa significa fazê-lo de caso pensado, no qual o pensamento não é guiado pelos processos normais de raciocínio teórico, mas vai além do óbvio de maneira mais ou menos criativa. Ao fazer X de maneira imaginativa se faz mais que X, e esse elemento adicional é sua própria invenção, acrescentado por parecer apropriado a X. Não é preciso dizer que existe um sentido normativo da construção adverbial: algumas ações podem ser consideradas verdadeiramente imaginativas, enquanto se pode pensar em outras como frutos de capricho ou loucura. Com base nisso, podemos ver como o conceito de imaginativo é estendido de forma a se aplicar a um plano, a uma hipótese, obra de arte ou pessoa. Todos esses usos, mesmo aqueles nos quais algo de cognitivo está implicado, podem ser derivados sem muita distinção às condições abordadas.

Se dizemos, entretanto, que as duas condições anteriormente fornecidas definem o núcleo do conceito de imaginação, e mostram como a imaginação difere de outros processos de pensamento, ainda não explicamos o que se entende por formação de imagens [*imagery*], tampouco explicamos o lugar da formação de imagens na imaginação como um todo. É aqui que vemos a ideia de um pensamento adquirindo uma conotação inteiramente nova e mais sutil. Pois há certas fortes razões para afirmar que uma imagem é um tipo de pensamento de algo – minha imagem de minha mãe é meu pensamento de como ela se parece. Isso é apoiado pelas seguintes considerações: primeiro, uma imagem é sempre uma imagem *de* algo – a formação de imagens possui a intencionalidade característica do pensamento, e isso é evidenciado pelo fato de que só se pode imaginar aquilo sobre o que se pensa. Em segundo lugar, a formação de imagens, como o pensamento, é objeto de conhecimento imediato. Conheço imediatamente, sem bases e de maneira irremediável, a natureza de minhas próprias imagens e pensamentos.[13] (Essas duas propriedades, com certas modificações no caso da primeira, são também propriedades das experiências sensoriais ou impressões sensoriais.) Em terceiro lugar, a formação de imagens está sujeita à vontade, da maneira pela qual o pensamento está sujeito à vontade. (O que não significa que a formação de imagens responde à vontade da mesma maneira que o pensamento.) Finalmente, imagens e pensamentos são identificados de modo similar, e referidos sobre uma base similar. Assim, os principais critérios para afirmar que uma pessoa possui uma imagem, ou imagina algo,

---

[13] A noção de "irremediabilidade" aqui empregada talvez necessite de algumas explicações. Pode-se possuir uma imagem, e mais tarde rever sua descrição (como se pode rever a descrição de um sonho). Por exemplo, alguém pode perceber que sua descrição inicial deixou de apreender tudo o que fora sugerido pela própria imaginação; ou reinterpretar a própria experiência à luz de um conhecimento superior, e assim compreendê-la de modo diferente (cf. a interpretação dos sonhos). Porém, embora semelhante revisão seja possível, ela não implica que se pode de fato estar *errado* sobre as próprias imagens, no sentido de pensar que elas possuem propriedades (não relacionais) que não possuem. A revisão consiste em redescrever as relações entre as experiências, enriquecendo desse modo seu conteúdo.

são verbais – consistem em grande parte em descrições que a pessoa estaria preparada para oferecer de uma coisa ausente ou não existente. Em outros termos, pensar que X possui uma imagem de Y envolve pensar que, tivessem perguntado a X o que tinha em mente, ele ou ela teria produzido descrições que se propõem a ser descrições de Y (da *aparência* de Y, digamos), ou teria se referido de alguma maneira a Y. Uma imagem (visual) é como um pensamento de como algo parece, e identificar *qual* imagem X possui envolve referência a critérios que igualmente identificariam um pensamento. Podemos imaginar outros critérios além dos verbais – por exemplo, alguém pode expressar sua imagem desenhando ou apontando para um retrato –, mas os critérios sempre parecem aplicar-se tanto às imagens quanto aos pensamentos.

Essas quatro características parecem situar a formação de imagens firmemente na categoria do pensamento e, portanto, criar uma distinção imediata entre imagens e coisas como sonhos e imagens residuais [*after-images*]. A justificação para considerar essas divisões de categoria como da mais alta importância ficará evidente na sequência. Mas é preciso dizer, de imediato, que concluir que a formação de imagens é apenas uma espécie de pensamento é ignorar duas características muito importantes da formação de imagens, além daquelas mencionadas, as quais é extremamente estranho considerar como propriedades gerais do pensamento – as características da intensidade e da duração exata. Essas características são na realidade características das sensações e das impressões dos sentidos, e parecem mostrar que a formação de imagens, como a experiência sensorial, se situa numa zona limítrofe entre pensamento e sensação. Em primeiro lugar, as imagens podem ser mais ou menos vívidas ou intensas, ao mesmo tempo que permanecem constantes no que se refere ao detalhe. Minha imagem de Maria pode ser tão vívida que quase a vejo parada diante de mim. É uma expressão característica da formação de imagens visuais que uma pessoa pode apertar, ou mesmo fechar os olhos, como se estivéssemos sujeitando-nos à impressão, e a impressão pode ser forte ou não tão forte quando ela finalmente chega. Assim, falamos de imagens como "esmaecendo" – uma descrição que não pode ser aplicada ao pensamento. Desnecessário dizer que esse fenômeno não tem nada a ver com os supostos "graus de crença" mencionados por autores como Price.[14] Quando acredito em algo, posso de fato estar mais ou menos convencido a seu respeito, mas essa variação não tem nada a ver com a relativa vivacidade característica da formação de imagens e da sensação.

Em segundo lugar, há a característica da duração exata. Uma imagem, como uma sensação, surge em um momento específico e permanece inalterada por um período de tempo: é um processo mental que pode ser localizado no fluxo dos eventos. Dizemos coisas como "Tive uma imagem vívida de Maria, durante um tempo considerável, e então, repentinamente, pensei em outra pessoa e ela desapareceu". A esse respeito, podemos comparar imagens com seu mais próximo equivalente entre os pensamentos: o pensamento da aparência (som, cheiro, etc.) de algo. Suponha-se que eu comece a pensar em como era a aparência de minha avó: "Deixe-me pensar... ela usualmente se vestia de azul, seu cabelo era cinza, tinha uma mania engraçada de andar", e assim por diante. Será que meu pensamento sobre sua aparência se iniciou quando eu disse "Deixe-me pensar"? Ou foi logo depois disso? Ou foi em complemento à primeira proposição? Ou suponha-se que levei certo tempo para formular um pensamento, estava eu pensando em como ela se parecia durante esse tempo? Claramente, nenhuma dessas perguntas precisa ter uma resposta, e se nós *de fato* escolhemos fornecer uma resposta, então nossa escolha não é ditada pela natureza do pensamento em si mesmo. Pode-se dizer que devemos comparar a formação de imagens com manter uma proposição, uma vez que esta é um tipo de pensamento que possui determinados limites temporais: se uma proposição está em meu espírito por

---

[14] H. H. Price, *Belief*. London, 1969, Conferência VI.

determinada extensão de tempo, então existe um ponto preciso no qual deixa de estar. Mas, novamente, a questão não se presta a uma solução tão fácil. Suponha-se que estou mantendo a proposição de que minha mulher está na igreja, e, ao fazê-lo olho pela janela e noto a cor marrom do chapéu de um homem em contraste com as folhas de uma árvore: terá sido meu pensamento *interrompido* pela percepção, ou ele permanece intato durante essa percepção? Essa questão só admite uma resposta em casos excepcionais – por exemplo, quando tenho a experiência (depois de observar o chapéu), ao discutir o pensamento, que não temos o que fazer com a ideia de um único processo mental inalterado que possua um início preciso e uma duração exata. Se *tentamos* pensar em manter uma proposição dessa maneira, descobrimos que estamos pensando no caso em que alguém forma uma imagem das palavras que se mantém brevemente suspensa no interior do olho ou do ouvido.

Essa distinção entre formação de imagens e pensamento nasceu do fato de que as pessoas expressam imagens de maneira bem semelhante àquela pela qual expressam experiências. Se pedir a você para formar uma imagem de sua mãe, você pode muito bem se concentrar por um momento e então, depois de algum tempo, dizer: "Agora consegui: é como se pudesse vê-la". De modo similar, a forma particular de palavras: "Agora ela se foi, agora voltou", que é a expressão de uma experiência, não tem lugar no relato do pensamento. Por outro lado, certamente tem lugar ao relatar uma imagem, uma vez que posso pensar em um objeto mesmo estando consciente de que sua imagem está se esvanecendo. Isso parece sugerir que, embora o pensamento seja parte necessária da formação de imagens, não pode ser toda ela. Com efeito, todas as nossas maneiras de nos referirmos a imagens parecem sugerir um elemento de experiência sobre o pensamento constitutivo e acima dele. Assim, posso saber que imagem eu tinha mesmo quando não consigo recuperar, ou recapturar a imagem propriamente dita. Claramente, para que isso possa ser verdadeiro, a formação de imagens deve ser distinta do pensamento. Pois apenas em um sentido muito especial seria possível dizer que pensamento eu tinha, estando ao mesmo tempo consciente de que ele se desvanecera além da possibilidade de recuperação. Ao lembrar qual era o pensamento, eu o tenho novamente.

Até aqui, o argumento é deficiente em um aspecto muito importante. Expliquei o componente experiencial da formação de imagens unicamente em termos do caso de primeira pessoa. O conceito de pensamento seguramente se relacionou com sua expressão pública, ao passo que o conceito de uma imagem foi diferenciado por características cuja importância é até agora inteiramente privada. (Com efeito, certos filósofos discorreram a esse respeito como se essa fosse a diferença essencial entre formação de imagens e pensamento, por exemplo, Frege[15] e Collingwood.[16]) Se essa for a única explicação da formação de imagens que pudermos fornecer, claramente não teremos obtido nenhum terreno seguro para o conceito. Não só me será impossível convencer a outro que há ou poderia haver coisas como imagens; eu não terei certeza nem mesmo se estou apto a atribuir semelhantes coisas a mim mesmo.

Felizmente, podemos apontar para outra característica da formação de imagens, a qual explica em parte as duas que acabamos de mencionar, e que pode ser descrita em termos da expressão verbal da formação de imagens. Quando uma pessoa se refere a uma imagem que possui, ela a descreve em termos de uma experiência genuína, a forma publicamente observável que é familiar a todos nós: descreverá sua imagem visual de *X* em termos igualmente apropriados à experiência de ver *X*. Irá sugerir que possuir uma imagem de *X* é, de certo modo, como ver *X*; se ela não admitir isso, então poderemos dizer que não compreendeu o conceito de imagem. Podemos colocar

---

[15] G. Frege, trecho em Geach e Black, op. cit., p. 79.
[16] R. G. Collingwood, op. cit., p. 157-58.

isso afirmando que existe uma analogia entre os processos de formação de imagem e experiência sensorial. A analogia, no entanto, é "irredutível".[17] Em outras palavras, alguém pode ser incapaz de indicar em *que* sua imagem é "como" uma experiência sensorial particular, embora sinta que descrever sua imagem em termos de uma experiência sensorial é apropriado, e, de fato, inevitável. Uma consequência dessa conexão entre formação de imagens e sua expressão verbal é que será impossível atribuir formação visual de imagens a um cego, ou imagens auditivas a alguém que seja surdo. Essa é uma verdade lógica, não um fato contingente. Assim, podemos ver como a conexão entre a formação de imagens e sua expressão pública explicarão as propriedades formais (conceptuais) da formação de imagens. Esta, para dizê-lo de maneira direta, é a principal vantagem da análise de terceira pessoa sobre os métodos da fenomenologia.

Precisamos dizer algo, agora, sobre a conexão entre formação de imagens e imaginação. À primeira vista, pode parecer que não existe uma conexão especial, uma vez que a formação de imagens não ocorre somente quando se imagina, nem sempre que se imagina. Podemos dividir as imagens em dois tipos: aquelas nas quais o que é representado é algo que já foi visto, ouvido, etc. (formação de imagens como parte da memória); e aquelas nas quais o que é representado não foi de fato experimentado (formação de imagens como parte da imaginação). Esse segundo tipo de formação de imagens – formar uma imagem de algo que jamais foi "dado" na experiência – claramente envolve as características da imaginação, tais como foram descritas. Porém, não há nada mais a se dizer em relação à conexão entre formação de imagens e imaginação? Logo veremos que há. Entre outras coisas, formar uma imagem é uma das principais maneiras de imaginar – isso explica, segundo penso, por que usamos a mesma palavra para descrever

---

[17] P. T. Geach, op. cit., 1957, seção 23; "irredutível" não é termo de Geach, embora seja uma palavra naturalmente sugerida por sua abordagem.

ambas as atividades. Além disso, há um tipo de processo de imaginar que envolve essencialmente as características distintivas da formação de imagens. Esse é o tipo de processo de imaginar envolvido ao conjurar uma experiência, como quando me submeto a uma experiência na imaginação, ou imagino o som, gosto, visão ou cheiro de alguma coisa.

É útil lembrar a distinção de Russell entre conhecimento por contato [*acquaintance*] e conhecimento por descrição.[18] Saber como é uma experiência é como estar possuído por um tipo inteiramente diferente de conhecimento daquele envolvido em saber como é um *objeto* (material) de experiência. Ao saber como é um objeto, posso lembrar algumas de suas características: sei como descrevê-lo. Ao saber como é uma experiência, não tenho esse tipo de familiaridade com "características" da experiência, embora esteja familiarizado com a experiência propriamente dita. Conhecimento de uma experiência por familiaridade [*acquaintance*] significa ter tido a experiência e ser capaz de evocá-la. De modo similar, podemos contrastar imaginar como é um objeto com imaginar como é uma experiência: a última envolve a habilidade de formar uma imagem que "equivale" à experiência, enquanto a primeira envolve a habilidade distinta de descrever uma coisa ausente ou não existente. Assim, "imaginar como é...", ou "saber como é...", possui um componente experiencial. A formação de imagens – quando não é uma espécie de rememoração – relaciona-se ao "conhecimento por contato" da mesma maneira que a imaginação em geral se relaciona com a crença.

A formação de imagens, portanto, expressa-se em relatos como "Posso imaginar o que se sente quando se morre em batalha", ou "Posso (não posso) imaginar o gosto do rum misturado com molho inglês". Não é suficiente para a verdade de semelhantes relatos que se esteja meramente pensando no gosto do rum com molho inglês,

---

[18] Bertrand Russell, "Knowledge by Acquaintance". In: *Mysticism and Logic*. London, 1917, p. 152 ss.

ou qualquer outra coisa. "Imaginar como é" refere-se à experiência particular envolvida em "saber como é". Claramente, pensar no gosto de rum com molho inglês não é ainda imaginar o gosto de rum com molho inglês, uma vez que "pensar em" não vai além da habilidade de fornecer uma explicação de um objeto. Imaginar o gosto de rum com molho inglês envolve duas outras propriedades de duração e intensidade às quais nos referimos acima. Imagens olfativas e gustativas são particularmente instrutivas a esse respeito. Pois, enquanto as aparências visuais podem ser descritas em termos de características específicas de um objeto – e, portanto, podem, por assim dizer, ser recriadas mediante descrição – o mesmo geralmente não é verdade quanto a gostos e cheiros. É mais obviamente o caso aqui que o pedido para imaginar como são um gosto ou um cheiro seja um pedido para formar uma imagem.

Podemos ver aqui um dos perigos inerentes à abordagem fenomenológica do problema da formação de imagens. Para o fenomenólogo, o que chamei de conhecimento por contato já é um tipo de conhecimento privado por meio de descrição: envolve uma consciência das *características* de uma experiência que precisam ser identificadas mediante introspecção. As imagens, portanto, podem compartilhar essas características com suas experiências originais, e, assim, ser descritas de modo similar. Rejeitar a abordagem fenomenológica implica insistir que não há nada mais envolvido em saber como é quebrar um osso que ser capaz de lembrar a experiência particular. De modo similar, não há nada mais a dizer sobre o ato de imaginar como é quebrar um osso que sua imagem, irredutivelmente análoga à experiência de quebrar um osso. O que está envolvido no ato de imaginar como é uma experiência não é dado pela habilidade em descrever a experiência. Qualquer descrição é necessariamente o tipo de descrição que poderia ser aplicada e aprendida com referência ao caso da terceira pessoa; assim, ela não se relacionará com "saber como é" no sentido bem especial em que saber como é significa ter experimentado o fato.

Capítulo 8 | A Imaginação II

Entre as coisas que necessitam de imaginação para que sejam realizadas estão certos tipos de "visão": é preciso imaginação para ver, com base nas circunstâncias, que um amigo está infeliz ou ferido. Esse sentido da imaginação como tipo de "percepção" ou "perceptibilidade" possui dois aspectos, e talvez seja o fracasso em distinguir ambos o responsável pela ideia romântica (tipificada por Coleridge) de que a imaginação é a fonte primária do conhecimento. Um aspecto é fornecido pelas construções proposicionais da forma: "É preciso imaginação para ver que X está triste" – (A). O outro aspecto é fornecido por meio de um sentido metafórico especial de "ver": "É preciso imaginação para ver a tristeza no rosto de X (mesmo que se saiba de maneira independente que X está triste), na música, na vida em Hill Farm, e assim por diante" – (B). (B) está relacionado com "ver como", ou com notar um aspecto; (A) está relacionado com formar uma hipótese. Somente (A) pode ser contado como plenamente cognitivo, ou seja, como se referindo a uma espécie de juízo (um juízo que vai suficientemente além da evidência para contar como expressão da imaginação). (B) não se refere, ou, em todo caso, não precisa referir-se, a espécies de juízo, estritamente falando: porque, aqui, o que alguém "vê", "vê" sem, em qualquer sentido direto, acreditar que esteja de fato presente. Não é ver *que* a face de X é a face de um homem triste (por exemplo), ou *que* a música é o tipo de música que seria produzida por uma pessoa triste (por exemplo), ou *que* viver em Hill Farm tende a tornar as pessoas tristes (por exemplo) que constitui esse tipo de visão, embora emitir esses juízos possa ajudar a nos colocar em posição de "ver" a tristeza que há aí.

Não podemos explicar esse sentido de "ver" como "ver de maneira imaginativa" e, portanto, relacionar o elemento da imaginação ao sentido adverbial. Pois ver, no sentido normal, não é o tipo de coisa que *pode* ser feito de maneira imaginativa. Não se trata de atividade voluntária, e não está dentro do controle do pensamento. Adicionar imaginação à visão é mudá-la de visão para "visão". Temos uma nova atividade da imaginação que não pode ser explicada nos termos que já utilizamos até aqui. Resta descobrir como essa nova atividade deve ser descrita.

Já se fez referência a essa atividade como uma percepção de aspecto, ou "ver como". Porém, há pelo menos duas atividades que podem ser descritas dessa maneira, uma relacionada ao imaginar, a outra como próxima a formação de imagens. É essa segunda maneira que desejo discutir, embora tenha uma ou duas curtas observações a fazer sobre a primeira. Os argumentos que desejo abordar surgem (principalmente) na discussão de Wittgenstein sobre a figura ambígua.[1] Não se deve pensar, no entanto, que abordarei todos os problemas que essa figura traz, não toda ideia que Wittgenstein dela deriva. O problema da figura ambígua situa-se na interseção de muitas diferentes áreas da filosofia, e se a utilizo como ponto de partida para discussão de um tipo particular de experiência sensorial não é porque é o único uso – ou mesmo o principal – que se pode fazer da figura.

Quando vejo a figura como pato, não somente noto a semelhança entre a figura e um pato: poderia fazer isso enquanto a estivesse vendo como um coelho. Além disso, a semelhança é uma relação simétrica

---

[1] *Philosophical Investigations*. Trad. G. E. M. Anscombe. Oxford, 1953, parte II, seção xi. [WITTGENSTEIN, L. *Investigações Filosóficas*. 5. ed. Trad. Brasileira. Petrópolis: Vozes, 2005.]

– se *a* se assemelha a *b*, então *b* se assemelha a *a*. Logo, ao notar uma semelhança entre *a* e *b*, noto também uma semelhança entre *b* e *a*. Mas, é claro, se vejo um retrato da Rainha como Rainha, não vejo, por essa razão, a Rainha como seu retrato. Tampouco se pode reduzir a experiência de ver um aspecto àquela de notar uma semelhança de aparência, pelo mesmo motivo. Além disso, há certas importantes considerações que devo abordar, tanto mais tarde neste capítulo quanto no Capítulo 13, no sentido de que aspectos e aparências não pertencem à mesma categoria lógica. (Compare-se notar a semelhança entre dois rostos, e então, de repente, "ver a semelhança": há uma experiência bastante peculiar envolvida aí, cuja expressão é de surpresa.) Em outras palavras, "ver um aspecto" não pode ser analisado em termos de "ver que": isso não se reduz a um conjunto de crenças sobre seu objeto, nem mesmo a um conjunto de crenças perceptuais.[2]

O problema que desejo discutir é este: a que categoria mental pertence a experiência de "ver como"? Antes de tudo, não podemos reduzir "ver como" a qualquer coisa como uma simples sensação: "ver como" compartilha com a formação de imagens a propriedade de se relacionar internamente com o pensamento. Ao ver a figura como um pato, por assim dizer, pensamos nela como um pato. Pensamos na forma e aparência dos patos, por exemplo, e pensamos nesse pato particular como grasnando, digamos. Com efeito, "ver como" é como o pensamento exatamente do jeito que a formação de imagens é como o pensamento. Em primeiro lugar, possui intencionalidade – há sempre alguma coisa que vemos *na* figura quando vemos um aspecto. Em segundo lugar, o aspecto, como um pensamento, é um objeto de conhecimento imediato – quando "vejo" um aspecto, sei imediatamente e de maneira irremediável o aspecto que vejo.[3] (Não é preciso dizer que quando vejo alguma coisa, no sentido normal de

---

[2] Essas considerações são hoje bastante conhecidas: ver, por exemplo, Richard Wollheim, *Art and Its Objects*. New York, 1968, seções 11-14.

[3] Mas ver p. 127, nota 13.

"ver", não possuo esse tipo de conhecimento daquilo que vejo.) Em terceiro lugar, os principais critérios com base nos quais atribuímos a capacidade de "ver" são verbais. Um critério para ver X como Y deve ser encontrado nas falsas descrições que o sujeito está disposto a aplicar (não asseridas) a X. Esse não é o único tipo de critério. Porém, mais uma vez, qualquer critério de "ver como" parece refletir um critério similar de pensamento. Uma criança, diante de uma pintura, pode exibir sinais de diversão ou de medo, e esses sinais certamente mostram que ela "viu" o aspecto ali presente. No entanto, ao interpretar assim seu comportamento como emocional, já o caracterizamos como uma expressão do pensamento. Além disso, é um pensamento que, em certo sentido, é não asserido, como veremos. Esse é um ponto importante, uma vez que possui a consequência que animais, que carecem de uma linguagem, e, portanto, têm apenas crenças e nenhum outro tipo de pensamento, não podem ver aspectos, nem podem formar imagens. Um cão pode tomar uma pintura *por* um homem, mas não pode em qualquer outro sentido além desse, por ilusão ou equívoco, ver a pintura *como* um homem.

Finalmente, "ver como", como a formação de imagens, e como o pensamento não asserido em geral, encontra-se sujeito à vontade. O que significa que faz sentido ordenar a alguém que veja uma figura de determinada maneira. Além disso, uma vez uma pessoa tendo apreendido os diversos aspectos de uma figura ambígua, ela pode vê-la em qualquer uma das formas, à vontade. Mais uma vez, é necessário lembrar que o caráter significativo do comando para ver X como Y não significa que seja sempre – ou mesmo usualmente – possível obedecer-lhe. Com efeito, obediência é até mais difícil aqui que no caso da formação de imagens, o que seria de esperar. Pois o que alguém pode ver em X (ou "ver X como") é estritamente limitado pela natureza observável do próprio X. O objeto apresenta uma moldura visível, por assim dizer, na qual a imagem precisa adequar-se. Além disso, há toda uma área do "ver como" na qual a ordem para ver um aspecto está inteiramente deslocada, e deve ser substituída pelo pedido para ver o aspecto. É essa área que apresenta as mais próximas afinidades com a experiência estética.

"Ver como", da mesma maneira que a formação de imagens, contém outras características que são verdadeiramente mais sensíveis, e não características do pensamento em geral. Mais uma vez, há a propriedade da duração precisa: é possível "cronometrar" a percepção de um aspecto, da mesma maneira que é possível "cronometrar" uma sensação. Por exemplo, posso ver a figura ambígua como um pato, e então, de repente, descobrir que ela mudou, até que, precisamente dez segundos depois, ela muda de novo. Essa característica da duração precisa torna possível localizar o fenômeno do "ver como" no tempo de uma maneira pela qual não é possível localizar o fenômeno da "interpretação" em geral.

Entretanto, essa única propriedade da duração precisa não constitui uma explicação completa do elemento sensível no "ver como". Como no caso da formação de imagens, podemos apontar para a relação conceptual (interna) com o ato de ver. Podemos afirmar que existe algo como uma irredutível analogia entre ambos os processos de "ver" e "ver como", o que significa que é parte do conceito de "ver como" que ele seja referido e expresso na linguagem do ver (da experiência visual). Quando uma pessoa descreve sua experiência em ver um aspecto, ela precisa dizer algo como "É como se eu estivesse vendo um pato". E, novamente, é impossível dizer de *que* maneira a visão de um aspecto é como a visão da coisa mesma. Como o coloca Wittgenstein, a semelhança manifesta-se somente na expressão que uma pessoa está inclinada a usar ao descrever suas experiências, não em algo para o que ela usa essas expressões para dizer.[4] Nenhuma dessas duas experiências possui características introspectivas ("fenomênicas") em comum, bem como não o possuem as experiências

---

[4] Wittgenstein, *Zettel*. Trad. G. E. M. Anscombe. Oxford, 1967, seção 630.

de ver o vermelho e ver o rosa (que são irredutivelmente similares). Isso nos permite atribuir ao "ver como" uma característica formal que também pertence à experiência perceptual – a característica de "possuir partes". Quando vejo a figura como um pato, então o aspecto, por assim dizer, está espalhado sobre um campo visual. Geach já apontou que esse é o tipo de característica que serve para distinguir a experiência sensorial do pensamento.[5]

Contudo, há outra característica sensorial da formação de imagens que é difícil atribuir ao "ver como" – a característica da vivacidade ou intensidade. Nesse sentido, pode-se argumentar que a analogia com a formação de imagens é incompleta. Se noto o aspecto pato da figura, posso ser mais ou menos tocado por ele, e posso vê-lo em maior ou menor detalhe. Porém, isso não significa ainda que minha experiência possa ser mais ou menos vívida ou intensa, ao modo de uma imagem. É impossível, portanto, atribuir essa propriedade formal da vivacidade ao "ver como"? Penso que não, embora seja difícil demonstrar que "ver como" é o tipo de processo mental ao qual semelhante dimensão precise pertencer. Talvez ajude, porém, estudar o caso similar da experiência visual comum, cuja relação com a sensação também foi objeto de considerável disputa. É fato inegável que certas coisas permanecem em maior ou menor medida em nosso campo visual, e essa propriedade não deve necessariamente ser atribuída a sua clareza, interesse ou iluminação. De modo similar, um detalhe numa pintura pode permanecer isolado do resto: com efeito, é possível ter a noção de algum detalhe que repentinamente "aparece", e então voltar a ficar no fundo da cena. Na falta de análise, é natural formular a hipótese de que essa característica de "ver como" (e de ver) é a característica que corresponde à dimensão da vivacidade que é comum à formação de imagens e à sensação. Porém, não desejo, por ora, alongar-me nesse ponto, nem tentar uma análise

---

[5] P. T. Geach, *Mental Acts*. London, 1957, p. 128.

não fenomenológica da característica em questão. Por enquanto, deve estar suficientemente claro que "ver como" apresenta relação tanto com o pensamento quanto com a sensação, de forma fortemente similar à da formação de imagens.

Uma digressão na fenomenologia revelará de outra maneira essa relação entre "ver como" e a formação de imagens. Por exemplo, há a seguinte característica peculiar envolvida na descrição de imagens. Suponha-se que possuo a imagem de uma vela, e alguém me pergunta como ela é; posso apontar para um A escrito dessa maneira – A – e dizer: "É uma vela triangular, que se dobra de uma maneira peculiar, assim".[6] Somente se alguém vê um aspecto muito específico da figura que indico compreenderá o que desejo dizer sobre minha imagem. Ao identificar uma imagem visual, preciso sempre me referir a objetos físicos. Porém, aqui quero também mostrar como é minha imagem, no sentido no qual realmente *sei* como é ter a imagem. É importante, portanto, que esse conhecimento seja alcançado mediante a percepção de um aspecto. Uma ilustração similar da proximidade fenomênica entre a formação de imagens e o "ver como" é fornecida por um exemplo da senhorita Ishiguro.[7] Suponha-se que vejo a fotografia de um homem, e suponha-se que, à medida que olho para a fotografia, ela se apaga, mesmo que, não obstante, eu continue a vê-la como homem enquanto cada vez menos das feições permanecem. Parece que preciso, de alguma maneira, "suplementar" as feições que se apagam com uma imagem. No ponto de atenuação, quando não me resta mais nada para "ver como", permanece a imagem do homem. E essa imagem é precisamente a imagem do homem que eu vira previamente no retrato. Parece, então, que nessa mudança gradual desde ver a fotografia de um homem a meramente imaginar o homem sem a fotografia alguma coisa permaneceu inalterada.

---

[6] Devo esse exemplo à professora G. E. M. Anscombe.
[7] "Imagination". *A.S.S.V.*, 1967.

Ao que parece, então, a estranha mistura entre a característica sensorial e a intelectual das imagens também está presente no "ver como". Os mesmíssimos fenômenos voltam a ocorrer aqui de uma forma diferente: no "ver como" é como se eu imaginasse um objeto e simultaneamente o visse em algo mais; na formação de imagens, é como se eu imaginasse um objeto, e então minha imaginação ganhasse vida em uma forma quase sensorial. Além disso, o elemento de pensamento envolvido em "ver como" reside claramente no campo da imaginação: é pensamento que vai além do que aquilo em que se acredita ou se assevera internamente, e além do que é estritamente dado na percepção. Logo, é pensamento que se encontra submetido à condição do "caráter apropriado" [*appropriateness*]. O fato de eu ver um aspecto suscita a questão do caráter apropriado do que vejo *no* objeto ao objeto no qual o vejo. "Ver como" é racional, e a distinção normativa entre verdadeira imaginação e capricho pode aplicar-se a isso. A percepção de um aspecto pode mudar à luz da razão. Posso ser impedido de ver um desenho como um coelho ao me mostrarem que pretendia ser um pato, ou que o espírito do desenho só pode ser compreendido se for tomado dessa maneira. Para considerar um caso mais interessante: posso ver algumas dos banhistas no quadro de Cézanne (National Gallery) seja como estando em movimento, seja como paradas, e minha compreensão do quadro rege o aspecto que escolho. Raciocinar em termos do caráter apropriado pode igualmente se aplicar a imagens. Se me pedirem para descrever minha imagem de Brutus, posso fornecer uma descrição que outra pessoa talvez considere não justificada ou fantasiosa; ela tentaria me persuadir a imaginar Brutus de maneira diferente.

Com base nisso, podemos concluir que, de fato, há apenas um conceito de imaginação, que cobre todas as atividades que tentei descrever acima. A imaginação é uma espécie de pensamento, envolvendo características distintivas que são recorrentes, mesmo quando o pensamento está, por assim dizer, "incorporado" em uma experiência, como na formação de imagens e no "ver como". Podemos dizer que constitui uma característica da imaginação o fato de ela ser passível desse tipo de incorporação da experiência.

Nossa descrição do "ver como" se deteve diante da comparação com as imagens. De fato, a locução "ver como" possui um uso mais amplo do que sugere essa comparação. Parece haver uma continuidade entre o tipo de caso exemplificado pela figura ambígua, em que minha imaginação se torna parte de meu ato de ver, ouvir, ou qualquer outra coisa, e outros exemplos nos quais simplesmente imagino algo em um objeto (a tristeza na música, o estilo mozartiano em Verlaine). À medida que o processo de pensamento envolvido em "ver como" se torna mais complexo, fica cada vez mais difícil ter a experiência particular do ver (ou ouvir) um aspecto, mesmo que, por assim dizer, ainda se esteja mantendo juntos, na imaginação, o pensamento e a percepção. O fato de haver essa estranha transferência da imaginação para a experiência pode ser uma fonte da ideia de que aspectos são propriedades – pois, de muitos modos, eles apresentam uma analogia lógica com propriedades "simples", como cores – e, portanto, uma fonte da ideia de que, na apreciação estética, se está realmente *vendo* propriedades de uma obra de arte.

Precisamos agora tentar descrever com mais detalhes os tipos de processo de pensamento que correspondem ao "ver como", e que estão subjacentes à experiência da percepção de aspectos. A fim de fazer isso, precisamos primeiro deixar claro de que maneira a experiência do "ver como" se relaciona com a percepção comum. Vários filósofos sustentaram que todo ato de ver envolve o "ver como".[8] Por que, então, chamamos o "ver como" de um ramo da imaginação, quando a imaginação, conforme sustentamos, sempre vai além do conteúdo da

---

[8] Ver, por exemplo, R. Chisholm, *Perceiving, a Philosophical Study*, Ithaca, New York, 1957, cap. 1; P. F. Strawson, "Imagination and Perception". In: L. Foster e J. W. Swanson (eds.). *Experience and Theory*, Massachusetts, 1970; B. N. Fleming, "Recognising and Seing As", *Phil. Rev.*, 1957.

experiência sensorial presente? Em que consiste essa distinção entre percepção comum e percepção imaginativa, se esta última está sempre envolvida na primeira?

Eis um argumento para afirmar que "ver como" *está* sempre envolvido na percepção comum: é com frequência possível encontrar um truque do pensamento que nos permita experimentar uma mudança de aspecto, mesmo quando olhamos para algo que diretamente *vemos*. Posso fazer a árvore que estou vendo se transformar em um homem com braços se balançando. Se posso ter essa experiência peculiar de mudança de aspecto, então deve ter havido algo com base em que o aspecto mudou: a árvore já deve ter me apresentado um aspecto na visão comum que tenho dela.

Porém, será que esse argumento prova tanto assim? O fato de possuirmos essa experiência peculiar de mudança não prova o argumento. Envolvida na experiência sensorial comum há uma crença (ou tendência a acreditar) na existência de um objeto. Com efeito, afirmou-se que, do ponto de vista mental, não há nada mais envolvido na experiência sensorial que isso.[9] Seja ou não autorizada essa identificação entre a experiência sensorial e a crença perceptual, precisamos admitir que há pelo menos uma estreita conexão lógica entre ambas,[10] e uma estreita conexão lógica entre a formação de imagens e o pensamento não asserido. Em outras palavras, a experiência sensorial, diferentemente do "ver como", relaciona-se internamente com a crença: logo, diferentemente do "ver como", não está sujeita à vontade.

Ora, no caso que estamos imaginando, pede-se que acreditemos que nossa percepção comum da árvore inclui o reconhecimento de um aspecto. Isso envolveria afirmar que toda percepção da árvore

---

[9] Ver D. M. Armstrong, *Perception and the Physical World*. London, 1961.

[10] Por exemplo, podemos argumentar que, necessariamente, no caso normal, a experiência visual acompanha a crença visual, e que as experiências visuais são classificadas por referência às crenças.

implica não só a crença em um objeto, como também algo análogo a manter um pensamento sobre o objeto (pensar nele). A consequência deve ser que animais, que podem ter crenças, mas nenhum outro tipo de pensamento, não conseguem ver. Semelhante consequência, do meu ponto de vista, é inaceitável. É claro, seres humanos com frequência mantêm proposições sobre o que veem, mas isso não é parte essencial do ato de ver. O que é essencial a esse ato é o pensamento (ou crença) *que* há um objeto (que responde a certa descrição). Esse pensamento não está sujeito à vontade, e não pode suscitar nenhuma incorporação em um aspecto, no sentido do termo até agora discutido. A experiência particular que o acompanha é a impressão dos sentidos, que não é mais voluntária que o próprio pensamento. Ora, é inegável que, em certo sentido kantiano, as crenças, e as experiências visuais que delas dependem, vão além da experiência, e, portanto, que nosso relato de uma experiência sensorial já contém mais que o mero registro de uma sensação visual. Contudo, isso não afeta a presente questão, uma vez que serve apenas para confirmar que a experiência sensorial, tal como se apresenta, não é um dos fenômenos da imaginação, uma vez que carece da relação essencial com o pensamento não asserido. A experiência perceptual envolve interpretação ou juízo genuínos, e é por isso que a locução "ver como" pode ser usada para se referir a ela nesse contexto. Mas, nesse caso, "ver como" significa, em geral, não mais que "tomar por".

O que ocorre, então, quando a "mudança de aspecto" tem lugar? Podemos descrever isso de maneira bem simples: eu me imagino não acreditando que a árvore existe, e em vez disso penso na árvore *como* algo mais. De repente, o pensamento imaginativo pode ser incorporado numa imagem, que "vejo na" árvore. Não existe mudança de aspecto, somente o início de um aspecto onde antes não havia nenhum.

Uma causa da concepção segundo a qual todo ato de ver implica "ver como" reside no caráter vago da locução "ver X como Y", que usei até agora como um termo puramente técnico. Às vezes, a locução significa "tomar X por Y", caso em que é compreensível que filósofos tenham sustentado que todos os atos de ver envolvem "ver como". Pois a percepção sempre envolve crenças sobre o mundo externo, e dizer que alguém tomou X por Y é afirmar, com certas qualificações menores, que ele acreditava que X fosse Y, e que passou a acreditar nisso como resultado direto da experiência sensorial. Mais uma vez, a locução "ver X como Y" pode ser usada para relatar uma semelhança, e nem toda semelhança envolve a percepção de um aspecto. Essa é uma questão que aprofundarei no Capítulo 13.

No entanto, essa vagueza na noção de "ver como" se estende além do fato de que ela é às vezes utilizada para se referir a crenças perceptuais. Com efeito, o fenômeno particular até aqui descrito sob esse título não é nem mesmo típico de toda experiência estética, como veremos. Está claro desde o início que "ver como" pode ser usado para se referir a atitudes e emoções, e esse uso tende a ocorrer entrelaçado com o uso perceptual. Quando digo de uma pessoa que ela vê sua mãe como a mais perfeita das criaturas de Deus, ou que vê o fracasso social como mais humilhante que a perda de afeições privadas, ou que vê seu vizinho como odioso, estou referindo-me a suas emoções e atitudes.

Além disso, a locução "ver como" está associada a certos modos do que podemos chamar de interpretação – isso, de duas maneiras. Em primeiro lugar, há casos como a interpretação de motivos, de ótimos casos de história, e assim por diante; casos nos quais o juízo é necessariamente feito na forma de tentativa ou é incerto, e nos quais as hipóteses imaginativas são mais adequadas que asserções dogmáticas. Posso dizer, por exemplo: "Apesar de João ver seu comportamento como ciumento, eu o via como motivado por uma preocupação de origem nervosa pelo estado de saúde de sua mulher". O que caracteriza esses casos – e os distingue de "ver como" no sentido perceptual – é o fato de que, aqui, "ver como" visa à verdade. Envolve um juízo na forma de tentativa. Não é possível que tanto João quanto eu mesmo estejamos certos, e nesse sentido o fenômeno de um "duplo aspecto" não pode surgir.

Em segundo lugar, existe um tipo mais sutil de "ver como", do qual não se pode dizer que vise à verdade, nem tampouco à coerência. Isso é enfatizado principalmente em juízos de memória, nos quais, por exemplo, a verdade da questão está há muito tempo estabelecida, ou além do alcance de conhecimento adicional, mas nos quais ainda pode ser necessário formar algum tipo de "retrato" da experiência pretérita. Com efeito, todos formam, dessa maneira, um "retrato" de sua existência pretérita, e à medida que mais de um retrato pode ser compatível com a totalidade de seu conhecimento, um fenômeno bastante análogo ao do duplo aspecto pode surgir. Por exemplo, a visão que um homem tem de sua infância, na velhice, pode transformar-se totalmente. Acontecimentos que eram confusos, caóticos ou triviais na época se juntam em padrões mais coerentes sob a influência de ideias adquiridas na vida madura. Alguns processos como esses podem ocorrer na psicanálise (atividade que Wittgenstein explicitamente comparava com o juízo estético); porém, isso de modo algum é uma descoberta recente. Considere-se, por exemplo, a famosa frase de abertura da *Vita Nuova*: "*In quella parte del libro dela mia memoria, dinanzi ala quale poco se pottrebe leggere, si trova una rubrica, la quale dice: incipit Vita Nuova*".[11] Claramente, semelhante anotação só podia ser resultado da reflexão posterior: e ainda assim se tornou, também, parte da própria experiência recordada. O retrato que Dante formou de sua experiência de infância – ao colocá-la em relação com eventos posteriores – conferiu à experiência um caráter que criança alguma poderia ter nela descoberto.

Finalmente, devemos notar que a frase "ver X como Y" pode ser usada simplesmente como substituto para "pensar em X como Y".

---

[11] Dante Alighieri, *Vita Nuova*: "Naquela parte do livro de minha memória, na qual pouco se podia ler, encontra-se uma anotação, a qual diz: *Incipit Vita Nuova* [aqui se inicia a nova vida]". (N. T.)

Com efeito, portanto, "ver como" possui duas dimensões: uma de pensamento, e uma de experiência. Como se pudesse se referir tanto a uma variedade de atitudes quase interpretativas como ao pensamento imaginativo de um objeto como algo que ele não é. Esse segundo tipo de processo de pensamento parece ser subjacente à experiência de "ver como", a qual podemos ser tentados a descrever como a "incorporação" sensorial apenas desse pensamento.

Ora, pode-se perguntar "O que importa se não houver nenhuma 'experiência' do ver como? O próprio processo de pensamento não é suficiente?". De fato, não importa. Pois, quando examinamos o fenômeno, precisamos concluir que é impossível tratar o aspecto sensorial do "ver como" como um mero acréscimo opcional ao núcleo subjacente do pensamento. Isso porque não podemos, de fato, fornecer uma explicação plenamente independente de um processo de pensamento ao qual a experiência sensorial do "ver como" se relaciona nessa maneira simples. Tudo que podemos fazer é descrever processos de pensamento – como as atitudes quase interpretativas acima mencionadas – que são de alguma maneira análogas ao "ver como". Em outras palavras, é errado pensar que, quando um homem vê uma pintura como uma vaca, ele a vê primeiro como uma vaca (se esse pensamento é do tipo não asserido é algo que foi discutido no capítulo anterior), e, então (ou talvez simultaneamente), seu pensamento imaginativo incorpora-se numa experiência, de modo que ele também vê a pintura tal como a imagina. Pois está claro que, no sentido experimental de "ver como", o pensamento não pode ser isolado da experiência e descrito de forma independente.

Suponha-se que eu esteja olhando para uma pintura e a veja como um homem. Parece natural dizer que também estou pensando em alguma coisa – seja a pintura, seja a figura – como um homem. Porém, dificilmente se poderia sustentar que tenho em mente uma proposição da forma: "Essa pintura (ou essa configuração de linhas) é um homem". Se mantenho uma proposição, então é a proposição de que *isso*, a saber, *a coisa na pintura*, é um homem. Nesse caso, no entanto, o pensamento que tenho deve ter sido descrito em termos do aspecto do eu "vejo", e não vice-versa. Mais uma vez, se mantenho a proposição que isso (o que quer que seja) é algum homem, então que homem particular tenho em mente? Certamente, de novo, a única resposta é *este* homem, ou o homem que se parece com *isto* – apontando para a pintura.

Em outras palavras, a tentativa de fornecer uma descrição independente do pensamento envolvida na visão de um aspecto não pode ser levada a cabo. Além disso, esse resultado não é surpreendente. Pois, quando examinamos "ver como" de fora, do ponto de vista de sua expressão, descobrimos que é impossível identificar qualquer objeto que é pensado como alguma outra coisa. Pois, se há pensamentos caracteristicamente expressos no "ver como", não são pensamentos sobre o objeto (material) – a pintura que é vista. Seria natural expressar sua percepção de um aspecto nos termos "Isto é um homem", mas não nos termos "A pintura é um homem!". A questão "*O que* é um homem?", portanto, não faz sentido. Pois o "isto", em "Isto é um homem", não pode ser construído referencialmente[12] – pelo contrário, equivale a um objeto intencional da vista e, portanto, marca uma posição que é referencialmente opaca. Segue-se que a tentativa de descrever o componente do pensamento em "ver como" em termos de "pensar em X como Y" é ilegítima. É por esse motivo que preferimos falar não de ver X como Y, mas de ver Y em X.

O que ocorre, então, como nossa conclusão anterior de que "ver como", como a formação de imagens, é uma espécie de pensamento? Considero que podemos ainda apoiar essa conclusão. Porém, precisamos recordar que não precisa haver um pensamento que tanto especifique plenamente o conteúdo intelectual do "ver X como Y", como possa ser descrito de maneira independente dessa experiência. "Ver

---

[12] E. Bedford, "Seeing Paintings". A.S.S.V., 1966.

como", da mesma maneira que a formação de imagens, foi assimilado ao pensamento porque compartilhou as características formais e exteriores que são definitivas do pensamento. Porém, isso não significa que precisamos ser capazes de dividir o processo mental de ver uma pintura como um homem em dois componentes – um pensamento e uma experiência –, mesmo que haja pensamentos que claramente influenciam a maneira pela qual a pintura é vista, e mesmo que possamos muito bem ter a noção de que são precisamente esses pensamentos que, por assim dizer, vemos incorporados na pintura.

Isso fica mais claro à medida que voltamos mais uma vez nossa atenção para o caso da visão. Quando vejo um homem, tenho uma experiência visual, e intimamente conectada com essa experiência há uma crença perceptual. Ora, existem poderosos argumentos – como já mencionei – em favor da afirmação de que a experiência e a crença se encontram internamente relacionadas. A experiência de ver um homem traz consigo – no caso normal – a crença na presença de um homem. No entanto, podemos especificar essa crença em detalhes? De novo, encontramos uma dificuldade, não inteiramente diferente da dificuldade que enfrentamos ao tentar descrever o processo de pensamento envolvido em "ver como". Dizer que a crença é "Existe um homem" dificilmente faz justiça à complexidade da experiência perceptual, como dificilmente fazemos justiça à complexidade do "ver como" se descrevemos o componente do pensamento do ver uma pintura como um homem nos termos "Existe um homem". O homem aparece em cada caso imerso num complexo de características visuais. Vemos um homem alto, num casaco vermelho, com mãos cor de rosa e uma expressão arrogante. Porém, seria insensato pensar que temos qualquer meio de completar essa descrição. Não parecemos ser capazes de capturar o conteúdo do que é visto na forma de uma proposição na qual, por assim dizer, simultaneamente acreditamos. Pois, se tentarmos descrever em sua plenitude aquilo em que acreditamos sobre o homem que vemos, então precisaremos recorrer ao fato de que ele possui determinada aparência: acreditamos que ele parece de determinada maneira. Mas agora, é claro, identificamos a crença em termos da aparência do homem, e, assim, não o descrevemos de maneira independente da experiência visual.

A busca por uma especificação total e independente do pensamento envolvido em "ver como" está tão deslocada quanto a busca por uma especificação total e independente da crença envolvida na experiência visual. No entanto, está claro que esse não constitui um argumento para dizer que "ver como" não é um modo de pensamento, não mais do que para dizer que a experiência visual não é (em certo sentido) um modo de crença. Precisamos afirmar que o pensamento envolvido no "ver como" é, em certa medida, *sui generis*: ele possui um irredutível caráter sensível. Contudo, sua relação com outros modos de pensamento (em particular, com o modo: "pensar em X como Y") pode ser delineada, e isso, como vimos, pode lançar luz sobre seu caráter essencialmente "não asserido". Em conclusão, podemos dizer que a relação entre "ver como" e a percepção reproduz a relação entre "ver como" e a crença. "Ver como" é como uma experiência visual "não asserida": é a incorporação de um pensamento que, se "asserido", seria uma percepção genuína, assim como a imaginação, se "asserida", seria uma crença genuína. Esse ponto é muito importante, uma vez que, como veremos, a natureza "não asserida" do "ver como" rege a estrutura da experiência estética.

Nós desenvolvemos o que espero ser uma teoria adequada da imaginação, e precisamos agora utilizá-la para descrever os aspectos da experiência estética que até aqui se mostraram tão elusivos. Farei isso no próximo capítulo, antes de passar a uma explicação das condições da experiência estética em geral. Em conclusão, pode-se perguntar como a exposição da imaginação que fizemos acima se enquadra com certas visões dominantes – por exemplo, a visão segundo a qual o "ver como" envolve a organização da experiência mediante um conceito, e que "ver como" é de certa forma um ingrediente básico de toda percepção. Essas doutrinas se combinam na teoria kantiana da imaginação, como a adequação de "intuições" a um múltiplo sensível, de acordo com regras conceptuais.[13] O que afirmei implica uma explicação fragmentada dos fenômenos visuais em termos das várias categorias de pensamento: nessa medida, vai contra a concepção kantiana. Nos capítulos 12 e 13, mostrarei em mais detalhes por que julgo que essa concepção é equivocada.

---

[13] Esta é a concepção esboçada e defendida por Strawson, em "Imagination and Perception". In: L. Foster e J. W. Swanson. (eds.), *Experience and Theory*. Massachusetts, 1970.

Capítulo 9 | Imaginação e Experiência Estética

O argumento do último capítulo deteve-se pouco antes de descrever o tipo preciso de "ver como" envolvido no juízo estético. De fato, não só existe mais de um tipo; é difícil, também, descrever qualquer um dos vários tipos com precisão adequada. No entanto, neste capítulo, desejo ilustrar algumas das mais importantes conexões entre percepção de aspecto e juízo estético, com base em minhas observações sobre as teorias que acabaram de ser expostas.

Retornemos a nosso principal exemplo – a tristeza da música. Geralmente, não colocamos em dúvida que o reconhecimento dessa tristeza envolve algo como uma experiência – é preciso ouvir a tristeza na música. E o uso dessa locução parece sugerir que o caso não está tão distante dos exemplos do "ver como" discutidos no último capítulo. Porém, se for assim, devemos ser capazes de fornecer pelo menos uma descrição parcial do pensamento que está "incorporado" na experiência. Pode isso ser feito? Claramente, precisa ser feito, caso se queira responder às objeções do Capítulo 6 – objeções com base nas quais se iniciou essa análise da imaginação. Pois ainda temos de mostrar que existe um núcleo do pensamento sobre o qual as experiências estéticas se fundam, e é esse núcleo de pensamento que pode ser genuinamente distinguido da crença.

Com efeito, é fácil perceber que, de muitas maneiras, "ouvir a tristeza na música" é formalmente análogo a "ver o homem na pintura", e isso pode conduzir-nos a suspeitar que o pensamento envolvido deve pertencer à mesma categoria não asserida. Para verificar isso, temos apenas de resumir as características do "ver como" que essa experiência de audição particular compartilha. Logo descobriremos que "ouvir a tristeza" possui todas as características de pensamento que possui o "ver como". Sua principal expressão, porém, é verbal, e consiste em descrições que o sujeito deseja aplicar à música. E essas descrições possuem um caráter não asserido. Com efeito, deve-se considerar que as compreendeu, o sujeito deve mostrar que não as entende literalmente. Além disso, faz sentido (pelo menos em alguns contextos) ordenar a alguém que tente ouvir a música como triste, em vez de, por exemplo, como langorosa ou carinhosa. (E, mais uma vez, esse argumento não é afetado pela impossibilidade, em qualquer caso, de efetivamente obedecer à ordem.) Geralmente, é claro, não se *ordena* às pessoas que tentem ouvir música de certa maneira; em vez disso, tenta-se persuadi-las. Diz-se: "Ouça-a como triste, e ela fará mais sentido para você".

Julgo que podemos perceber que a estrutura de pensamento envolvida em nosso exemplo de juízo estético não é a da quase interpretativa "como se" discutida no final do último capítulo – embora haja um sentido no qual é legítimo falar da descrição estética como um tipo de "interpretação" de uma obra de arte. Pois, nesse caso, a "interpretação" não é principalmente cognitiva: não visa a uma verdade literal. Tampouco podemos afirmar que a maior importância do juízo de que uma peça musical é triste é simplesmente "submeter a música a um conceito ('tristeza')". Dado que "tristeza" não é um conceito sob o qual a música possa literalmente se situar, essa descrição do juízo estético é vazia. Tampouco podemos afirmar, também, que o principal propósito do juízo (para voltar ao tema do Capítulo 4) consiste em indicar analogias. Afirmar isso é confundir significado e justificação, numa área na qual temos todos os motivos para afirmar que ambos os conceitos – que só podem coexistir na noção de uma condição de verdade – caem por terra. De fato, a comparação com aspectos é tudo que nos resta se quisermos esclarecer as condições para a aceitação desse tipo de juízo estético.

Tal como dois aspectos podem ser vistos nas características de primeira ordem de uma figura, assim também duas interpretações "rivais" de uma obra de arte encontram apoio em descrições idênticas dela. E, de fato, o mesmo fenômeno de um duplo aspecto pode emergir num juízo estético. Ainda que haja maneiras de descartar algumas "interpretações" como fantasiosas ou não esclarecedoras, mais que uma interpretação também pode ser útil. Como exemplo, é útil, dessa vez, tomar uma página de música, pois é com a música que o problema da descrição estética atinge seu ponto mais agudo. Tome-se o movimento lento da penúltima sonata para piano de Schubert, em Lá maior. Ele se inicia com um tema melancólico em tom menor. Suponha-se que um crítico, ao discutir essa obra, desejasse descrever a qualidade particular desse trecho da abertura, para mostrar a extensão na qual a pungência é qualificada por ironia, e assim por diante, como fosse necessário para transmitir uma plena compreensão da passagem.

Figura 9.1. Schubert: Sonata em Lá maior, 2º movimento (*Andantino*)

Seria normal começar com uma espécie de catálogo analógico de elementos, esperando extrair a contribuição de cada um para o efeito geral. Suponha-se, por exemplo, que argumentássemos da seguinte maneira: "A melodia inicia-se com a terça menor: possui o caráter de ser 'empurrada para baixo', de pular para a tônica, o que resulta da nota tônica soar simultaneamente no baixo. A mão esquerda é simples e despojada, não fornecendo mais que o esqueleto das oitavas e quintas, o que deixa a cargo da melodia a tarefa principal de expressão. Quando a melodia cai um semitom, no entanto, o baixo cai com ela, resultando em uma harmonia instável (primeira inversão) que necessita de um movimento ascendente. Pode-se dizer dessa queda, em razão de seu caráter pesado (o baixo caindo com ela) e inevitável (começar na terça menor) que há algo de fadiga a seu respeito. Não obstante, ao mesmo tempo, graças à harmonia instável na qual resulta, necessitando de um movimento ascendente, dá a impressão de uma força que retorna por intermédio do movimento melancólico, empurrando-a para frente...". Argumentar dessa maneira é selecionar certas características, descrevendo-as a de modo a que pareçam contribuir para a qualidade emocional com a qual a melodia se inicia. (É como se a melodia "imitasse" um estado de espírito.) Há, por exemplo, a elevação súbita da melodia na maior relativa, ponto a partir do qual ganha força para se elevar novamente – ainda que na sexta menor e em uma harmonia dissonante (nona menor dominante – veja-se o asterisco, no exemplo) que se arrasta, mediante uma série de notas instáveis, de volta para a tônica, a partir da qual se inicia novamente. É interessante examinar a transformação do tema tal como repetido em um novo contexto, quase sem mudança, sobre um baixo igualmente despojado e sem ornamentos, na maior relativa. (Grande parte do gênio de Schubert reside no fato de que ele era capaz de descobrir essas melodias, as quais, ainda que belas e sutis em si mesmas, sofrem tais transformações com pequenas alterações de notas – cf. *par excellence*, o movimento lento da última sonata. Assim, um tema raramente mostra seu caráter de maneira evidente, mas precisa ser compreendido por intermédio de camadas de cuidadosa ironia.) Uma nova corrente de ternura é introduzida por essa transformação, que permanece quando o tom menor reassume, acrescentando dignidade à conclusão.

Produzir semelhante descrição analógica tem o efeito de unir as características de primeira ordem da obra sob uma "interpretação" particular; caso em que não é difícil perceber que, uma vez que cada detalhe pode prejudicar a interpretação, cada detalhe é responsável por isso, e pode desempenhar determinado papel para decidir sobre a interpretação correta da peça em questão. Do mesmo modo, para decidir sobre o valor emocional de qualquer outra parte da obra, nunca é possível descartar outras partes como irrelevantes. A importância de *Um Amor de Swann* só se revela em sua sequência, e para caracterizar a emoção expressa em um romance que, tomado por si só, apenas é capaz de se mostrar ao leitor como fútil, precisamos referir-nos a partes da obra total que vêm à tona muito tempo depois de o episódio do amor de Swann ser esquecido.

Ora, é evidente que semelhantes interpretações analógicas como as que forneci estão sujeitas ao tipo de raciocínio que produz duplos aspectos. Uma pessoa pode ver uma obra de arte como trágica, outra como irônica (*Morte em Veneza*, digamos), ambas são capazes de justificar seus juízos uma para a outra, e ambas, ao fazê-lo, se referem às mesmas características de primeira ordem. É claro que os fenômenos do duplo aspecto podem ser traduzidos para o domínio da "interpretação" crítica, de maneira substancialmente inalterada. Com efeito, a ambiguidade emocional foi com frequência valorizada, como virtude artística. Trovadores tornaram seus poemas deliberadamente obscuros, de forma a ser impossível decidir se o amor que expressavam era religioso ou sensual. Uma marca de um poema trovadorístico bem-sucedido é que a ambiguidade deveria afetar o leitor como uma unidade, de modo que o amor expresso parecesse simultaneamente religioso e sensual. Dessa maneira, os poemas passaram a expressar um ideal, que animou a Provença durante a Idade Média, e que alcançou sua expressão culminante em Florença, posteriormente – na *Vita Nuova*, de Dante, e em *Donna mi Priega*, de seu amigo Cavalcanti.

Como exemplo, podemos escolher a frase descendente do movimento lento de Schubert (Figura 9.2).

Figura 9.2.

Isso poderia igualmente ser descrito como tendo a forma de uma dança ou de tropeço, como terna melancolia ou como muito triste. Talvez se possa dizer que o contexto decide entre ambas as descrições, mas o contexto só parece pesar quando considerado à luz de alguma interpretação relevante. Agora, surge a questão: "Onde parar?", e vemos que ela não pode ter o tipo de resposta que estaria associado à ideia quase interpretativa de "ver como" discutida no último capítulo. Em outros termos, não nos detemos quando chegamos à resposta *certa*, quando mostramos que a música é, literalmente, melancólica. Pois semelhante resposta não teria sentido. Em outras palavras, o juízo é inteiramente diferente da interpretação dos sentimentos e emoções de outra pessoa, em que, por mais opiniões alternativas que haja, não mais que uma delas pode estar certa. No caso do juízo estético, o fenômeno de um duplo aspecto pode resistir com o mesmo grau de tenacidade que o duplo aspecto de uma figura ambígua.

Ora, pode-se argumentar que existem importantes diferenças entre representação e expressão, e que, em virtude dessas diferenças, é errado explicar o reconhecimento do que poderíamos chamar de características "expressivas" (como "tristeza") em termos do reconhecimento dos aspectos incorporados na representação. Pois é possível sustentar que, enquanto um aspecto é sempre aspecto de algum objeto definido, o que é expresso é sempre uma característica ou propriedade.[1] Mas, se for assim, devemos ser capazes de identificar algum objeto ao qual essa característica expressiva é atribuída. E, na realidade, *há* semelhante objeto no caso que estamos considerando, a saber, a própria música. Logo, pode parecer que, na sentença "Isso é um homem", dita a respeito de um aspecto, o "isso" não se refere à pintura, não pode ser estendido para cobrir características expressivas como a tristeza. Pois, quando digo "É triste", estou falando da música, à qual atribuo a característica estética da tristeza.

Esse argumento, porém, é dificilmente conclusivo, e só poderia valer se fôssemos construir a tristeza que é atribuída à música como uma propriedade genuína. Já argumentei no sentido de que isso é impossível. Ora, afirma-se com frequência que a tristeza que ouvimos na música, em certo sentido, é não atribuída. Em outras palavras, é

---

[1] N. Goodman, *Languages of Arts*. London, 1969. Discuto em detalhes as concepções de Goodman nos capítulos 13 e 14.

alguma coisa que parece vagar independente da música, e, embora possamos *imaginar* um sujeito para ela (o compositor, digamos), é certamente verdade que esse sujeito imaginado não está, e não pode estar, presente na música, da maneira como poderia estar presente no aspecto de uma pintura. A questão é: isso realmente importa? De certa maneira, importa, uma vez que descobrimos que é ainda mais difícil especificar o pensamento que está "incorporado" na percepção da tristeza da música. O pensamento "É triste" dificilmente bastará, uma vez que, nesse caso, não há o "isso". E o pensamento "Há tristeza" é equívoco, para dizer o mínimo.

O que podemos dizer, todavia, é que a experiência de ouvir a tristeza na música, de certa maneira irredutível, é análoga a ouvir a expressão da tristeza – digamos, na voz de outra pessoa; ou seja, podemos seguir o mesmo procedimento que seguimos em relação a "ver como", e definir o elemento do pensamento em termos da experiência. Ouvir a tristeza na música torna-se, então, a percepção auricular "não asserida" da tristeza. Em outras palavras, podemos ressuscitar a intuição original das teorias "afetivas" do juízo estético. Não é que a música seja análoga à emoção, mas é a experiência de ouvir a música que é análoga à experiência de ouvir a emoção. Nossa teoria da imaginação, assim espero, resgatou essa tese da trivialidade e circularidade na qual ela parece naturalmente cair. O que é importante é que, se tentarmos explicar, por analogia e aproximação, o elemento de pensamento envolvido no ato de ouvir a música como triste, como no caso do "ver como", precisamos recorrer à categoria geral do pensamento não asserido, e não à categoria do juízo ou da crença.

A teoria afetiva da descrição estética foi, portanto, justificada, e conferiu-se substância à analogia lógica entre a percepção estética e a percepção do aspecto, observada no Capítulo 4. Não é preciso dizer que também podemos mostrar como o termo "triste" possui o mesmo significado quando aplicado à música e quando aplicado aos homens, bem como o termo "pato" possui o mesmo significado quando usado para descrever um aspecto e quando usado para denotar um pato. Porém, enquanto os problemas que encontramos sobre a natureza da descrição estética foram em grande parte resolvidos, segundo penso, resta um problema sobre a natureza da experiência estética. No Capítulo 6, referi-me às condições de aceitação de alguns juízos estéticos como "respostas". Na realidade, isso era um pouco equívoco, pois parece sugerir que a apreciação de uma obra de arte é algo que ocorre depois que a obra foi ouvida ou vista. A comparação com aspectos implica que há algo como uma experiência que *acompanha* a audição ou visão da obra de arte, e que não pode de fato ser separado do que é ouvido ou visto. Do ponto de vista da autonomia da experiência estética, essa é uma conclusão mais satisfatória. No entanto, tendo isolado o núcleo de pensamento que define a experiência, ainda precisamos descrever os sentimentos, reações, etc. que podem surgir com base nesse pensamento. Pois parece seguir-se que esses sentimentos contarão como uma importante e talvez determinante característica da experiência estética como um todo, e se a percepção das características estéticas possui algum valor, pode muito bem ser por causa dos sentimentos que suscita.

É consequência das teorias do último capítulo que a vida mental da imaginação será bem diferente daquela do juízo ou da crença. Se, como se sustentou, houver emoções estéticas (que, por assim dizer, podem ser "vistas" em seus objetos, na forma de aspectos), então essas emoções devem basear-se na imaginação, e não no juízo. É impossível, por conseguinte, que sejam identificadas de maneira similar. Nossa explicação da experiência estética concederá a essas emoções, portanto, uma medida da autonomia que já foi muitas vezes reivindicada para elas. Mas se observou, *en passant*, no Capítulo 6, que há uma dificuldade inerente à ideia de autonomia. Gostaríamos de afirmar que minha resposta a um poema triste, e minha resposta a uma pessoa triste, podem ser comparadas. De que outra forma poderíamos explicar a importância da tristeza do poema? Porém, em um caso, a reação baseia-se numa crença, e no outro, se baseia num mero pensamento "não asserido". Como, então, podem as emoções ser comparáveis, e como pode uma ser usada para identificar e tornar clara a natureza da outra? Vemos que nossa teoria da imaginação, afinal, corre o risco de prestar um grande desserviço a nós, ao destruir a continuidade necessária entre experiência estética e não estética.

A fim de apreciar a força da presente dificuldade, é necessário recordar as íntimas conexões que existem entre emoção e crença, e entre emoção e desejo. Geralmente, como o argumento sobre "objetos formais" fornecido no Capítulo 6 deixa claro, uma emoção se identifica parcialmente em termos de uma crença. Segue-se do enunciado de que um homem está temeroso, por exemplo, que ele acredita que há ou pode haver algo perigoso para ele. Segue-se também que ele deseja evitar essa coisa. Podemos dizer – de maneira algo simplificadora – que uma emoção, geralmente, é um complexo de crença e desejo, unidos em uma relação causal. Porém, as emoções estéticas não se baseiam na crença, mas na manutenção de proposições não asseridas. Diante de um leão enraivecido, sinto medo, e meu medo está acoplado à consciência de um objeto perigoso. Mas, diante de um leão caçado por Rubens ou Delacroix, não tenho semelhante consciência: as proposições que mantenho sobre o objeto perigoso não são asseridas. Como, então, em ambos os casos, podem minhas emoções ser comparadas? Além disso, sem as crenças características do medo, não tenho o desejo de evitar o que vejo: pelo contrário, desejo olhar para a pintura e "embeber-me" de seu aspecto de horror. Se não estiverem presentes nem a crença, nem o desejo característicos do temor, de que maneira se pode dizer que sinto qualquer coisa semelhante ao medo?

A resposta à pintura pode ser comparada com a resposta a um leão real de duas maneiras. Em primeiro lugar, podemos compará-los no nível da emoção normal, "factual", como já fiz. Em um caso, acredito estar na presença de um leão caçado, com tudo que isso implica. Em consequência, desejo um resultado bem-sucedido; desejo que o perigo seja afastado e a ferocidade do leão superada. No outro caso, acredito estar na presença de uma imagem pintada, e desejo olhar para ela. Nesse nível, a comparação entre os dois estados emocionais é infrutífera. Mas suponha, agora, que eu veja o aspecto da pintura, e então passe a imaginar (por assim dizer) apenas aquilo em que, no caso "normal", eu deveria acreditar. É como se, agora, eu estivesse mantendo, com essas proposições, os desejos que, na circunstância normal, também surgiriam? Por que não posso "manter" desejos? Posso imaginar meu medo (no sentido de "imaginar como é" morrer em batalha, ou descobrir-se herdeiro de uma fortuna). Ao descrever a emoção que uma pessoa sente em relação ao aspecto de uma pintura, portanto, nós nos referimos à "imaginada contrapartida" de sua reação à situação retratada. Seu sentimento em relação ao que vê *na* pintura, como a própria percepção, é somente "não asserido".

Esse argumento não implica que a emoção do sujeito diante do leão pintado tenha a mesma intensidade que a correspondente emoção "real" ou "factual". É só raramente que obras de arte visam excitar emoção intensa (como oposta a emoção séria ou profunda). A esse respeito, a intensidade de uma emoção estética é uma função não da assertividade de seu núcleo de pensamento, mas do grau de "envolvimento imaginativo" que é experimentado, e isso, por sua vez, depende do realismo da apresentação. Uma projeção de um duelo na tela do cinema causa mais horror que uma pintura medieval de um martírio, na qual o evento sangrento é indicado mediante convenções, cuja função é mais didática que pictórica. Não obstante, o pensamento do espectador, em cada caso, é "não asserido". É um objetivo de convenção em arte superar o envolvimento emocional. A convenção neutraliza a fantasia e afasta as gratificações estéreis que a fantasia busca na arte. Alguém poderia dizer que a convenção exerce seu controle sobre o sentimento por meio da substituição de uma impressão imediata por uma ideia abstrata: é um instrumento da universalidade da arte.

Mas há um aspecto mais importante no qual a emoção estética difere de seu equivalente na vida. A diferença no processo de pensamento parece implicar uma diferença de identidade, e nossa tentativa de superar essa dificuldade apresenta um ominoso tom fenomenológico. Precisamos, portanto, tentar mostrar como alguém manifesta emoção estética, e como a expressão da emoção estética incide sobre sua descrição. Porém, se não há crenças sobre as quais essas emoções se baseiam, e nenhum desejo incorporado nelas, como elas são expressas, afinal?

Ora, se não houvesse mais na experiência estética que o tipo de pensamento não asserido que já analisamos, essa questão não apresentaria dificuldade alguma. Poderíamos prontamente nos servir da descrição da expressão verbal do pensamento não asserido. No entanto, isso não nos satisfaria. Não só é claramente verdadeiro que a experiência estética envolve emoção, como também é verdadeiro que, se não envolvesse emoção, ou algo como a emoção, seríamos incapazes de indicar seu valor. É a expressão da experiência estética a expressão de algo mais que um pensamento?

Não é incomum que uma pessoa, ao olhar o retrato de uma criança, por exemplo, observe que isso desperta nela o sentimento de ternura. Devemos descartar essa observação como uma metáfora? Penso que não. Ela ocorre (tipicamente) em circunstâncias que nos impedem de construí-la como a mera expressão de um pensamento. Em primeiro lugar, não devemos negligenciar o fato de que alguém deseje descrever seu sentimento dessa maneira – é parte integral da experiência que a *ternura* deve ser trazida à mente. Em segundo lugar, o sujeito descreverá o objeto de seu sentimento em termos que podem, eles próprios, ser construídos como expressão de sentimento. É significativo que descreva a pintura em certo tom de voz (não é qualquer tom de voz que é apropriado para essa observação), e que estabeleça conexões com suas atitudes e emoções em outras circunstâncias importantes para ele. É por esse motivo que temos um claro teste da sinceridade de sua observação em seu comportamento subsequente. Alguém que declare que seus sentimentos de ternura foram despertados pela criança que vê no quadro entra em contradição consigo mesmo quando se mostra incapaz de sentir ternura em relação a uma criança real. Assim, embora estejamos supondo que suas observações traem uma emoção na qual nem crença nem desejo estão presentes, e que, portanto, não possui suas formas de expressão características na ação, mas sim nos sintomas passivos que permanecem quando toda crença e todo desejo foram subtraídos, ainda podemos testar a sinceridade de sua observação por meio de seu comportamento subsequente. Existe uma conexão não contingente, por conseguinte, entre a emoção imaginada e o comportamento que, em outras circunstâncias, conta como expressão da correspondente emoção "real". O que sinto na presença de obras de arte pode encontrar sua expressão última em meu comportamento em relação a meus colegas. Meus sentimentos "imaginados" podem mostrar seu efeito na expressão de suas contrapartidas "reais".

Será objetado que todas essas sugestões apontam para conexões com o comportamento que estão distantes da experiência estética propriamente dita. Se o que sinto diante do leão pintado é algo análogo ao medo, então deve ser possível caracterizar o que sinto em termos apropriados ao medo. Porém, suponha que fôssemos caracterizar o medo: nós nos referimos às crenças, desejos, sintomas "passivos" como tremer, suar e ter palpitações, e às relações causais que unem tudo isso. E suponha que proponhamos isso (como seria correto) como uma análise completa do medo. Alguém pode objetar, então, que ainda temos de explicar *como* é o medo: como é sentir medo. Aqui, não podemos fazer mais que nos referirmos, ainda uma vez, à totalidade dos sintomas do medo, incluindo sua expressão na linguagem. E se subtrairmos dessa descrição aqueles elementos que são expressões das crenças e desejos característicos do medo "real", não há motivo para pensar que não fornecemos uma caracterização plena, no que resta, dos sintomas do medo "imaginado". Mas suponhamos que nosso objetor não esteja satisfeito – como Siegfried, ele deseja saber *como* é o medo, independentemente de sua expressão. Nesse caso, ou ele está pedindo para que o façam sentir medo (de modo que ele possa "saber como é"), ou está colocando uma questão puramente fenomenológica, que não possui resposta coerente. Não é mais possível descrever o medo independentemente de sua expressão, origens e circunstâncias do que é descrever qualquer estado mental em termos da pura fenomenologia. Uma descrição fenomenológica, no sentido relevante, não é uma descrição. *A fortiori*, não constitui objeção especial à noção de uma emoção puramente "estética" o fato de não podermos descrevê-la independentemente de sua expressão, que é a expressão de uma emoção que não inclui crença nem desejo. Logo, o suposto caráter inefável das emoções estéticas é uma consequência lógica de seus estados mentais.

Resta indicar, no entanto, que há pouca coisa interessante que possa ser dita sobre a emoção estética, além de descrever os pensamentos nos quais ela se baseia, e fazer uma referência à sua expressão no comportamento subsequente, quando não é mais estritamente sentido. É por intermédio de nossas palavras e de nosso comportamento subsequente que mostramos nossa compreensão de uma emoção que mantivemos no pensamento – e o mesmo se passa com todo caso de "imaginar como é". Não é de surpreender, portanto, que a linguagem na qual discutimos obras de arte – a linguagem da crítica – possui forma principalmente descritiva, e contém poucas tentativas de classificar os sentimos suscitados pela arte. Não existem sutilezas nos pensamentos sobre os quais se baseiam. Esta, em resumo, é a razão pela qual a crítica deve preocupar-se com a interpretação, e não com o registro de impressões subjetivas. Se tentarmos comunicar uma emoção estética, comunicaremos um pensamento. Uma excelente ilustração disso pode ser encontrada na descrição de Shakespeare dos sentimentos de Lucrécia diante do quadro do saque de Troia. A emoção de Lucrécia é inteiramente capturada por uma sequência de pensamentos sobre objetos imaginados – Shakespeare não precisa dizer nada mais sobre o que ela sentiu.[2]

Agora, à luz dessa explicação, precisamos voltar-nos para a análise da experiência estética. Ainda estamos distantes de uma solução do problema com o qual começamos. Mostramos que a imaginação, e emoções baseadas na imaginação, têm um papel a desempenhar na apreciação estética, e são expressas nos juízos suscitados por essa apreciação. Porém, isso não mostra que a imaginação e a experiência estética são coextensivas. De fato, não são. Não fizemos mais, ao resolver o problema da descrição estética que descrever uma única camada da experiência estética; não caracterizamos o interesse estético como um todo. Mas logo se verá que estamos agora em posição de responder à questão geral.

---

[2] Provável referência a *The Rape of Lucrece* (*O Estupro de Lucrécia*), de William Shakespeare. (N. T.)

Capítulo 10 | A Atitude Estética

O livro iniciou-se com uma discussão do juízo estético. Descobrimos que o significado de uma classe central de "descrições" envolvidas no juízo estético pode ser exibido por meio de suas condições de aceitação. A análise dessas condições nos proporcionou uma boa razão para considerar a imaginação um ingrediente essencial à experiência estética. Porém, se retornarmos a uma lista um tanto quanto aleatória de descrições estéticas presente no Capítulo 3, veremos que nossa teoria, provavelmente, não pode fornecer uma boa explicação geral de seu significado. Com efeito, seria tarefa árdua, que dificilmente valeria o esforço, apresentar uma explicação completa da descrição estética. Não obstante, há certos juízos estéticos que requerem análise – as descrições puramente estéticas (aquelas que empregam palavras como "belo", "adorável" e "sublime") e as descrições de formas. Esses juízos incluem todos os termos usuais do elogio e da reprovação estéticos, e sua existência foi uma das razões oferecidas anteriormente para afirmar que há algo como um interesse estético, e que a estética é, *grosso modo*, um domínio integral da experiência humana. Seguirei o procedimento dos capítulos anteriores, e tentarei explicar o significado dessas descrições em termos dos estados de mente que são transmitidos por elas. Veremos que isso completa nossa explicação da experiência estética.

Começarei examinando juízos que empregam termos puramente estéticos. Entre os termos com um uso primariamente estético encontramos: "adorável", "belo", "elegante", "feio", "bonito" e "horroroso". Esses termos, em sua maior parte, são avaliativos, utilizados para expressar preferências a favor ou contra objetos de interesse estético. Sustentarei que, de fato, existem atitudes distintamente estéticas, que são expressas nos juízos que empregam esses termos. Também sustentarei que são essas atitudes que determinam a estrutura da experiência estética. No entanto, meus argumentos estarão longe de serem conclusivos, e é bom assinalar, desde o início, que assumirei que, onde quer que haja juízos "avaliativos", haverá também atitudes que fornecem a esses juízos sua finalidade. Não me preocuparei em argumentar a favor dessa concepção. Somente no final do capítulo será possível avaliar a plausibilidade das premissas das quais se parte.

No entanto, a dificuldade surge de imediato. Pode-se argumentar que os termos puramente estéticos não são avaliativos, ou não são só avaliativos. Eles parecem possuir também uma função descritiva. Sentimos que existe uma distinção entre uma coisa ser elegante e ser bela, e que nem sempre nem necessariamente é uma virtude, do ponto de vista estético, ser uma coisa ou outra. É significativo argumentar que alguns dos contos de [Henry] James seriam melhores se fossem menos belos, ou que a elegância da música de Satie é um vício de estilo. I. A. Richards tentou responder a esse problema em termos de uma teoria emotivista da descrição estética:

> [...] dispomos do aparato especial dos adjetivos estéticos ou "projetivistas". Expressamos nosso sentimento descrevendo o objeto que o excita como *esplêndido, glorioso, feio, horrível, adorável, bonito* [...] palavras que indicam não tanto a natureza do objeto, como o caráter de nossos sentimentos em relação a ele [...]. Algumas dessas palavras [...] podem ser usadas juntas, enquanto outras excluem uma à outra. Uma coisa pode ser ao mesmo tempo grande e sublime, gloriosa e bela, ou maravilhosa e feia; porém, dificilmente pode ser ao mesmo tempo bonita e bela, certamente não pode ser bonita e sublime. Essas

concordâncias e incompatibilidades refletem a organização de nossos sentimentos, as relações que mantêm entre si [...].[1]

Richards não tenta descrever os sentimentos separados que são acoplados aos diversos termos "estéticos", e suspeita-se que a tarefa se mostraria extremamente difícil. Os termos não parecem indicar sentimentos distintos, mas antes transmitir algo sobre o caráter de seus objetos, em virtude dos quais gostamos ou não deles. Se há sentimentos distintos envolvidos, então sua distinção é adquirida mediante a distinção de seus objetos, e não o contrário. Precisamos tentar esclarecer como os termos puramente "estéticos" também podem atribuir um caráter a objetos, como um juízo supostamente "avaliativo" pode, não obstante, transmitir algo de definido sobre o objeto ao qual se aplica.

Existem certas características do uso dos termos estéticos que vale a pena considerar. Em primeiro lugar, devemos notar sua frequente ocorrência em interjeições: é tão comum ouvir "Que elegante!", "Que belo!", "Que feio!" e "Que sublime!" como é ouvir, por exemplo, "A Nona Sinfonia é bela", "Penso que ela se veste com elegância", "Se for um belo filme, então irei vê-lo". Termos a respeito dos quais isso é verdadeiro possuem, em geral, um uso avaliativo que os conecta com a expressão de atitudes favoráveis ou desfavoráveis. Em segundo lugar, embora não seja estranho dizer "É bom fazer X, mas eu não gosto de fazê-lo", ou "X é um bom homem, mas não tenho prazer em sua companhia", é estranho dizer tais coisas no contexto do juízo estético. Por exemplo, é estranho dizer "Não posso suportar a visão de um cavalo elegante", ou "É um belo conto e eu não quero nunca mais lê-lo", ou "Gosto da aparência disso – é o mais horroroso terno que já vi". Somente em circunstâncias especiais essas locuções fariam sentido. Isso nos leva a suspeitar que a apreciação estética envolva desfrute [*enjoyment*], ou prazer, em relação a um objeto. Desfrute e

---

[1] I. A. Richards, *Practical Criticism*. London, 1929, p. 220.

prazer ocupam lugar central na atitude estética. Podemos ser tentados a pensar que descrições puramente estéticas são utilizadas primariamente como substitutos para interjeições, nas quais prazer ou desprazer são expressos. Wittgenstein, por exemplo, afirma que é central à lógica dos termos puramente estéticos que eles possam ser aprendidos como interjeições.[2] Contudo, não podemos derivar uma explicação do significado desses termos unicamente desse fato. É um fato *importante* que uma palavra seja usada como adjetivo, um fato que nos impede de explicar seu significado como de uma interjeição. Um adjetivo ocorre em sentenças que podem sofrer todas as transformações lógicas da forma declarativa. É um fato estranho, portanto, que uma palavra que foi aprendida como interjeição possa passar a ter um uso como adjetivo, um fato que nos deve dizer algo importante sobre a atitude de preferência a ele ligado.

No Capítulo 5, mostrei como é possível que um adjetivo possua um significado não descritivo. Porém, não tentei discutir as condições sob as quais um juízo não descritivo pode possuir uma forma proposicional *estável*. Sustentei que, no caso de semelhantes juízos, a forma proposicional (ou descritiva) é em certo sentido uma anomalia. É de esperar que, sob o tipo apropriado de estresse, cederei e emitirei um enunciado de escolha pessoal. É isso, de fato, que descobrimos com muitos juízos que são utilizados para transmitir "questões de gosto". Por exemplo, a forma proposicional do juízo "Morangos são bons" pode muito bem ser abandonada diante de crítica. Se perguntado "Você realmente pensa isso?", sempre haverá um ponto no qual julgarei mais razoável dizer "*Eu*, pelo menos, gosto de morangos" – juízo cuja aceitação é mais fácil. Ora, é um fato interessante que esse colapso de uma forma proposicional ocorra mais prontamente para algumas classes de juízo que para outras. Embora seja possível

---

[2] Wittgenstein, *Lectures and Conversations on Aesthetics, Psychology, and Religious Belief*. C. Barrett (org.), Oxford, 1966, seção 7.

argumentar que a condição para aceitação de um juízo moral é, tipicamente, uma atitude, vemos que é extremamente estranho substituir um juízo moral por um juízo subjetivo. Não podemos substituir "X é bom" por "Pelo menos *eu* aprovo X", pois não somente o segundo juízo mostra uma retração do compromisso expresso no primeiro, como é até mesmo difícil lhe conferir sentido. Juízos estéticos parecem residir em algum lugar entre os dois extremos dos juízos morais e gustativos. A forma proposicional de "A sinfonia é bela" é estável, mas não é tão estável como a forma proposicional de um juízo moral. Quando questionado, é possível recuar para "*Eu*, pelo menos, a julgo bonita", com certa vergonha, mas sem cometer um absurdo lógico.[3]

Em outras palavras, a forma proposicional de um juízo que expressa preferência pode ser mais ou menos estável, dependendo do tipo de preferência expressa. Embora a forma gramatical de "Morangos são bons" permita transformações como "Se os morangos forem bons, então comprarei alguns", o uso de uma sentença desse tipo pressupõe certo fundo de compreensão e concordância. Nem juízos morais nem estéticos são assim. Eles possuem outra qualidade, que confere sentido a sua forma proposicional, mesmo em contextos não asseridos, na ausência de qualquer fundo preestabelecido. Essa qualidade é uma questão de grau (juízos morais claramente a possuem em grau maior que juízos estéticos), e tentarei explicá-la como uma propriedade das atitudes subjacentes a esses tipos particulares de juízo.

Considere os termos "afetivos": "comovente", "irritante", "chato" e assim por diante. Esses termos não são corretamente utilizados por uma pessoa no juízo estético se os usa *simplesmente* para

---

[3] Outros argumentos para a construção de juízos gustativos, estéticos e morais hierarquicamente relacionados podem ser encontrados em Phillipa Foot, "Morality and art". *Proc. Brit. Acad.*, 1970. A distinção entre juízos estéticos e gustativos é bem elaborada por Stanley Cavell, "Aesthetic Problems of Modern Philosophy". In: Max Black (org.), *Philosophy in America*. Cavell também estabelece a conexão com a tese de "universalidade" de Kant.

transmitir o fato de que ela está comovida, irritada ou chateada por alguma coisa. Um uso correto desses termos pressupõe que não se é indiferente às reações de outras pessoas.[4] Se digo que um filme era chato, então não é indiferente para mim que você não se tenha chateado com ele. Sinto que você deveria ter ficado chateado também: ou você deixou de notar algo sobre o filme, ou sua resposta é inapropriada a seu objeto. Segue-se que, se você perguntar *por que* o filme era chato, deverei estar preparado para buscar uma resposta que lhe possa dar uma razão (e não só uma causa) para reagir de semelhante maneira. É significativo que não seja tão fácil dizer (diante da oposição): "Não sei por que eu estava aborrecido, mas certamente era chato", quanto dizer: "Não sei por que eu estava aborrecido, mas eu certamente estava" – a primeira frase expressa algo mais que a simples reação registrada na segunda.

É difícil definir esse elemento adicional no juízo estético. Kant escreveu que "o juízo de gosto estimula concordância de todos; e uma pessoa que descreve algo como belo insiste em que todos devem conceder ao objeto em questão sua aprovação, e na sequência descrevê-lo como belo".[5] O instinto de Kant estava correto; mas ele escolheu uma expressão muito forte para ele. Não é necessário que se peça que o juízo estético seja tão forte de modo a encontrar expressão em um "deve" estético. Poderíamos defender o argumento de modo menos forte dizendo que as atitudes estéticas são normativas; ou seja, que elas envolvem um senso de sua própria "correção" ou de seu caráter apropriado a um objeto.[6] Embora eu esteja certo de que existe

---

[4] Cf. T. L. S. Sprigge, "The Definition of a Moral Judgement", *Phil.*, 1964.

[5] Kant, *Crítica da Faculdade de Julgar*, p. 82.

[6] Uso o termo "normatividade" em lugar do termo "universalidade", de Kant, uma vez que este último pode ser confundido com a propriedade mais formal de "universabilidade" [*universalisability*] discutida por Hare. Os juízos estéticos são normativos, mas pode-se sustentar que não são universalizáveis, uma vez que o objeto de interesse estético é um particular, não uma classe.

uma propriedade como a normatividade de um desejo ou atitude, não penso que possa defini-la com qualquer grau de precisão. A normatividade vem acompanhada de uma busca de concordância, mas nem toda busca de concordância é normativa: posso buscar concordância porque me sinto melhor dessa maneira. Uma atitude normativa busca concordância na razão, e não em alguma convergência casual de opiniões. Uma pessoa com uma atitude normativa em relação a X sente que outros devem reconhecer as qualidades de que ela gosta ou admire em X, e sobre essa base passem a gostar eles próprios de X. Explicada dessa maneira, a normatividade é claramente uma questão de grau – algumas atitudes podem possuí-la em grau maior que outras – e é isso que explica a estabilidade da forma proposicional tanto na ética quanto na estética. Pois uma forma proposicional pode ser usada como meio de troca e de persuasão; é associada à ideia de verdade, e, assim, pode ser usada para incorporar o sentido de "correção" ou de "caráter apropriado", contido em um desejo normativo.

Essa qualidade normativa na apreciação estética nos conduz, de imediato, a uma qualidade similar na própria atividade da crítica: a crítica é uma ciência normativa. Após observar a função expressiva de termos como "belo", "ótimo" e assim por diante, Wittgenstein prossegue sustentando que esses termos realmente têm menos proeminência no juízo estético que as noções do que é justo ou correto, do que é adequado, e assim por diante.[7] Dizemos que o baixo se move demais, que a porta não está na altura certa, que é inapropriado colocar um painel de madeira acima de um tapete Aubusson, e assim por diante. Essa qualidade normativa percorre todo o domínio do discurso crítico. Os críticos não precisam procurar estabelecer *como* as pessoas respondem às obras de arte: eles tentam criar uma série de normas, à luz das quais algumas respostas a uma obra de arte parecerão apropriadas, enquanto outras não. Críticos individuais fazem

---

[7] Wittgenstein, op. cit., 1966.

isso de diferentes maneiras. É característico de Leavis, por exemplo, criticar um poema por "convidar" ou "invocar" uma resposta que envolva o leitor em certas confusões de pensamento ou sentimento. Só é possível responder plenamente a semelhante poema de maneira confusa. A resposta *apropriada* ao poema, portanto, incorporará uma consciência de sua confusão de pensamento; logo, será impossível desfrutar do poema tal como ele pede para ser desfrutado.[8]

Não proponho analisar o que significa considerar uma razão como válida para outros. Esse é um problema para a teoria da razão prática, e pertence tanto à ética quanto à estética. Já deve estar claro, porém, que, como resultado da normatividade das atitudes estéticas, o conceito de "apropriado" estará no centro de todo juízo estético. Nossos sentimentos e respostas em relação à arte serão parte de um resultado de nossa noção do que é apropriado, e essa noção permeará tudo que aprendemos da arte, e tudo que esperamos nela encontrar.

Talvez seja melhor não considerar a normatividade como uma condição *necessária* da atitude estética. Há casos de apreciação primitiva, mas básica, que seria errado excluir do "estético", a despeito de sua proximidade das preferências menos normativas do desfrute sensual. Por exemplo, há a aversão a cores contrastantes, e a sons irritantes ou discordantes: estes repousam no centro de experiências estéticas mais complexas, ao mesmo tempo que não possuem base em nenhum juízo normativo. Não obstante, é verdade que a atitude estética apresenta uma tendência permanente a *se tornar* normativa. O interesse estético, como muitas de nossas reações em relação às pessoas (das quais a moralidade é a mais sistemática), traz consigo tanto uma noção de certo e errado quanto uma busca por concordância racional. Alguém que está desgostoso com o sabor de um Valpolicella está simplesmente desgostoso, enquanto alguém que está desgostoso

---

[8] Para uma discussão filosófica do procedimento de Leavis, ver John Casey, *The Language of Criticism*. London, 1966, cap. VIII.

diante da visão do quarto de seu vizinho está, tipicamente, ciente de algo inapropriado ou errado.

Como é possível que possamos fazer essa demanda por concordância? Não podemos, certamente, ficar contentes com o acréscimo dessa característica da normatividade, como se fosse uma extensão opcional da análise. Pois muitos gostariam de argumentar que não só não existe esperança de se alcançar um consenso, como também a demanda por ele é intrinsecamente irracional, como a demanda similar em questões de gosto (sensual). No capítulo final, portanto, tentarei fornecer uma explicação do motivo pelo qual o interesse estético assume esse caráter particular.

Assumindo-se que admitimos a normatividade como condição da atitude estética, surge a questão de saber como distinguimos o estético do moral. Duas linhas de argumentação sugerem-se por si mesmas. Em primeiro lugar, podemos perseguir a ideia de que a apreciação estética, visando o desfrute, envolve a contemplação de um objeto particular, e não se dirige para o objeto unicamente como membro de uma classe. A apreciação moral, por outro lado, dirige-se essencialmente para uma propriedade ou classe, e essa característica traz em seu bojo a propriedade lógica da universabilidade. Porém, essa abordagem, conhecida com base no conjunto de doutrinas discutidas no Capítulo 2, não é conclusiva. Pois o objeto do interesse estético pode muitas vezes ser um tipo, e tipos – embora o sejam, em certo sentido, particulares – compartilham muitas das propriedades lógicas dos universais. Seria melhor distinguir as atitudes estéticas das morais apontando para a ausência de sanções nas primeiras, e para sua presença nas últimas. Uma pessoa que mantém uma atitude moral está disposta a certas atitudes contra aquelas (ela mesma ou outras) que infringem esse código moral. Se essas atitudes se dirigem contra ela mesma, então assumirão a forma de culpa, remorso, ódio por si mesma e arrependimento. Caso se dirijam a outra pessoa, então envolverão censura, indignação, o afastamento da boa vontade e a aplicação de sanções. Essa propriedade das atitudes morais – pelas quais elas se fazem sentir precisamente quando são mais desprezadas – é uma das características centrais da moralidade. É isso, acima de tudo, o que distingue a aceitação de um princípio moral da aceitação de juízos menos rigorosos. A aceitação de um princípio moral possui uma dimensão adicional de seriedade: envolve um tipo particular de submissão e respeito pela autoridade de um código moral.

Ora, pode ser que nem toda avaliação moral *deva* envolver essas atitudes "punitivas", e também pode ser que se revele de pouca ajuda *definir* a moralidade em termos delas. Essas reações devem ser parte dos fenômenos da moralidade para qualquer concepção. Assumirei que não há necessidade de nenhuma característica como essas no juízo estético. Isso é parte do que se entende ao dizer que considerações morais superam considerações estéticas (o que não significa que as exigências morais necessariamente prevaleçam, apenas que, diferentemente da maior parte das exigências estéticas, elas deixam um resíduo de culpa e indignação quando são ignoradas). Assim, as pessoas com frequência defendem-se contra a censura por seus ultrajes estéticos dizendo "É tudo uma questão de gosto", lembrando-nos de não dar ênfase moral à questão. É claro, isso de modo algum implica que não podem ser fornecidas razões a favor ou contra o juízo estético, ou que não haja algo como aceitar uma razão ou mudar de opinião sobre uma questão de gosto. As atitudes estéticas são normativas, mesmo que não envolvam o tipo de sanção característica da moralidade.

Agora, é claro que é concebível que alguém eleve as questões do juízo estético a um status de importância suprema e principal em sua vida. Tal pessoa se sentiria ultrajada e indignada com o mau gosto de outros, e envergonhada ou com raiva de seus próprios lapsos. Mas um caso assim é raro: não nos fornece bases para afirmar que essas atitudes punitivas também são parte essencial do juízo estético. Pelo contrário, seríamos tentados a descrever essa pessoa simplesmente como alguém que conferiu ênfase moral a questões de preferência estética.

É fácil ver como isso poderia produzir-se. É inegável (e, talvez, em certo sentido, necessário) que uma pessoa de gosto educado seja guiada, em suas preferências, por suas intuições duradouras sobre a vida, e, nesse caso, é claro que suas preferências estéticas serão um indicador de seu sentimento moral. De modo que, com frequência (sempre, talvez), uma discordância estética entre duas pessoas mascara uma genuína diferença moral. E é um pequeno passo, daí, para condenar o gosto do outro em função dos valores morais expressos, ao encarar lapsos de gosto como falhas morais peculiares. Porém, mesmo nesse caso, é errado sugerir que a condenação moral se baseia no juízo estético. Precisamos lembrar que um critério principal do ponto de vista moral reside na atitude de uma pessoa em relação a seu próprio comportamento. Ao ter um lapso em relação a um código aceito, uma pessoa inevitavelmente se sente compungida, talvez na forma de remorso ou culpa. Mas no caso de um lapso de gosto, não se sente essas coisas. O "objeto intencional", no juízo estético, entra em conflito com as emoções morais. Embora uma pessoa possa sentir vergonha de seu gosto, dificilmente sentirá remorso por ele. Se alguém diz que sente remorso implica que lamenta não tanto o lapso do gosto em si, mas seus efeitos sobre outras pessoas, da mesma forma que alguém lamenta tomar parte na demolição de um prédio que foi muito admirado. Tal pessoa pode sentir remorso em respeito por outras pessoas, pois as despojou de algo que amavam. Sobre sua própria falta de gosto, ela só pode lamentar-se ou sentir-se envergonhada.

Na ausência de atitudes punitivas, portanto, descobrimos um ponto de contraste entre o juízo estético e o moral. No que diz respeito ao interesse estético, não estamos mais preocupados com a imposição de um código de conduta, mas sim com o desenvolvimento de uma capacidade particular de desfrute. Se reagimos às heresias estéticas de outras pessoas, é com base em nosso desejo de educar seu gosto. Educação é tudo o que, racionalmente, podemos esperar; ninguém pode ser obrigado pelo espetáculo de indignação comum a desfrutar daquilo que o aborrece ou lhe causa aversão. Isso nos leva de volta às considerações do Capítulo 2 – temos uma noção de que, ao definir a apreciação estética, estamos definindo algo diferente de, embora não totalmente independente de exigências do juízo moral. E, ao tentar esclarecer esse ponto, é para conceitos como o de desfrute que nos voltamos. Mas é precisamente aqui que a discussão se torna obscura; que tipo de desfrute está envolvido na apreciação estética? A resposta – desfrute de um objeto *por si mesmo* – suscita muito mais dificuldades que as resolve. O que significa desfrutar de algo, apreciar algo por si mesmo ou ter interesse nesse algo? Seremos incapazes de descrever a apreciação estética se essa frase, "por si mesmo", permanecer obscura. A teoria da unicidade da obra de arte pode ser vista como uma tentativa elaborada de explicar o significado dessa frase. Entretanto, descobrimos que ela incorreu na obscuridade precisamente no ponto mais importante, em que a distinção entre juízo moral e estético devia ser estabelecida. Precisamos, por conseguinte, tentar uma análise independente do significado da expressão "por si mesmo". Somente então nossa caracterização da atitude estética estará completa.

Podemos tentar esclarecer a noção considerando o tipo de resposta que é dado à questão "Por que você está interessado nisso?". Parece que, se uma pessoa me pergunta por que estou interessado naquilo que os trabalhadores estão fazendo lá fora, ela pode dizer, pela minha resposta, se meu interesse é por suas ações, por si mesmas, ou se meu interesse vai além daquilo que vejo. Por exemplo, posso responder que eu estava me perguntando o que os trabalhadores estão fazendo – caso no qual concluímos que eu estava buscando conhecimento com base no que via, e que meu interesse no que via, por conseguinte, era um desejo por conhecimento. Respostas similares são: "Eu queria saber quantos trabalhadores havia", "Não posso suportar o barulho", "Não acho que eles deveriam estar trabalhando a essa hora do dia", "Relaxa-me ver outras pessoas trabalhando", "Eu não estava interessado" (uma rejeição da questão), "Eu não sabia que estava olhando para eles", e assim por diante. Em todos esses casos, as respostas refletem uma atitude em relação às ações dos trabalhadores que é cognitiva (envolvendo um interesse em conhecimento), ou então parte de uma atitude que vai além do simples desejo de olhar para o que está acontecendo (um desejo de que o barulho cesse, o desejo de relaxamento, a atitude normativa expressa no juízo de que eles não deveriam estar trabalhando). Porém, há um tipo particular de resposta à questão "por quê?" que não é semelhante a essas. É o tipo de resposta no qual, em lugar de referir-me a algum interesse que eu possa ter no que vejo, simplesmente descrevo o que vejo. Posso dizer, por exemplo: "Porque o trabalhador que está ali de pé parece muito grande contra a luz, e move seus braços de forma estranha". Mais uma vez, se estou curioso simplesmente por desejar saber *por que* ele move seus braços dessa maneira, então meu interesse pode mais uma vez ser explicado em termos de um desejo por conhecimento: há uma resposta adicional que eu poderia dar à questão "por quê?" que não é simplesmente uma descrição do que vejo. O tipo de resposta à questão que desejo indicar é a resposta que consiste *unicamente* em descrições do objeto de interesse, em que essas descrições não são dadas porque servem para explicar como esse objeto se relaciona a outros desejos ou interesses que eu possa ter. Elas são dadas simplesmente como descrições do objeto. Se me pedirem para dar outras razões para meu interesse, posso me referir à maneira atenta pela qual os trabalhadores estão cavando, ao som abrupto de sua conversa no ar da tarde, a suas formas robustas, e assim por diante; todas essas respostas parecem sugerir que meu interesse pela cena é um interesse nela, por si mesma. Outras descrições podem se afastar do padrão até agora fornecido, deixando de ser descrições de características de primeira ordem, e adquirindo um caráter distintamente "estético". Posso referir-me à "atmosfera" da cena, ao "equilíbrio" das figuras humanas; posso pensar no que vejo como "pungente", "invernal" ou qualquer outra coisa: essas descrições ainda são respostas cogentes à questão "por quê?", e ainda apresentam a forma de descrições do objeto independentemente de qualquer relação que possam ter com outros desejos e interesses meus. Mas agora elas servem para esclarecer minha própria reação à cena, e começam a mostrar, também, um elemento em minha apreciação do que poderíamos querer descrever como "estético".

Pode-se perguntar, agora, até que ponto essa abordagem do problema é satisfatória. Pois não fica claro o que está sendo dito quando analisamos a noção de interesse em um objeto por si mesmo como um interesse para o qual a questão "por quê?" possui certo tipo de resposta. Alguém ainda pode colocar a questão à qual temos tentado o tempo todo responder, a saber, "O *que* há no interesse em questão que exige questões 'por quê?' a serem respondidas de tal maneira?". No entanto, se há uma base no interesse em si mesmo pelo fato de que ele se relaciona com certo tipo de fornecimento de razões, então teremos de nos aprofundar bastante para encontrá-la. A base não será encontrada na noção de desejo. Pois, embora pareça plausível, num primeiro momento, dizer que um interesse numa cena por si mesma pode ser inteiramente explicado em termos de um desejo de continuar a observá-la, poderia haver todo tipo de razão pela qual tal desejo existe. Posso desejar continuar olhando para um arbusto escuro porque isso repousa minha vista, ou porque tenho a impressão de que há algo escondido ali. Caso se responda que o que realmente se queria era continuar a olhar para o arbusto, sem nenhuma outra razão, isso simplesmente nos traz de volta para o ponto do qual partimos. O que significa a frase "por nenhuma outra razão"?

Poder-se-ia sugerir, no entanto, que há outra maneira de elucidar a noção de "interesse em uma coisa por si mesma" em termos de desejo. Pois poderia ser dito que todo desejo é um desejo *por* algo, e que, embora com frequência uma pessoa deseje uma coisa porque é um meio para alguma outra coisa, não pode ser o caso que todos os desejos sejam dessa natureza. Em última instância, há coisas que simplesmente desejo, e é em aplicação a essas coisas que frases como "por si mesmo", "por nenhuma outra razão" e similares, fazem sentido. E se nos pedissem para dizer em que a distinção entre desejo como meio e desejo como fim consiste, talvez pudéssemos recorrer à teoria tomista de que o primeiro, diferentemente do segundo, é finito e limitado: se há algo *que* eu desejo, digamos, dinheiro, então se segue que somente desejo a quantidade de dinheiro que me assegurará essa coisa. Ao passo que, se desejo dinheiro por si mesmo, então o desejo "infinitamente": nenhuma quantidade de dinheiro satisfará meu desejo, mesmo que meu desejo, de fato, possa cessar depois da aquisição de determinada soma.[9] Assim, poderíamos dizer que estar interessado numa coisa por si mesma é simplesmente desejar observá-la, sendo que não há ponto no qual se possa dizer que esse desejo seja *satisfeito* (embora possa, em algum ponto, cessar).

Há algumas considerações que deveriam persuadir-nos de que não é a noção de "por si mesmo" que estamos tentando descrever. Atribuímos desejos não só a seres humanos, mas também a animais, mas não atribuímos a animais o tipo de interesse em um objeto por si mesmo, ou por qualquer outra razão, que seja característico da apreciação estética. Há razões para isso, e talvez a mais importante seja a seguinte: a maior parte dos desejos que atribuímos aos animais está subordinada à noção de apetite. Atribuímos aos animais apetites gerais por certos tipos de satisfação – apetites por comida, abrigo, procriação, segurança e assim por diante – e quaisquer desejos que eles tenham por objetos particulares que assimilamos a essas disposições inextirpáveis das quais decorrem as reações animais. O desejo do leão de perseguir um cervo é parte de seu apetite por comida, e assim por diante. Contraposto a esses apetites está o tipo de curiosidade que pode existir em sua ausência, o desejo pelo conhecimento que é necessário para a busca de qualquer coisa. Mesmo quando

---

[9] Tomás de Aquino, *Summa Theologiae*, Ia, 2ae, 30, 4.

não é exatamente correto falar de um apetite regendo algum desejo animal – não falamos de um apetite que governe o desejo de escapar do perigo –, há, não obstante, uma estrutura apetitiva em comum a todos os desejos animais. O objeto de um apetite ou desejo similar incide sob uma especificação geral, como a satisfação ou violação de uma necessidade. O objeto da fome satisfaz (ou pensa-se que satisfaz) a necessidade de alimentação, o objeto do medo viola (ou pensa-se que viola) a necessidade de segurança, e assim por diante. Em outras palavras, parecemos ser capazes de explicar o objeto do desejo animal no que diz respeito ao conceito de necessidade. Esses casos mais complexos nos quais a ideia de uma necessidade não parece suficiente – o caso do cão que é treinado para comer somente quando ordenado a fazê-lo – podem ser explicados em termos de conceitos secundários, como o de inibição.

Por que, então, consideramos estranho dizer que um animal deseja segurança ou plenitude por si sós? Penso que podemos ver que essas descrições de motivação animal não servem a nenhum propósito útil. O desejo por alimento, e o desejo de escapar do perigo, não se dirigem para a plenitude ou para a segurança por si mesmos, ainda que estes sejam os fins para os quais apontem os desejos de segurança e plenitude. A frase "por si só" parece servir à função adicional de mostrar como o fim da ação é *concebida*. Não se deseja satisfazer a fome em razão de alguma concepção do que é satisfazer a fome: não são pensamentos ou crenças sobre o estado de plenitude que nos conduzem a isso. Logo, a questão "Por que alguém quer satisfazer a fome?" não possui (em geral) uma resposta interessante. Responder "Para ficar vivo" consiste simplesmente em se referir à necessidade da qual decorre o impulso, enquanto a resposta apropriada à questão "por quê?" deve consistir numa elaboração do objeto intencional do desejo: deveria fornecer a "descrição sob a qual" alguma coisa é desejada e, portanto, fornecer uma razão para o desejo, e não simplesmente uma explicação ou causa. O desejo por alimento não possui uma razão nesse sentido, enquanto querer algo "por si mesmo" é querê-lo por uma razão. "Por si mesmo" é uma "descrição sob a qual" um objeto pode ser desejado. Em outros termos, precisamos distinguir o caso de desejar alguma coisa quando não há razão para desejá-la (quando, por exemplo, o desejo da pessoa é baseado numa necessidade) e desejar algo *por nenhuma outra razão*, quando o próprio desejo, não obstante, baseia-se numa concepção da coisa que se deseja.

Se não fizermos essa distinção, nós nos veremos sustentando a curiosa teoria de que existe uma necessidade estética que subjaz a nosso interesse em arte. Existe um apetite básico que satisfazemos contemplando pinturas, e isso explica por que, quando olhamos para elas, não há razões para fazê-lo que não sejam dadas em termos de descrições adicionais das próprias pinturas.[10] Se essa teoria é absurda é porque ela deixa inteiramente de capturar o que pretendemos dizer ao afirmar que nosso interesse numa pintura é um interesse na pintura "por si mesma", ou "por nenhuma outra razão". É essencial ao conceito de uma necessidade que ela possa ser satisfeita por um número indefinido de objetos, os objetos de um apetite que decorrem da necessidade podem ser substituídos uns pelos outros e ainda assim satisfazer o mesmo desejo. Porém, constitui lugar-comum o fato de que não podemos substituir pinturas umas pelas outras, dizendo "Essa também servirá", pois não temos uma descrição do *que* pode ser feito igualmente bem por outra pintura. O desejo de contemplar a *Crucificação* de Mantegna não pode ser satisfeito pela visão de *La Liseuse*.[11] Para dar sentido à ideia de interesse estético, deveríamos, portanto, supor um apetite separado para cada um de seus objetos. Mas nesse caso a noção de apetite ou necessidade seria totalmente redundante.

---

[10] Essa teoria parece estar implícita em John Dewey, *Art as Experience*. New York, 1934, caps. 1 e 2.

[11] Possível referência ao quadro *La Liseuse*, ou *La Jeune Fille Lisant*, de Jean--Honoré Fragonard, pintado por volta de 1770. (N. T.)

Deveria estar claro, a essa altura, que uma coisa que distingue o interesse numa pintura por si mesma dos desejos que surgem a partir do apetite animal é que o primeiro interesse envolve um pensamento. Podemos generalizar esse resultado: o interesse numa pintura por si mesma é distinto de um desejo (por mais que seja explicado) de continuar olhando para a pintura pelo fato de que o primeiro, diferentemente do último, envolve essencialmente um pensamento de seu objeto. A vaca que meramente olha para uma paisagem (com ou sem curiosidade) está fazendo algo a menos que o homem que olha para uma paisagem por interesse, e ainda assim, "por nenhuma outra razão". O homem está pensando sobre a paisagem, e ao mesmo tempo pensando nela mediante sua percepção: ele está pensando no que vê. Assim, podemos definir um interesse num objeto X por si mesmo como um desejo de continuar ouvindo, olhando ou, de alguma outra forma, tendo a experiência de X, em que não há razão para esse desejo em termos de qualquer outro desejo ou apetite que a experiência de X possa satisfazer, e em que o desejo surge com base no pensamento de X e é acompanhado dele. Essa definição não é realmente perfeita. Precisamos excluir os casos nos quais o pensamento de X e a experiência de X não são propriamente relacionados (como quando alguém não sabe que está olhando para X, mesmo que seja nisso que esteja pensando). No entanto, semelhantes casos já estão em grande medida excluídos ao se negar que o desejo de continuar olhando para X se *baseie* no pensamento de X, no fato de que o pensamento deve prover a pessoa com a razão para o próprio desejo: é porque é para X que alguém está olhando, e "por nenhuma outra razão".

A definição explica, com êxito, a aplicabilidade de um sentido particular da questão "por quê?". Pois a expressão do pensamento de um objeto envolve descrever o objeto. Logo, se estou interessado em X por si mesmo, devo responder à questão "Por que você está interessado em X?" com a expressão de pensamento que fornece a razão de meu interesse continuado – em outros termos, deverei responder com uma descrição de X.

Pode-se perguntar como é um interesse desse tipo. Nesse estágio, a melhor maneira de responder a semelhante questão é mediante exemplos. Pois, em um sentido, dissemos tudo o que precisa ser dito: fornecemos uma explicação dos pensamentos e desejos envolvidos. Poderíamos tentar seguir o procedimento de Wittgenstein, e nos referirmos às formas primitivas de desfrute estético: o desfrute da criança com as histórias e pinturas, o interesse da sociedade primitiva pela ficção. Este último nos permite visualizar de forma clara a distinção entre prazer estético e outras atitudes – como a curiosidade. Também fornece alguma conteúdo à comparação de Sartre entre prazer estético e encantamento mágico. A tribo que ouve um mensageiro narrando algum evento em uma aldeia vizinha é movida por um desejo por conhecimento. Eles esperam com impaciência que o mensageiro termine sua história, quando, somente então, sua reação expressa como a receberam. Compare-se essa situação com a de uma tribo reunida para ouvir uma lenda: agora, suas mais importantes reações *acompanham* a audição da história. Eles sorriem com prazer; estão "todos na expectativa". Suas simpatias variam com o pensamento da história: eles lamentam o que é triste, rejubilam-se com o que é agradável. É como se a história houvesse tornado algo presente: ela não aponta mais para além de si mesma, para uma coisa ausente que é objeto de interesse. A tribo pode experimentar um desejo de unir-se aos eventos da história, e esse desejo pode manifestar-se na dança ritual ou na encenação da história.

O encantamento mágico – a invocação de uma coisa ausente por meio de ritual – é uma atividade na qual imaginação e crença acham-se misturadas de maneira inextricável. É em parte por esse motivo que podemos querer dizer que não se trata de uma manifestação de interesse estético: pensamento e crença não estão suficientemente separados. Além disso, diferentemente da atividade estética, ela em geral se inicia com um propósito: adquirir poder, ou invocar os mortos. Entretanto, é útil comparar a criação e a compreensão de formas artísticas com o encantamento; é como se o elemento de crença (e, portanto, a ilusão de uma função prática) se tivesse refinado em interesse estético, deixando um resíduo de pensamento e de sentimento propriamente descritos como interesse numa atividade unicamente por si mesma.

Collingwood criticava a "Arte Mágica" por causa de seu aspecto finalista: apreciá-la tal como ela é proposta não é apreciá-la esteticamente. Nisso ele estava apenas parcialmente certo. A apreciação da arte mágica é uma questão confusa, na qual crença e desfrute se mesclam de maneira inextricável, uma qualificando o outro, de modo que o desfrute é intensamente sério, e a crença o é apenas em parte. Collingwood também criticava o que chamava de "Arte de Diversão", arte que é concebida unicamente com o fim do entretenimento, qualquer que seja o custo disso. Um interesse em semelhante arte, pensava Collingwood, é um interesse nela somente como meio para suscitar diversão, e não por si mesma.[12] Porém, essa visão de Collingwood envolve uma falácia interessante, característica de muito que se escreveu sobre estética na tradição kantiana. Nas circunstâncias apropriadas, a diversão pode fazer parte de uma reação estética. O elemento de normatividade, é claro, geralmente carece de diversão, mas as características restantes da apreciação – pelo menos tal como as enumeramos até aqui – podem estar presentes. A diversão não é só uma espécie de desfrute, também se baseia no pensamento de seu objeto. Exceto no caso sofisticado no qual alguém se diverte simplesmente pelo pensamento de certa coisa (real ou imaginária), a diversão também é uma resposta a uma situação observada. Na diversão, portanto, a percepção que se tem de um objeto existe em conjunção com um pensamento a seu respeito; e o desejo de alguém de olhar ou ouvir

---

[12] Collingwood, *The Principles of Art*. Oxford, 1938, cap. IV.

se baseia nesse pensamento. Assim, poderíamos descrever a diversão como um modo de atenção a um objeto por si mesmo.[13] Como muitas outras reações, a diversão *constitui* a apreciação de seu objeto. Logo, não pode ser verdade que um interesse no que é divertido sobre um objeto é um interesse nesse objeto *por causa da* diversão. A diversão é um caso central e importante de interesse em um objeto por si mesmo. E o mesmo é verdade quanto às respostas estéticas em geral: em particular, quanto às emoções baseadas na percepção imaginativa que foram descritas no último capítulo. Em outras palavras, *pace* Croce e Collingwood, a estética da simpatia não nos compromete com a heteronomia do interesse estético.

A diversão nos provê, de fato, um retrato expressivo do tipo de desfrute envolvido nas formas primitivas de apreciação estética. Podemos comparar o desfrute por parte de uma criança do retrato de um rosto engraçado com seu interesse em um retrato de sua avó (mostrado em resposta à questão: "Com o que a vovó se parecia?"). No primeiro caso, a criança, de modo característico, não perguntará de quem é o retrato, ou se alguém se parecia com ele. Se relacionar com sua experiência comum, será de forma indireta. A observação "Este é Joãozinho" (seu irmãozinho) será tomada como a expressão de uma reação particular ao retrato, e não uma crença sobre seu status representacional. O segundo caso é diferente nesses aspectos: envolverá a característica adicional de que, uma vez satisfeita a curiosidade, o interesse no retrato desaparecerá. Ora, caso não desapareça (pois essas são crianças que pegam fotografias de parentes mortos e os estudam interminavelmente), então começamos a descrever o interesse de maneira diferente: a criança passou a ver algo belo ou comovente no retrato.

Antes de desenvolver mais esse ponto, precisamos voltar ao problema com o qual se iniciou este capítulo. Ainda precisamos explicar

---

[13] Cf. B. A. O. Williams, "Pleasure and Belief". *A.S.S.V.*, 1959.

o significado dos juízos de beleza e dos juízos de forma em termos da teoria da apreciação que fornecemos até agora. O problema sobre juízos de beleza era, por alto, este: se explicarmos esses juízos como expressões de "aprovação estética", isto é, como expressões de uma "pró-atitude" com a estrutura acima indicada, também precisamos explicar por que existem tantos juízos diferentes empregando termos puramente estéticos. Por exemplo, não pensamos em nós mesmos como aptos a substituir "elegante" por "belo" em todas as ocorrências, sem perda considerável de significado. Ao aprender o significado de palavras como "elegante", "belo", "ótimo" e assim por diante, aprendemos que nem tudo que é elegante é também ótimo, belo, requintado ou adorável. Esses termos possuem conotações distintas – aprendemos a aplicá-los em situações diversas, e uma pessoa que louve a elegância acima de tudo mostraria um *gosto* diferente de outra pessoa que apenas apreciasse a beleza. Porém, ter gosto diferente de outra pessoa é apreciar diferentes objetos. Ao que parece, então, termos como "elegante" e "belo" se referem a distintas propriedades das coisas. A teoria de que esses termos adquirem seus significados separados dos diversos elementos em um complexo padrão de respostas, como I. A. Richards supôs, é bastante implausível. Pode-se efetuar uma comparação com conceitos em ética. Uma pessoa pode ser moralmente elogiada por sua honestidade, coragem ou benevolência. Como resultado, termos como "honestidade" podem tornar-se parte do vocabulário da aprovação moral e, portanto, parecem ser usados, de forma padrão, para expressar atitudes morais. No entanto, seu principal uso, de fato, reside na descrição do caráter humano; as atitudes são meramente transmitidas por seu uso, como uma questão de associação conversacional.

Na realidade, porém, há outra maneira de encarar o uso de termos puramente estéticos que estarão mais de acordo com o teor de nossas investigações. É possível, como observou Wittgenstein, que esses termos sejam aprendidos como interjeições. Se for assim, sua transformação em adjetivos deve ser acompanhada por um significado não descritivo: ao aprender seu uso como interjeições, devemos ao mesmo tempo aprender como manejar suas formas como adjetivos. Porém, graças a sua forma proposicional, os adjetivos estéticos trazem consigo uma sugestão de descrição genuína. Além disso, o aprendizado de cada termo conecta-se com um conjunto distinto de objetos, mesmo que seja aprendido como expressão de aprovação estética. Logo, cada termo adquirirá um domínio separado, ao qual pode ser apropriadamente aplicado, e desse domínio certas classes de objeto irão naturalmente ser excluídas. Música alta não será elegante, tragédias não serão saborosas, poesia cômica não será sublime. Um termo como "elegante" pode ser ensinado no contexto das reações estéticas a roupas, estilo, provas matemáticas, exemplos nos quais, em geral, parece haver a questão de exploração adequada de regras. O termo "adorável" pode ser ensinado em outro contexto, digamos, o da apreciação de rostos, gestos, caráter, exemplos de coisas que podem ser amadas ou admiradas. O termo "requintado" ["*exquisite*"] é ensinado no contexto da apreciação estética de um exercício sutil e refinado de habilidade ou técnica, como na escultura ornamental, ou no balé clássico.

Em outras palavras, não é necessário assumir que um termo como "elegante" possui significado descritivo, mesmo que ele indique que a apreciação do falante de um objeto se dirige para características de certo tipo geral, mas especificável. O uso do termo "elegante" não nos informa quais dessas características estão presentes: indica somente a área na qual as características apreciadas podem ser encontradas. Caso se pergunte por que temos esses termos separados de aprovação estética, pode-se responder que a apreciação estética, uma vez que envolve o "pensamento" livre sobre seu objeto,[14] terá um caráter diferente à medida que seu objeto diferir. Minha apreciação do que

---

[14] Uso o termo kantiano "livre" para indicar que os pensamentos envolvidos na apreciação não precisam ser "asseridos".

é trágico é uma "experiência" bem diferente de minha apreciação da comédia, e minha apreciação de coisas refinadas e civilizadas, em certo sentido, é profundamente diferente de minha apreciação do que é violento e destrutivo. Cada objeto de apreciação se relacionará, no pensamento, com sua própria área particular de experiência real, e isso determinará nossa resposta a ela. Necessitamos, portanto, de um vocabulário flexível de aprovação estética, caso queiramos indicar a maneira pela qual apreciamos qualquer objeto dado. Em certo sentido, Richards estava certo ao afirmar que o vocabulário complexo dos termos estéticos reflete "a organização de nossos sentimentos". O caráter da apreciação estética será inteiramente ditado por seu objeto: a apreciação é um estado reflexivo da mente, no qual crença e ação se encontram ambos, em grande medida, suspensos. Ao tentar esclarecer nossos sentimentos em relação à arte, julgamos necessário empregar termos que também classificam os objetos da experiência estética em diferentes tipos, termos como "belo" e "sublime", os quais tradicionalmente foram concebidos como marcando uma divisão fundamental no interesse estético.

Isso nos leva para o problema das características formais. Notamos que muitos dos termos usados na descrição estética são utilizados de maneira extremamente frouxa: com efeito, isso é de esperar. Ao fornecer uma descrição estética, tentamos indicar como um objeto deve ser apreciado. Para tanto, necessitamos de um vocabulário extensivo e em parte metafórico. Com frequência, desejamos descrever em que consiste um objeto que mantém nosso interesse, sem nos referirmos a pensamentos imaginativos ou sentimentos que vemos incorporados nele. Assim, falamos do objeto como agradável, satisfatório, repousante... Gradualmente, a lista desses termos se estenderá de modo a incluir outros que denotem características formais, como "equilibrado", "controlado", "harmonioso", "unificado", "global". Não é certo se essas são metáforas ou descrições literais, e não importa muito se são umas ou outras; pois sua função é somente *indicar* como é possível encontrar no objeto o tipo de satisfação que é característico do desfrute estético. Elas correspondem a descrições mais detalhadas que podemos não ser capazes de formular. Em muitos casos – em particular, naqueles de música abstrata ou arquitetura –, as descrições técnicas e detalhadas são a única coisa interessante a ser dita. Utilizamos esses termos "formais" para dirigir a atenção de alguém para as características satisfatórias do objeto estético. Há algo de inefável sobre a capacidade de um objeto nos satisfazer dessa maneira, e o vocabulário vago mas extensivo dos termos formais é simplesmente nossa indicação desse fato.

Em conclusão, retornemos à discussão da atitude estética no ponto em que ela se interrompeu. Caracterizei essa atitude em termos de três condições: (i) a atitude estética visa ao desfrute de (e satisfação com) um objeto; (ii) ela envolve uma atenção a esse objeto "por si mesmo"; (iii) é normativa, envolvendo um sentido do que é certo ou apropriado. Contudo, parece que evitei o muito examinado aspecto sensorial da apreciação estética. Filósofos que desejaram enfatizar essa qualidade sensorial tenderam a salientar as artes da pintura e da música, nas quais o que agrada é o som ou a visão de alguma coisa. Porém, basear sua teoria do interesse estético unicamente nesses casos é correr o risco de cometer absurdos na apreciação da literatura. Com efeito, qualquer tentativa de *definir* a apreciação estética em termos sensoriais deixará de explicar as artes da poesia e da narrativa. Se há algo de inerentemente sensorial na apreciação estética, isso deve se seguir das condições já dadas – condições que de modo algum excluem a literatura da esfera do interesse estético. Não é algo que devemos assumir desde o início. No Capítulo 12, tentarei mostrar que nossa apreciação da literatura deve basear-se em certas experiências perceptuais, e que, nesse sentido, tem em parte uma origem sensorial. Porém, essa é uma conclusão que se segue de nossa definição da atitude estética, com certos pressupostos sobre a natureza da literatura: o elemento sensorial não pode ser localizado de forma mais direta que essa.

Por outro lado, descobrimos que, no caso das artes visuais, pelo menos, a análise fornecida conduz imediatamente a uma conexão com a experiência perceptual e, portanto, explica em parte por que a conexão entre o estético e o sensorial pareceu com tanta frequência inevitável. A principal manifestação do interesse estético é a atenção a um objeto, interesse que, não podendo ir além do objeto, ao modo do juízo prático ou teórico, precisa apoiar-se na percepção do próprio objeto. Para tomar um exemplo: posso admirar o caráter de Marco Aurélio, e, como resultado, ter prazer quando passo por seu busto em uma praça italiana. Começo a olhar para o busto e estudar as características do rosto do imperador, pensando no caráter que outrora o animou. Há um ponto em que seria natural afirmar que meu interesse no busto se tornou estético, a saber, quando a nobreza do caráter se torna parte da aparência do busto. Este adquire um aspecto nobre, e minha atenção deixa de residir além do que vejo, nos pensamentos inspirados por ele, mas se detém na própria percepção. Minha admiração por Marco Aurélio se tornou parte de meu desejo de olhar para essa coisa particular, no fato de que o objeto de minha admiração está agora exemplificado na aparência do busto.

Entretanto, vemos de imediato que nossas condições conduzem não só a uma conexão com os sentidos, nesse caso, como a uma conexão geral com a imaginação. Na apreciação estética, podemos dizer que a percepção de um objeto é posta em relação com um pensamento do objeto. Contudo, descobrimos previamente que é possível que o pensamento sobre objetos ausentes seja posto em relação direta e inseparável com uma percepção: essa é uma das principais atividades da imaginação. Parece uma consequência natural, portanto, que uma atitude estética em relação a um objeto presente conduza aos pensamentos e emoções característicos da imaginação. A imaginação é simplesmente uma maneira de pensar em, e responder a um objeto presente (pensando nele, ou percebendo-o, em termos de algo ausente). Na apreciação estética, podemos afirmar, o objeto serve como ponto focal para o qual muitos pensamentos e sentimentos diferentes convergem. Nossa explicação da imaginação nos capacita ver como podemos evitar a falácia empirista do associacionismo, que um idealista descreveu como "a tentativa de explicar conexões gerais de conteúdo pela conjunção de experiências particulares".[15] Pois podemos conferir sentido à sugestão de que pensamentos e sentimentos suscitados pela arte podem, não obstante, tornar-se parte de nossa experiência dela. Eles podem ser introduzidos como elementos inalienáveis na própria experiência, e transformá-la sem desviá-la de seu objeto original. Não há necessidade de recorrer à vaga ideia de "fusão" para explicar esse fato.

O elemento sensorial na apreciação da literatura é bem mais difícil de localizar. Pode-se argumentar, não obstante, que deve haver um elemento sensorial: meu interesse em uma obra literária não é de modo algum um interesse em sua paráfrase: por conseguinte, não pode ser meramente interesse no que o poema ou romance *dizem*. Porém, existem problemas mesmo para essa conclusão relativamente inócua, como mostrará o Capítulo 12. A dificuldade reside em que nossas condições para a atitude estética não implicam que haja apenas uma maneira na qual a apreciação seja sensorial: não implicam, por exemplo, que o objeto do interesse estético deva ser o som, visão, gosto ou cheiro de algo. Com efeito, se implicassem algo tão forte, estariam sujeitas a uma poderosa objeção. Pois parece que somente os sentidos do som e da visão *podem* estar envolvidos na apreciação estética; logo, não é simplesmente o fato de serem sentidos que os capacita para esse papel. Hegel afirmou que os sentidos do gosto e do cheiro não podem incorporar suficientemente o intelecto para

---

[15] B. Bosanquet, "On the Nature of Aesthetic Emotion". In: *Science and Philosophy*, London, 1927, p. 400.

estarem envolvidos na apreciação da arte.[16] Nisso, ele repetia Tomás de Aquino,[17] que afirmava que não podemos falar de belos gostos e cheiros, uma vez que a percepção da beleza, sendo contemplativa, só se associa com os sentidos mais cognitivos, a saber, a visão e a audição. A estranheza do vocabulário do amante de vinho Bordeaux, e da sinfonia de cheiros de Des Esseintes[18] poderiam nos persuadir disso. Certamente, quando os prazeres dos sentidos mais cognitivos se aproximam do nível puramente sensorial característico do paladar e do olfato, tendemos a não mais considerá-los como estéticos – por exemplo, não pensamos no desejo por uma música de fundo em um restaurante como um impulso estético. É extremamente notável que a parte importante do interesse estético – o envolvimento imaginativo que constitui seu principal valor – esteja ausente ou atenuada no caso do gosto ou do cheiro. Porém, é difícil fornecer uma explicação plenamente satisfatória do motivo pelo qual é assim. Uma explicação poderia ser simplesmente que os prazeres do paladar e do olfato envolvem o consumo de um objeto, e não apenas sua contemplação. No entanto, isso não é tudo que se tem a dizer. Há um sentido no qual as impressões da visão e da audição são mais "estruturadas" que aquelas do paladar e do olfato: somos capazes de discernir um enorme número de características de um objeto com base em apenas uma impressão visual ou auditiva. Como resultado, as impressões visuais e auditivas apresentam o caráter de se "espalharem" sobre "campos". O paladar e o olfato, no entanto, não transmitem nada além de si mesmos: reconhecer o gosto de alguma coisa é reconhecer somente uma característica dela. Assim, gostos e cheiros, de maneira estranha, são mais evocativos que visões e sons:

---

[16] Hegel, *Introduction to the Philosophy of Fine Art*. Trad. Bosanquet, London, 1886, p. 108-09.

[17] Tomás de Aquino, op. cit., Ia, 2ae, 27, 1.

[18] "Des Esseintes", esteta, personagem de Joris-Karl Huysmans (1848-1907) em À *Rebours* [Contra a Corrente]. (N. T.)

transmitem tão pouco em si mesmos que, na tentativa de atribuir sentido a eles, é preciso importar uma reminiscência de seu ambiente como um todo (cf. a *Madeleine*, de Proust).

Ao descrever a noção de experiência estética que confere um lugar claro e central à imaginação, fornecemos na realidade, a nós mesmos, uma base filosófica pela qual podemos explorar a natureza e o valor da arte. E, ao conferir um lugar tão central à imaginação e ao pensamento, estamos em condições de desenvolver uma visão de estética que se harmonize com as visões que filósofos, na tradição idealista, de Kant a Collingwood, produziram e se aproxime mais delas. De fato, a teoria que parece ter emergido das premissas empiristas das quais partimos é flagrantemente similar à de Kant, que resumiu sua posição como segue:

> (1) O belo agrada *imediatamente* [...]. (2) Ele agrada *independentemente de todo interesse* [...]. (3) A *liberdade* de imaginação (em consequência, de nossa faculdade em respeito à sua sensibilidade) consiste em avaliar o belo representado de acordo com a conformidade do entendimento à lei [...]. (4) O princípio subjetivo da avaliação do belo é representado como *universal*, isto é, como válido para todo homem, mas como incognoscível por meio de qualquer conceito [...].[19]

(1) corresponde a duas das características que descrevemos acima: desfrute de um objeto, e a conexão com a experiência sensorial; (2) corresponde a nossa análise da frase "por si mesmo"; e (4) à condição de normatividade. Ora, é natural encarar a terceira condição de Kant como refletindo a característica do interesse estético que produzimos a fim de dar conta da imaginação. A imaginação, para Kant, é uma faculdade livre (isto é, independente da crença), e ainda assim, ao mesmo tempo, submetida às leis do entendimento (isto é, racional). Porém, estabelecer isso nos levaria aos domínios do kantismo: pelo menos, a analogia se encontra lá.

---

[19] Kant, *Critique of Judgement*. Trad. J. C. Meredith, Oxford, vol. I, 1928, p. 224-25.

PARTE III

A Experiência da Arte

Capítulo 11 | A Identidade da Arte

No último capítulo, forneci certas condições para a atitude estética. Pode-se perguntar: são essas condições todas necessárias, suficientes, tomadas como um todo, para a atitude estética? E pode-se perguntar como podemos responder a semelhante questão. Talvez pudéssemos dizer que a presença de todas as criaturas é necessária e suficiente para que uma atitude seja um exemplo central de interesse estético; ou, de modo alternativo, podemos afirmar que nenhuma das condições é individualmente necessária, mas que, juntas, são suficientes. Por fim, poderíamos sugerir que essas características sejam tratadas simplesmente, no sentido de Wittgenstein, como critérios da atitude estética, e deixar que a questão das condições necessárias e suficientes seja resolvida à medida que isso se tornar necessário. Nossa linguagem nos dá a liberdade de escolher qualquer formulação que queiramos: porém, isso não significa que nossa escolha dessas condições – ou "critérios" – seja arbitrária. Aqui, precisamos nos lembrar de um argumento que foi defendido de passagem no Capítulo 2: não existe conceito plenamente articulado do estético na linguagem comum. O único critério bem-sucedido do filósofo é que sua análise deve se conformar a certas "intuições" um tanto quanto frágeis, que permitam conferir sentido a nossa experiência da arte. Podemos nos tranquilizar no sentido de que nossa análise responde bastante bem às intuições básicas das quais partimos. Ela nos permite explicar por que deve haver um vocabulário diversificado, mas estável, de apreciação estética, e por que deve haver uma atividade de "descrição" estética associada a ela. Ela também produz uma clara distinção entre atitudes estéticas e práticas, e nos permite dizer como a estética é tanto distinta da moral como, ainda, intimamente relacionada a ela. Finalmente, ela caracteriza a apreciação estética como atividade racional, baseada no pensamento e incidindo no domínio da razão prática. Logo, podemos começar explicando sua posição privilegiada e insubstituível na experiência humana.

No entanto, resta ver até que ponto nossa teoria pode ser aplicada a esse domínio do interesse estético que sempre se mostrou incompreensível para a filosofia empirista da mente – a apreciação da arte. Como podemos explicar o primado da arte na experiência estética? Essa questão deve ser respondida por qualquer teoria que pareça implicar – como nossa teoria parece fazer – que é uma verdade somente contingente que os principais objetos do interesse estético são obras de arte. A visão oposta é certamente mais atrativa. Argumentou-se, por diversos lados, que é a arte, e somente ela, a fonte de nossas ideias de beleza, e que se a natureza às vezes nos parece bela é somente porque ela faz eco a algo que primeiramente aprendemos a apreciar na arte. Como manifestação do espírito humano, a arte precisa ter um significado inteiramente diferente daquele de qualquer coisa natural. Com efeito, descrevemos uma paisagem como bela apenas se ela mostra o tipo de relação com o labor humano característico de um artefato. As montanhas da Escócia possuem pouca beleza, embora possam no passado terem sido chamadas de sublimes. Se fôssemos descrever uma bela paisagem, poderíamos escolher, por exemplo, algum vale na Provença, onde as fileiras cerradas de oliveiras e telhados com telhas cônicas sugerem, em suas linhas e contornos, a forma de um modo particular de vida. A paisagem torna-se bela porque começa a representar ou expressar uma experiência humana.

Esse argumento hegeliano possui certo charme, e nos impõe a tarefa de examinar a experiência da arte, com uma abertura para descobrir até que ponto ele pode ser acolhido por nossa teoria. Porém, assim que nos afastamos do simples caso de interesse estético por uma coisa natural (como um cavalo, uma paisagem ou uma flor), vemo-nos diante de sérias dificuldades. No Capítulo 2, mencionei um problema que suscitou o interesse de muitos filósofos, o problema da identidade da obra de arte. Argumentei contra essa concepção de que a unicidade do objeto estético pode ser especificada em termos de seu critério de identidade. Um critério de identidade governa todas as nossas referências em relação a uma coisa particular, e não pode ser considerado como produto de qualquer maneira de olhar para essa coisa. Não há razão para afirmar que a particularidade do interesse estético necessita de um critério específico para a individuação de seu objeto, não mais que o ponto de vista moral determina os critérios de identidade dos atos humanos.

Esse argumento parecia implicar que uma discussão da natureza e da identidade da arte não é necessariamente preliminar a qualquer teoria do interesse estético, e, em certo sentido, essa implicação se sustentou nos capítulos seguintes. No entanto, logo que tentamos aplicar nossa teoria à experiência da arte, a questão da natureza da arte volta a se colocar, dessa vez numa forma mais séria. Em geral, poderíamos ter motivos para ser céticos sobre a abordagem da estética até agora defendida. Pois suponhamos que nosso pressuposto fundamental esteja correto, e que haja de fato algo como o interesse estético – um estado mental distinto salientado por certas características gerais. Então, certamente seria estranho caso se provasse ser meramente contingente que os principais objetos dessa atitude pertencem a certa classe (a classe das obras de arte). Necessitamos, pelo menos, de alguma explicação desse fato, e veremos que nossa explicação nos obrigará a suplementar nossa teoria de maneiras adversas ao empirismo tradicional. Podemos afirmar que é uma característica da *intencionalidade* das atitudes estéticas que elas se dirijam primariamente para obras de arte. Entendo por isso que os pensamentos e sentimentos envolvidos no interesse estético podem adquirir plena elaboração somente se o objeto estético possuir apenas aquelas características que são típicas da arte.

Mas há outra maneira pela qual nossa análise necessita ser completada. Podemos perceber de imediato que nosso interesse numa obra de arte particular é subcaracterizado, ao afirmarmos que isso é interesse na obra de arte "por si própria". Nós não indicamos como a palavra "isso" ["*it*"] deve ser compreendida. Se alguém me perguntasse como deveria apreciar um objeto estético particular, e eu respondesse "por si mesmo", essa pessoa poderia legitimamente se queixar de que não respondi à questão. Ela precisa que eu lhe diga sob que descrição (como um exemplo de que tipo de coisa) o objeto deve primeiramente ser visto.

Esse ponto pode ser ilustrado por um exemplo. Suponhamos que eu assista à apresentação de uma peça Nô, ignorando as convenções do teatro japonês, e com uma apreensão inadequada da língua. No caso, posso apreciar a peça como um balé, ou como uma sequência de sons e movimentos, e ainda assim não possuir uma noção de seu caráter estético como peça: posso nem mesmo saber que se trata de uma peça. Se meu companheiro mais bem informado me diz que ela precisa realmente ser considerada uma peça, meu interesse muda, e começo a assistir a características bem diferentes do que vejo, mesmo que em ambos os casos eu possa estar interessado no que vejo "por si mesmo". Ironicamente, posso descrever minha experiência da seguinte maneira: "Eu não a estava considerando realmente uma peça; tinha um interesse meramente estético no que via".[1]

---

[1] Cf. "É, portanto, praticamente desnecessário que o espectador leia as palavras, porque ele precisa apenas apreciar a beleza intrínseca dos movimentos dos atores e o ritmo da música de acompanhamento", Toyoichiro Nogami, *Japanese Noh Plays*. Tóquio, 1954, p. 31.

Em outras palavras, a apreciação ainda necessita de uma descrição de seu objeto. Esse fato determina nossa análise da "unicidade" do objeto estético, de tal modo que levanta de novo a questão da identidade da obra de arte. Pois dizer que aprecio o que vejo e ouço (a encenação de uma peça Nô) por si mesma não fornece uma indicação do objeto intencional de meu interesse. "O que vejo", materialmente considerado, são muitas coisas: um grupo de figuras mascaradas cantando e dançando no palco, uma série de movimentos executada por essas figuras, a representação de um diálogo entre um homem e o fantasma de sua esposa, dois atores japoneses ganhando seu sustento; e assim por diante. Eu poderia ter um interesse puramente estético em qualquer uma dessas coisas, mas a fim de ter esse interesse, precisaria possuir alguma concepção do que estou vendo. Segue-se que, para que eu aprecie esse objeto como uma peça, preciso estar familiarizado com o conceito de peça teatral. Preciso saber que características pertencem a esse objeto como peça, e quais não, e isso não é uma questão simples. O teatro Nô, por exemplo, envolve convenções que exigem considerável conhecimento para que duas peças que de fato são inteiramente diferentes não sejam tratadas da mesma maneira. Pois duas peças podem diferir apenas no fato de que uma consiste num diálogo entre um homem e sua mulher, e outra consiste no mesmo diálogo entre um homem e o fantasma de sua mulher, com a única diferença observável residindo no movimento, vestuário e entonação. A fim de efetuar as discriminações estéticas corretas, e de fato, a fim de ter interesse em qualquer uma das peças por si mesma, preciso conhecer o suficiente sobre peças teatrais para perceber que sua identidade é em parte determinada pela identidade do que é representado, o que, por sua vez, é determinado por uma intenção, a qual, por sua vez, depende de um sistema de convenções e efeitos tradicionais. O interesse estético, por conseguinte, para sua plena expressão, dependerá de um conhecimento complexo de instituições humanas particulares, as instituições da arte, e o caráter da apreciação estética não pode ser plenamente descrito até que tenhamos descoberto o que a arte aporta para este último.

Diversas conclusões podem ser extraídas desse argumento. Entre outras coisas, podemos ver que a questão da identidade da obra de arte, afinal, não é completamente irrelevante para a estética. É uma questão arbitrária e sem interesse saber como especificamos o critério de identidade de qualquer obra de arte. Porém, não é arbitrário que esse critério deva ser escolhido com base em uma determinada gama de características. Assim, enquanto não importa absolutamente nada se chamamos as versões Folio e Quarto de *Hamlet* uma ou duas peças, importa se dizemos que *Hamlet* é constituído pelos gestos e movimentos de um dado conjunto de atores (por exemplo), em vez de uma *ação* particular, envolvendo a representação de coisas ditas e feitas.

Também podemos concluir que há algo de autoderrotante na insistência de Kant de que pelo menos algumas formas de apreciação estética são "livres de conceitos", no sentido de não dependerem de nenhuma classificação prévia de seus objetos como membros de uma classe. É claro, é verdade que a descrição sob a qual vejo o objeto de interesse estético não determina características relevantes (características relevantes unicamente do ponto de vista estético). E esse é um ponto importante, sendo uma de suas consequências que o termo "belo" não pode ser construído como um adjetivo "logicamente atributivo",[2] adjetivo cujo conteúdo é mais ou menos fixo para tipos específicos de coisas, mas que, de resto, é indeterminado. Assim, quando digo que X é belo, a questão "Belo como o quê?" não surge imediatamente. Porém, esse não era o ponto de Kant. Ele desejava afirmar que, para sua existência, a apreciação estética não depende de nenhuma classificação de seu objeto. E é claro que, se ele pensava assim, estava certamente errado. Kant mesmo parecia ter consciência parcial da dificuldade de efetuar uma distinção entre "beleza livre"

---

[2] Cf. P. T. Geach, "Good and Evil". *Analysis*, 1956.

(cuja apreciação não requer conceito) e "beleza dependente".[3] Como exemplos do último tipo de beleza, ele se referia principalmente a obras de arte. No entanto, sua discussão indica que a beleza de uma peça é considerada dependente não porque a apreciação depende de se ver o objeto estético como uma peça de teatro, mas porque ela depende de se ver a peça como uma representação.

Contudo, embora a distinção de Kant deixe assim de responder à presente dificuldade, apresenta interesse de outra forma. Pois mostra uma conexão entre nosso problema e outro que ocupará indiretamente boa parte da discussão nos próximos capítulos. Kant viu que precisava fornecer alguma resposta à questão: "Como posso apreciar uma obra de arte por si própria, ao mesmo tempo que a aprecio como representação de outra coisa?". É somente quando admitimos que o objeto de apreciação é visto sob uma descrição que encontramos resposta a essa questão. Isso porque podemos apreciar uma peça por si própria, ao mesmo tempo que a apreciamos *como representação*: na realidade, não há como entendê-lo de modo diferente. Por outro lado, a dificuldade que Kant sugere parecia tão grande que alguns filósofos descartaram completamente a representação, como uma ofensa contra a autonomia da arte. E, em resposta à dificuldade paralela criada pelo conceito de expressão, argumentou-se com frequência que o que é expresso por uma obra de arte não pode ser identificado, exceto em termos da própria obra de arte, de modo que o interesse na expressão não é interesse em algo além do objeto estético.

A seguir, mostrarei como a experiência da representação e da expressão faz parte de nossa experiência da arte: a apreciação da representação e da expressão são simplesmente casos especiais de interesse estético. É certamente assim que as tratamos na prática. Desse modo, estamos aptos a distinguir a expressão da associação em parte em termos do caráter potencialmente estético da primeira. Isso se manifesta

---

[3] Kant, *Critique of Judgement*. Trad. J. C. Meredith, Oxford, 1928, seção 16.

na linguagem apropriada ao reconhecimento de cada uma. Descrever a expressão é atribuir uma característica estética a uma obra de arte: digo que a obra é melancolia, ou que ela expressa melancolia. Descrever a associação não é atribuir uma característica, nesse sentido: digo antes que a obra de arte *me faz pensar em* algo. Claramente, portanto, consideramos a expressão como característica integral da natureza da arte, algo que experimentamos *na* obra e não por meio dela. Apreciar uma obra de arte como expressão não é apreciá-la simplesmente como meio de acesso à coisa expressa.

De maneira similar, o interesse na representação é um caso especial de interesse estético: a experiência da representação faz parte de nossa experiência da arte. A representação é mal compreendida se for tomada como meio para estimular ou satisfazer a curiosidade sobre o mundo, e, por esse motivo, e por nenhum outro, a fotografia e o jornalismo são avessos à arte. Como veremos, as capacidades envolvidas na apreciação da representação e da expressão não podem ser comparadas com a sede por conhecimento fortuito e por sentimento fácil, que às vezes se dirige à arte.

Capítulo 12 | Compreendendo a Arte

Fomos conduzidos à conclusão de que a apreciação da arte é em parte determinada por uma concepção de seu objeto. Isso abre caminho para teorias do interesse estético muito diferentes das nossas. Em particular, pode-se sustentar que, uma vez tendo adquirido o complexo conjunto de conhecimentos envolvido na compreensão da arte, não será mais possível tratá-la simplesmente como objeto de uma experiência particular – certamente, não como o objeto de uma experiência que poderia igualmente ser ocasionada por uma paisagem ou por uma flor. Pelo contrário, a arte se assemelha mais à linguagem, um modo de apresentação das ideias humanas, e só é importante em função das ideias ou experiências que expressa. A apreciação da arte envolve compreender um sistema de signos, e essa compreensão é uma capacidade cognitiva, mais que uma capacidade para qualquer tipo de sentimento ou experiência.

Ao que parece, portanto, a experiência da arte, diferentemente da experiência da beleza natural, envolve compreensão. Uma pessoa pode compreender, ou deixar de compreender, os *Quatro Quartetos* [Beethoven], ou a *Danaide*, de Rodin, mas dificilmente pode compreender ou deixar de compreender as montanhas da Catalunha, mesmo quando as julga belas ou feias. A compreensão parece ser um pré-requisito para a plena experiência da arte, e isso sugeriu a muitos filósofos que a arte não é tanto um objeto da "experiência" estética quanto um instrumento de conhecimento. Em particular, a arte tem o poder de representar a realidade e expressar a emoção, e é ao compreender essas propriedades especificamente artísticas que passamos a apreciá-la. No presente capítulo, passarei por cima dos problemas da representação e da expressão. Em vez disso, tentarei demonstrar – mediante o exemplo da música – que a noção de "compreender a arte" não é de modo algum tão evidente quanto a teoria cognitiva da apreciação estética parece implicar.

De que modo a noção de compreensão passou a ser aplicada à música? Uma sugestão é que a música é como uma linguagem, e precisa ser compreendida da maneira pela qual uma linguagem deve ser compreendida. Essa visão tem um apelo para o filósofo contemporâneo: ela dispõe inteiramente da ideia de que o ato de compreender uma peça musical deve ser analisado em termos de alguma experiência que acompanha a audição. Descrever a compreensão como uma "experiência" é fornecer uma descrição incipiente da linguagem.[1] A comparação da música com a linguagem, no entanto, não conduz a nenhuma teoria útil da apreciação musical. Embora a música seja semelhante à linguagem quanto a conter o que se pode chamar de sintaxe – regras para a combinação de partes significativas em todos potencialmente significativos –, ela é diferente da linguagem quanto a ser intrinsecamente "não interpretável". Na linguagem, a sintaxe é subserviente à semântica e pode ser explicada em termos desta última. A música, por outro lado, não possui semântica: não há nada (além de si mesma) que a música vise. Existem peças musicais significativas e não significativas, mas a diferença entre elas não deve ser encontrada em nenhum sentido que uma possua e da qual a outra careça. A linguagem vincula-se à verdade, e às exigências da expressão veraz. Logo, deve possuir uma estrutura semântica subjacente, que dite as transformações gramaticais permitidas

---

[1] Cf. Wittgenstein, *Zettel*. Trad. G. E. M. Anscombe, Oxford, 1967, seções 155-76.

no discurso comum. Em particular, a linguagem vincula-se inteiramente à lógica: sem a lógica, as dimensões da verdade e da referência cairiam por terra. Mas não há regras que *vinculem* a música, da maneira que a linguagem é vinculada por essas regras que tornam possível uma interpretação semântica. O que torna uma frase musical "significativa", como dizemos, não é a conformidade à regra. Pelo contrário, esse tipo de "significatividade", como a significatividade de um gesto, não é algo que possa ser capturado por regras. Não é, por conseguinte, o tipo de significatividade que deriva da referência e da predicação.

Pode-se sugerir que a música é mais próxima da matemática, quanto ao fato de que pode ser compreendida como um sistema não interpretado de símbolos, unidos apenas por regras internas. Porém, embora essa analogia seja útil para se opor a teorias que veem a "compreensão" somente em termos semânticos, não passa de uma analogia. O elemento central na compreensão matemática é a habilidade de ver que uma fórmula decorre de outra, e essa habilidade é bem diferente da habilidade de ver que uma nota ou acorde, em música, "segue-se da/do" anterior. É uma característica essencial da relação lógica de "segue-se de" (dedutibilidade) que, se q se segue de p, então ela *sempre* se segue de p, de modo que não é nunca errado, do ponto de vista matemático, embora possa ser inapropriado, pressupor q depois de p. O paralelo com a música se interrompe nesse ponto. Seria certo dar sequência a um acorde de Sol maior com sua sétima dominante na abertura de *Eine Kleine Nachtmusik* [Mozart], mas certamente teria sido errado fazê-lo em todo ponto ao longo da obra. Alguém que não tivesse compreendido isso – que queria ouvir o acorde de sétima de Ré depois de todo acorde de Sol maior – simplesmente não compreenderia o que estava ouvindo. De modo similar, a compreensão de uma prova matemática é indutiva. Se vejo que cada passo decorre do precedente, então vejo que a conclusão se segue das premissas. Contudo, posso ver como cada acorde separado em uma peça musical é uma sequência apta à precedente, e, ainda assim, ouvir a sequência toda como um contrassenso. (Isso ocorre com frequência ao ouvir Hindemith.) Minha compreensão de uma passagem em música não é uma consequência de minha compreensão de suas partes.

Finalmente, não podemos assumir que compreender música, no sentido normal, seja uma realização técnica. Uma pessoa pode possuir uma compreensão e amar a música ao mesmo tempo que ignora por completo a teoria, enquanto outra, bem-versada em harmonia e contraponto, pode ter tão pouca preferência, e tão pouco gosto para música, que seria de mau grado que a descreveríamos como alguém que compreende o que ouve. A música, para essa pessoa, é como um jogo abstrato, cuja essência é puramente estrutural. A compreensão musical, basicamente, envolve a habilidade de formar preferências, e a capacidade, às vezes, de usufruir o que se ouve. Não compreendo uma peça musical ao ser capaz de dela fornecer uma descrição completa mais que compreendo uma piada ao ser capaz de repeti-la palavra por palavra, sem o mais leve esboço de um sorriso. A questão à qual precisamos tentar responder, por conseguinte, é esta: que há na compreensão da música que nos leva a vincular a compreensão à habilidade de formar preferências de certo tipo?

É importante notar que não podemos nos referir aos animais como capazes de compreender música. Não dizemos, por exemplo, que os pássaros compreendem música, ou que compreendem as sequências que "cantam", mesmo que seja possível para um ser humano (Messiaen, por exemplo) compreender a canção do pássaro como música. O "comportamento musical" do pássaro simplesmente não alcança o tipo correto de complexidade. Talvez seja por essa razão que dizemos que um pássaro não possui nem melodia nem expressão. Por exemplo, um pássaro não pode desenvolver sua canção: ele só pode repeti-la, como uma caixa de música, com as mais acidentais variações. Além disso, e talvez seja essa a mais importante característica, não se pode dar muito crédito à ideia de que um pássaro escolheu *essa* sequência de notas entre as alternativas a sua disposição. A ideia de escolha não se aplica aqui – não podemos pensar no pássaro como a experimentar sequências de notas para ver qual se ajusta: ele apenas canta, e as notas vêm. Se ele repete o que canta não dizemos: "Ele deve ter gostado do som dessa frase", e certamente não: "Pergunto-me por que ele gostou do som dessa frase?". Dizemos: "É seu canto", e nada mais. Uma pessoa, por outro lado, preferirá uma frase a outra: certas coisas soam certas para ela, outras não, e é em virtude desse fato que o conceito de compreensão se aplica ao desfrute musical. É uma expressão, sofisticada, de compreensão musical que alguém deve compor, e compor não é algo que os pássaros possam fazer qualquer dia como se tirassem da cartola. Um homem sente que o desenvolvimento de determinada frase é correto, e isso é algo que um pássaro não pode sentir. Não parecem existir circunstâncias nas quais faça sentido dizer que o pássaro, ao continuar seu canto, esteja desenvolvendo algo já dado. Tudo que podemos dizer é que ele canta isso e, *então*, aquilo. Ele não canta isso *porque* cantou aquilo (exceto, talvez, em um sentido puramente casual). Em sentido algum o que ele já cantou fornece uma razão para o que canta depois.

A compreensão musical, portanto, envolve a noção de desenvolvimento racional. Sente-se que frases e notas se conectam entre si de várias maneiras. Como devemos analisar esse fenômeno? O principal ponto a apreender, segundo penso, é que a capacidade de compreender a música, nesse sentido, é uma capacidade auditiva: é uma questão de se ser capaz de ouvir certas coisas. Não é uma questão de se estar familiarizado com um corpo de princípios ou regras. Suponha-se, por exemplo, que eu deixe de compreender a escala de doze notas: eu simplesmente não compreendo por que qualquer nota que seja está onde está. Não me ajuda se me disserem que a nota precisa vir ali, digamos, porque a série se esgotou e a música precisa começar novamente. Se possuo um ouvido sensível, posso perceber que a Figura 12.1 esgotou todos as séries de doze notas, exceto uma nota – Sol sustenido. E, como resultado, posso aprender a antecipar Sol sustenido nesse ponto. Mas isso não significa que eu *ouça* a sequência como de algum modo incompleta, nem que fique particularmente satisfeito ou impressionado quando a sequência está completa e a "linha melódica" prossegue, como na Figura 12.2. De fato, isso pode soar ridículo para mim. Antes de poder apreender o sentido da passagem, necessito dominar todo um novo idioma, e, embora uma compreensão teórica possa ajudar-me a fazer isso, ela não é suficiente nem, em si mesma, necessária.

Figura 12.1. A. Webern: Variações *op.* 27

Figura 12.2.

Muitas pessoas aprenderam a apreciar a música em escala de doze notas ao compreender as analogias entre a teoria tonal e os princípios clássicos da estrutura musical. Os dois conjuntos e regras podem ser vistos, portanto, como constituindo tentativas similares de estabelecer as fronteiras de um espaço auditivo. Dentro dos limites impostos pela mídia, critérios análogos se aplicam, e felicidades análogas podem ser alcançadas. Mas compreender essa analogia não é ainda o mesmo que ouvir música em escala tal como deve ser ouvida. Até que as regras tenham sido traduzidas para experiências auditivas que façam sentido em si mesmas, elas necessariamente devem parecer arbitrárias.

Parece, portanto, que devemos tratar a compreensão musical, pelo menos em parte, como uma experiência auditiva. Essa capacidade pode ser mais bem estudada mediante um exemplo muito simples e básico: a compreensão de sequência e melodia. Quando ouço uma peça musical, ouço as notas como reunidas em frases e temas. Por exemplo, ouço os compassos de abertura de *Tristão e Isolda* como compostos de dois fragmentos melódicos justapostos, como na Figura 12.3, e não como a frase singular de Brahms da Figura 12.4, mesmo que essa segunda frase *possa* ser ouvida na passagem. Há, é claro, diferenças de timbre que separam os dois fragmentos da Figura 12.3, mas não é esse o fator determinante.

Figura 12.3. Wagner: Prelúdio de *Tristão e Isolda*

Figura 12.4.

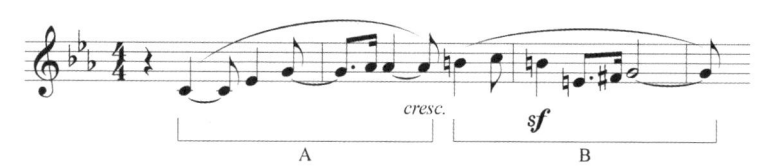

Figura 12.5. Prelúdio de *Parsifal*

Ouvem-se os brados iniciais corretamente mesmo quando tocados no piano, e além disso, há muitos exemplos de melodias que contêm timbres diferentes e cambiantes, como no fragmento de *Parsifal*, na Figura 12.5. Aqui, há não só uma mudança de timbre da primeira frase (A) para a segunda (B) (causada pela entrada de um oboé); há também uma clara mudança de tonalidade de Dó menor para Mi menor. Ainda assim, ouve-se a segunda frase como continuação natural da primeira.

Associados à compreensão musical, nesse nível bastante básico, há fenômenos como ouvir uma sequência de notas como uma melodia, ou como acompanhamento, ouvir uma melodia numa sequência de acordes, ouvir um tema como variação de outro, ou ouvir duas melodias simultâneas numa sequência de acordes (como se ouve as duas melodias da Figura 12.7 nos acordes da Figura 12.6), e assim por diante. Em comum a todos esses casos há a estreita relação entre "compreender" e algo que chamaríamos de maneira irrefletida de experiência.

Figura 12.6. Mozart, Quarteto de *Don Giovanni*

Figura 12.7.

Com efeito, se não fosse pela conexão com a atividade de compreender a música em geral, seria uma atitude desnecessariamente pedante falar em compreender uma sequência de notas como melodia, em vez de ouvir a sequência como uma melodia. Deve-se notar imediatamente, porém, que, quando falamos em ouvir, nesse contexto, não pretendemos dizer ouvir, mas *"ouvir como"*, e há bases para afirmar que "ouvir como" não é simplesmente uma experiência, da maneira que ouvir pode ser uma.

"Ouvir como" é um conceito interessante de nosso ponto de vista, em parte em razão de sua estreita relação com "ver como", e em parte em razão da luz que lança sobre a compreensão da arte em geral. Antes de tudo, descobrimos que não podemos analisar "ouvir como" em termos de ouvir: a diferença entre alguém que ouve uma sequência como melodia (ou como contendo melodia), e a pessoa que simplesmente a ouve como sequência de notas não é uma diferença no que ser se refere ao fato de que ambas as pessoas, separadamente, *ouvem*. Cada uma delas pode ouvir as mesmas notas, e, em prol do argumento, podemos imaginar que cada uma delas seja capaz de dizer que notas são. Pode parecer, à primeira vista, que isso é muito extremo. Pois como poderia alguém discriminar sons tão completamente e, ainda assim, ignorar melodias? Mas, na realidade, não precisamos supor uma incapacidade tão geral. Sabemos de muitos casos particulares nos quais até mesmo o mais sofisticado ouvinte pode deixar de ouvir uma sequência como melodia, mesmo sabendo exatamente o que ouve. Na passagem de Brahms da Figura 12.8, é impossível não estar totalmente consciente da poderosa linha de baixo, com suas oitavas enfáticas se contrapondo à parte aguda que se dissolve. No entanto, quantos ouvintes são capazes de ouvir a melodia do agudo repetida nessas oitavas em surdina? Pode exigir considerável esforço ouvir essas notas como melodia, mesmo que, em razão da natureza mesma do caso, já se saiba que melodia é. A diferença entre ouvir essa sequência como melodia e ouvi-la como um amontoado de notas desconexas é uma diferença quanto à experiência, e não quanto a seu objeto (material). Qual é essa diferença? Não é que, na mente de uma pessoa, as notas permaneçam de tal maneira que ela as ouve com as notas que se seguem.

Figura 12.8. Brahms: Variações sobre um tema de Robert Schumann

    Ouvir a melodia dessa forma seria ouvi-la como acorde. Tampouco se trata de uma diferença de memória: ambos os sujeitos podem, cada um, lembrar-se do que ocorreu antes, à medida que ouvem as novas notas serem tocadas.

Suponha-se, porém, que tentemos explicar a noção de "ouvir como" em termos do "ver como" analisada no Capítulo 8. Uma diferença evidencia-se de imediato. Pois se diz às vezes que ver um retrato, como um homem, por exemplo, é vê-lo de acordo com um conceito: é "aplicar um conceito" a sua experiência visual. Contudo, isso só começa a se parecer com uma explicação de "ver como" porque somos capazes de identificar de maneira independente qual é o conceito de acordo com o qual o retrato é visto. Nossa posse do conceito "homem", portanto, pode ser construída como logicamente anterior a nossa habilidade de reconhecer o aspecto-homem em um retrato. É útil, porém, estudar o caso de "ouvir como" em parte porque ele demonstra a inadequação dessa abordagem do "ver como", e, ao fazê-lo, isso nos conduz a um maior refinamento da teoria da percepção do aspecto fornecida no Capítulo 8. O caso de ouvir notas como uma melodia é diferente do caso de ver um grupo de padrões coloridos como um homem, tendo em mente que não possuímos acesso independente ao conceito de melodia. Tudo que sabemos das melodias deriva de nossa capacidade de ter *esse* tipo de experiência (se "experiência" for a palavra apropriada). Ouvir uma sequência como uma melodia se assemelha mais a ver um grupo de linhas como um padrão ou figura que a ver um padrão de linhas como um rosto. Aqui, a "organização" da experiência não pode ser descrita em termos da aplicação de algum conceito independentemente especificável.

Ora, alguém pode ainda desejar construir a diferença que estamos tentando definir conceitualmente: em termos do conceito de uma melodia (ou, no caso visual, o conceito de um padrão ou figura). E a aplicação desses conceitos poderia ser suportada pela aplicação de vários outros – como os de continuação, de desenvolvimento, de uma frase de resposta e de pausa. É importante ver por que essa resposta é errada. A ideia da aplicação de conceito é a de classificar. Mas, suponha-se que cada um de nossos dois sujeitos tenha classificado sequências como melodias, ou o contrário: devemos assumir que suas classificações serão necessariamente diferentes apenas porque um deles ouve a melodia e o outro não? De qualquer modo, parece que invertemos a ordem natural das coisas: é como se estivéssemos tentando analisar a diferença entre a pessoa cega e a que enxerga puramente em termos de certas capacidades conceituais. Se existem diferenças em suas capacidades conceituais (e não está claro que precise haver), isso se deve a algumas outras diferenças, que são, em certo sentido, anteriores. O caso é exatamente similar ao do homem musical e o do homem não musical.

A despeito dessa falta de analogia com os casos do "ver como" anteriormente considerados, descobrimos que ouvir uma melodia possui propriedades formais da mesma ordem daquelas da percepção de aspectos em geral. Considere-se a melodia da Figura 12.9, do *Rigoletto* de Verdi.

Figura 12.9. Verdi: "Caro Nome", de *Rigoletto*

Figura 12.9a.

Em certo sentido, isso não passa de uma sequência separada de notas, que se mantêm distantes de suas vizinhas por pausas tão longas como elas mesmas. Ainda assim, ouve-se um processo iniciado na primeira nota e conduzido até a última – além disso, pode-se dividir o processo em episódios definidos. O segundo parece responder ao primeiro, e assim por diante.

Ora, o que é ouvir uma melodia começar? É aqui que a analogia com o "ver como" chama mais atenção. Claramente, não é adequado apenas pensar em determinada melodia como sequência, uma vez que posso ter esse pensamento antes ou depois de ouvir, ou deixar de ouvir, o início de uma melodia, e isso em si não afetará a questão de saber se ouvi ou não o início. Além disso, ouvir algo como melodia não só possui um início preciso no tempo: também possui uma duração precisa. Em outras palavras, tem o tipo de relação com a sequência temporal que geralmente pensamos como característico de experiências (como as experiências sensoriais e as sensações corporais). Mais uma vez, a característica da variável intensidade também pode ser atribuída ao "ouvir como". Minha experiência de uma melodia pode ser mais ou menos vívida que minha experiência de outra, ao mesmo tempo que é tão total, convincente e completa quanto ela. É o que ocorre na Figura 12.9, em que há duas melodias tocadas simultaneamente, separadas pelo intervalo de uma sexta. Porém, é inegável que a experiência de uma é mais intensa que a experiência da outra: a melodia superior permanece, enquanto a de baixo é um mero eco, sem vida própria. Isso não é simplesmente uma consequência do fato de que a melodia marcante está na parte superior: qualquer parte pode adquirir caráter vívido, independentemente do que ocorre acima ou abaixo dela – se não fosse assim, o contraponto seria impossível.

Mas se dizemos que "ouvir como" é uma experiência, tal qual "ver como", então é uma experiência de um tipo peculiar, como é mostrado pelo fato de que não podemos atribuir semelhante experiência (tal como já argumentei anteriormente) a um animal, por mais que este possa, literalmente, ouvir. "Ouvir como" tem em comum com "ver como" uma relação formal com o conceito de pensamento (não asserido). Está, por exemplo, em alguma medida, sob controle voluntário. Posso às vezes me impedir de ouvir uma sequência de notas como melodia; ou posso voluntariamente reunir notas de maneiras contrastantes ou conflitantes. Há duas maneiras de ouvir a bela passagem das *Variações Diabelli* fornecida na Figura 12.10: pode-se ouvir a sequência tal como agrupada na Figura 12.10, ou tal como agrupada na Figura 12.11, e, dependendo de como se ouve, o final notável soará relaxado ou tenso. As sinfonias de Beethoven (a Quarta, em particular) são abundantes em efeitos similares, e alguém que não conseguisse submeter sua experiência auditiva ao tipo apropriado de controle voluntário seria incapaz de apreciar a sutileza característica de sua construção.

Além disso, não posso dizer que ouvi uma melodia em uma sequência de notas se não sou capaz de dizer nada, em qualquer ponto, sobre o que ocorreu antes (por exemplo, se o tema estava em progressão ascendente ou descendente em direção à nota, se era em ritmo lento ou rápido, e assim por diante). Em particular, posso ser capaz de dizer se as frases que acabei de tocar correspondem ao que fora previamente ouvido: de outro modo, é possível colocar em dúvida se ouvi a sequência como melodia.

Figura 12.10. Beethoven: *Variações Diabelli*

Figura 12.11.

Em outros termos, preciso estar atento ao que ouço se quiser ouvi-lo como melodia: "ouvir como", tal qual a diversão, é um modo de atenção, e isso sugere que possui a mesma relação próxima que a diversão tem com o conceito de pensamento. Isso, mais uma vez, diferentemente das experiências normais envolvidas na audição ou na visão. Sugere também que uma das principais expressões do "ouvir como" residirá no que é dito: a esse respeito, o caso é novamente um tanto quanto similar a "ver como".

Essa conexão intuitiva com o pensamento é exemplificada na racionalidade da compreensão musical: meu conhecimento de uma peça musical pode influenciar a maneira pela qual a ouço, fornecendo razões (e não somente causas) para que eu a ouça de certa maneira. Para voltar à Figura 12.9: essa melodia cria em mim certas expectativas harmônicas – derivadas da sexta paralela – e a ouço de acordo com esse padrão harmônico. O salto de uma sexta, portanto, pode adquirir um caráter "lógico" o qual, em outros contextos, não possuiria, e o floreio decorativo das sextas, na frase final da melodia, parece inteiramente natural. Nós o ouvimos como natural pelo que aprendemos a esperar. De modo similar, nosso conhecimento de um tema pode nos capacitar a ouvi-lo numa variação: ouvir uma variação envolve um tipo particular de processo de pensamento. Não é suficiente – nem tampouco necessário – lembrar a melodia original ao ouvir a variante, nem é suficiente pensar na variante como similar (uma vez que existem muitas melodias similares que não se relacionam na forma de tema e variação). Ao ouvir uma variação, nós a ouvimos como o tema original: podemos reconhecer nela a melodia inicial. (Compare-se pensar em alguém que se parece com o pai, e então ficar impressionado pela similaridade, de modo a ver o pai nas feições do filho.) Esse processo é racional no seguinte sentido: ouvir o novo tema como variação (ouvir o excerto da Figura 12.9a como uma variação da terceira frase da Figura 12.9, por exemplo) é como descobrir uma relação entre os dois temas. Porém, a característica particular é que essa relação é algo que ouvimos: nós não nos limitamos a "ter em mente" o que ouvimos – ela vive nas próprias notas. Se essa "transformação" – como poderia ser chamada – do pensamento em experiência não fosse possível, então dificilmente poderia haver algo como a crítica de música abstrata. Porém, a racionalidade do pensamento é transmitida às experiências que dependem dela: ao ler crítica, por exemplo, posso ter minha atenção chamada para similaridades e relações entre temas que – às vezes por um esforço de vontade – sou posteriormente capaz de ouvir nos próprios temas. Como resultado desse processo, toda a minha apreciação de uma peça musical pode ser inteiramente alterada. Quer eu tente ou não ouvir certas relações, ou que elas se tornem importantes para mim de qualquer modo, dependerá em grande parte de minha noção de sua importância. O que é mais importante em música é claramente a maneira pela qual uma apreensão intelectual da estrutura e do significado podem se tornar parte de uma experiência auditiva como essa. Nas palavras de Hegel: "o apelo da música reside na unidade formal transferida pela unidade da consciência para o processo temporal, e é assim reenviada, como eco, para nossa vida consciente".[2]

Antes de extrair conclusões sobre a natureza da compreensão musical, devemos refletir um pouco sobre a discussão anterior do "ver

---

[2] Hegel, *The Philosophy of Fine Art*. Trad. Osmaston, vol. 1, London, 1920, p. 333-34.

como". Argumentei que ver X como Y é de alguma maneira semelhante a pensar em X como Y; por outro lado, tentei mostrar que, na medida em que pode ser útil conceber a percepção de aspectos como a "encarnação" temporal de um pensamento, devemos reconhecer que o pensamento ele próprio não pode ser jamais plenamente especificado independentemente da "percepção" na qual está incorporado. Podemos ver agora que há casos – a audição de melodias e a visão de padrões – nos quais o elemento de pensamento se reduziu a algo inteiramente formal. Não há como alcançar nem mesmo uma descrição parcial do *conteúdo* do pensamento musical: podemos apenas apontar, mais uma vez, para a experiência na qual ele está "incorporado". Ainda assim, as propriedades formais do pensamento permanecem, afastando a experiência da música do domínio da mentalidade meramente animal. Por conseguinte, levamos a ideia de um pensamento perceptual bem além do ponto no qual ele poderia até mesmo ser indicado separadamente de uma percepção. E o que é interessante é que semelhantes percepções impregnadas de pensamento parecem se situar no centro de nossa compreensão da arte. É por podermos ver padrões e figuras que podemos ver a representação na pintura, e é por podermos ouvir melodias e sequências que podemos ouvir expressão na música. Em outras palavras, as mídias de pintura e música, por sua natureza, estão abertas exatamente ao tipo de interpretação imaginativa da experiência que situamos no centro da atitude estética: a possibilidade de apreciação estética é intrínseca às próprias mídias.

Vale a pena tocar em outro problema relativo à ideia geral do "ver como", um problema sobre o qual passei por cima no Capítulo 8, mas que pode agora ser abordado mais diretamente. Pode-se perguntar: qual é a diferença precisa entre uma pessoa que ouve uma melodia numa sequência de notas e aquela que não o faz? A descrição intuitiva de "ouvir como" que forneci é em parte fenomenológica: ou seja, repousa em metáforas que tentam transmitir *como* é a "experiência" sem indicar como se pode *atribuir* semelhante experiência. Qual é a base publicamente observável para atribuir experiências desse tipo? É razoável supor que essa base terá alguma similaridade com as circunstâncias nas quais atribuímos percepções normais (visão, audição, etc.), e também alguma similaridade com as circunstâncias nas quais atribuímos pensamentos. Ora, a atribuição de pensamentos exige certo comportamento de fundo. Só posso atribuir pensamentos matemáticos a alguém que seja capaz de exibir certa dose de competência matemática. De modo similar, é preciso haver uma base reconhecida de "comportamento musical" antes que se possa atribuir a alguém experiências musicais, e esse comportamento, sob certos aspectos, será como o comportamento básico do pensamento. Envolverá preferências, escolhas, atividade intencional, uma noção de certo e errado. Pode-se argumentar que nenhuma base similar é pressuposta na atribuição de experiência sensorial (mesmo que *algum* tipo de base seja requerida). Da mesma forma que uma pessoa não pode compreender uma piada a menos que possua senso de humor, ou compreender uma prova a menos que possua um domínio da matemática, ela não pode compreender uma melodia a menos que seja, de alguma forma, musical. Em outros termos, ao tentar elucidar a noção de compreensão musical, somos imediatamente reduzidos às capacidades de desfrute e apreciação que tentamos descrever. Não há processo na compreensão musical que não possa ser assimilado a nossa explicação da experiência estética. Note-se que certas importantes consequências se seguem da comparação com "compreender piadas"; entre outras coisas, a música é como o humor no fato de que há mais de uma maneira de ser musical. O fundamento do comportamento musical é culturalmente determinado, e seu lugar no pensamento e no sentimento humanos é fornecido por seu lugar numa cultura como um todo. De modo similar, a compreensão musical, como o senso de humor, pode ser educada e desenvolvida; também pode ser "moralmente" refinada, de certas maneiras que não tentarei indicar.

Agora, se retornarmos ao problema original – qual a diferença entre a pessoa que ouve a melodia e aquela que não ouve? –, veremos que pode ser muito difícil descrever essa diferença em termos do que podemos observar no momento. Pois ambos ouvem as notas da melodia, e ambos podem atentar para o que ouvem. Se, portanto, nós nos apoiarmos somente nos critérios normais de experiência auditiva, podemos ser obrigados a afirmar que ambas as experiências são idênticas. A diferença pode residir apenas no fundamento do "comportamento musical". Insistir que deve haver alguma diferença adicional no momento de ouvir é cometer um erro sobre a natureza do pensamento. A única razão pela qual podemos situar o "ouvir como" no tempo, com alguma precisão, é porque ele possui um elemento de experiência que traz consigo as propriedades normais de ocorrência exata e duração precisa. Porém, isso não é suficiente para a atribuição do "ouvir como" que devamos situar uma mera experiência – "ouvir como" partilha algumas das propriedades do pensamento, e o pensamento não precisa se relacionar com a sequência temporal exatamente da mesma maneira. A plena diferença entre nossos dois sujeitos só pode aparecer mais tarde, no que eles dizem ou fazem. No entanto, isso não pode ter por implicação que a diferença entre eles não será logicamente adequada como base para descrever sua "experiência" de modo diferente.

Sustentei que a compreensão musical envolve certas capacidades de experiência que, de algum modo, são *sui generis*. A discussão se concentrou em apenas uma delas, mas claramente há muitas outras: por exemplo, a capacidade de compreender o sentido e a direção de um intervalo. Com base nessas capacidades elementares, há toda uma estrutura de desfrute racional, cuja descrição constituiria uma tarefa formidável. Entretanto, se alguém perguntasse qual o valor das "experiências" a que me referi, então seria necessário tentar uma descrição da apreciação musical como um todo. O que é importante para os presentes propósitos é a conclusão de que "compreensão" é aqui em parte um conceito da experiência, e que sua análise não envolve nenhum afastamento da descrição de apreciação estética já fornecida.

O que é verdade em relação à música é verdade em relação à arquitetura: a compreensão de formas arquitetônicas não pode ser elucidada unicamente em termos teóricos. Precisamos experimentar o equilíbrio de massas na Basílica de São Pedro e ver o ritmo das colunas em Santo Espírito.[3] Se a arquitetura possui significado que se estende além do que está envolvido nessas experiências, isso se deve ao fato de que adquirimos anteriormente as capacidades básicas implicadas por essas experiências. A significação mais profunda dessas construções, como aquela das pinturas e sinfonias, deve ser descrita em outros termos: precisamos nos referir às características da representação, expressão, imitação e o restante. É com esses conceitos, portanto, que nossos problemas lidam principalmente.

À primeira vista, no entanto, pode parecer que a explicação da compreensão musical dada acima possa ter pouco a ver com a compreensão da literatura. Aqui, é preciso dizer, o que chamamos de compreensão *deve* ser separado da mera "experiência" de seu objeto. Vale a pena ir ao encontro dessa objeção, uma vez que ela serve para mostrar a peculiaridade da relação da literatura com a experiência sensorial.

Em primeiro lugar, compreender um poema não é compreender o que ele literalmente significa: o poema de Blake *The Sick Rose* [A Rosa Doente] expressa um pensamento que pode ser apreendido por qualquer um com conhecimento da língua, entenda ou não esse texto como um poema. Embora alguém possa não compreender um poema – *A Nocturnal upon St. Lucie's Day*, por exemplo, ou *Une*

---
[3] Desenvolvo de modo mais amplo em outro lugar, mediante análise da experiência arquitetônica e sua relação com a experiência da música. Ver "Architectural Aesthetics". *B.J.A.*, 1973. [A Basílica de Santo Espírito situa-se em Florença, Itália, com projeto de Filippo Brunelleschi. (N. T.)].

Saison en Enfer[4] – porque não compreende o que o poema diz, é um lugar-comum da crítica que existe mais compreensão literária que literal. Por outro lado, também se diz que compreender o *pensamento* expresso pelo poema de Blake é compreender mais que seu sentido literal (ou seja, passível de paráfrase). O pensamento poético é mais sutil, e possui muitos níveis por baixo da superfície literal. Ainda assim, pode-se argumentar que compreender não deixa de ser cognitivo, pelo fato de ser forçado a ir além da significação meramente literal das palavras.

Essa teoria, embora persuasiva, emprega uma noção de "pensamento" que obscurece o problema com o qual estou tentando lidar. No sentido em que alguém pode compreender o pensamento de um tratado científico ou histórico, a identidade de um pensamento é assegurada não pela identidade de sua expressão, mas pela identidade das condições para sua verdade. Em outras palavras, a identidade do que é dito, no caso normal, é independente da identidade de expressão. Negar a distinção entre pensamento e expressão em poesia é negar que o interesse em poesia seja meramente um interesse no que é dito (nas proposições ou pensamentos que são expressos). Assim, vemos Eliot defendendo que a poesia metafísica expressa não o pensamento, mas seu equivalente emocional, uma vez que a emoção, diferentemente do pensamento, pode (logicamente) ser pensada como constituída por uma expressão singular. Porém, essa ênfase na "particularidade" de uma emoção repousa, como argumentei no Capítulo 6, em um mero jogo de palavras: é certamente a explicação mais vazia do motivo pelo qual as palavras do poeta não podem ser parafraseadas sem perda de "sentido". Tudo o que essa abordagem nos ensina é que compreender um poema é possuir conhecimento do pensamento ou sentimento que é expresso por ele, logo, "pensamento" e "sentimento" estão sendo

---

[4] *A Nocturnal upon St. Lucie's Day*, de John Donne (1573-1631) e *Une Saison en l'Enfer*, único livro publicado em vida por Arthur Rimbaud (1854-1891). (N. T.)

usados de tal maneira que nenhum deles pode ser considerado separável de uma dada forma de palavras. E isso simplesmente nos traz de volta ao problema principal: o que é compreender a forma particular de palavras que constitui o poema?

Podemos notar, em primeiro lugar, que assim como no caso da música, a compreensão da poesia traz consigo uma gama de preferências: certas maneiras de continuar uma linha parecem mais apropriadas que outras, mesmo que o "pensamento" que é expresso possa ser, em cada caso, o mesmo. Além disso, essas preferências envolverão a *performance* do poema: maneiras de lê-lo. (Esse argumento não é afetado pelo fato de que a poesia não precisa ser lida em voz alta.)

Tomem-se as seguintes linhas de *Absalom and Achitopel*: "Então, o Monarca de *Israel*, após o Céu o próprio coração / Seu vigoroso calor, de várias maneiras, partilhou / Com Viúvas e Escravos; E, amplo como seu Comando, / Espalhou a Imagem de seu Criador ao longo da Terra".[5]

Será parte de minha compreensão dessa passagem que eu deseje lê-la de certa maneira, reconhecendo as vírgulas na segunda linha, pausando na falsa rima de "*And*", enfatizando a primeira sílaba de "*Scatter'd*" de tal modo que a linha parece correr para longe dela até o fim. Meu desejo de ler o poema dessa maneira é uma consequência direta de meu conhecimento do que ele significa: sinto que o som se ajusta ao sentido. Claramente, portanto, a experiência de ouvir as palavras de certa maneira pode ser uma parte da compreensão. É verdade, houve tentativas de explicar a experiência da literatura em termos de uma apreensão básica de estrutura e padrão, da mesma

---

[5] *Absalom and Achitopel*: poema satírico cuja primeira parte é atribuída a John Dryden (1631-1700). Tradução livre dos seguintes versos: "Then, *Israel's* Monarch, after Heavens own heart, / His vigorouswarmth did, variously, impart / To Wives and Slaves: And, wide as his Command, / Scatter's his Maker's Image through the Land". (N. T.)

forma que poderíamos explicar a experiência da música,[6] mas semelhantes tentativas cortejam o absurdo, ao deixar de esclarecer que apreciamos a poesia pelo que ela significa, e não, principalmente, por seu som. Experimentar a poesia como puro som é não compreendê-la. Tampouco compreendemos poesia pensando nela como uma combinação de dois elementos separáveis – som e significado – com critérios independentes de sucesso. É precisamente quando ambos os elementos podem ser separados que a poesia degenera em expressão bombástica, como em Dylan Thomas.

No entanto, as experiências de "Gestalt" próprias da música e da pintura também encontram sua réplica na apreciação da literatura, e se trata de uma réplica de um tipo particularmente interessante. Pois a habilidade que se tem de ouvir palavras de certa maneira não pode ser descrita independentemente da apreensão que se tem de seu significado: a experiência da linguagem e a "experiência" do significado são inseparáveis. Não obstante, é verdade que, ao ouvir ou ler palavras, nós as "agrupamos" de várias maneiras, e esse "agrupamento" é parte da experiência de ouvir ou ler, assim como a percepção de uma melodia é parte da experiência de ouvir as notas que a constituem. Com efeito, a experiência de "agrupar" as palavras nos é tão familiar que tomamos emprestado o vocabulário com o qual geralmente nos referimos a elas para descrever a "Gestalt" musical: dizemos que uma frase é como uma sentença, ou uma questão (cf. o *Muss es Sein?* ["É preciso ser assim?"] do Quarteto em Fá opus. 135, de Beethoven); falamos da "pontuação" musical, de "frases" musicais, etc. Ainda assim, nosso "agrupamento" de palavras também faz parte de nossa concepção de seu sentido: ouvimos como reunidas essas palavras que parecem formar uma totalidade significativa. Isso é assim compreendamos ou não as palavras: nós "fraseamos" uma língua

---

[6] Um exemplo desse procedimento pode ser encontrado em D. W. Prall, *Aesthetic Analysis*. New York, 1936, cap. IV.

estrangeira dessa maneira, mesmo antes de compreendê-la. É sob esse aspecto que a poesia se diferencia das outras artes. Nossa experiência da poesia não surge unicamente com base naquilo que é dado aos sentidos, mas é consequência de nossa compreensão anterior da mídia da poesia como meio de discurso, com uma dimensão semântica que não pode ser afastada. Dessa forma, embora a apreciação da poesia, assim como a apreciação de todas as artes, seja essencialmente perceptual, vemos que sua relação com os sentidos é ao mesmo tempo mais sutil e mais abstrata que com as das demais artes.

No centro de nossa compreensão da métrica e da dicção poéticas, portanto, reside uma variedade de experiência não inteiramente diferente do "ouvir como" que determina o desfrute musical. E, com efeito, descobrimos que, em todo ponto em que um poema apresenta algo que precisa ser compreendido, a compreensão passa a repousar numa "experiência", e não numa mera hipótese ou paráfrase. Não é o sentido, mas o impacto do verso "Veja, veja, onde o sangue de Cristo escorre no firmamento!"[7] que exige a sílaba adicional. E, se há um sentido no qual a poesia é "intraduzível" é porque inevitavelmente ouvimos as palavras como "preenchidas com seu sentido" quando atentamos a elas esteticamente. Certa palavra soa correta em determinado lugar, e, na apreciação estética, soar correto é soar insubstituível. Nos belos versos de Mallarmé "Que não! pela imóvel e preguiçosa pasmaceira/ Sufocando de calores na manhã fresca se ele luta",[8] experimentamos um peso na palavra "suffoquant" ("sufocando" que desapareceria se tentássemos pôr "étouffant" ("abafando") em seu lugar. E é essa experiência de peso que constitui nossa compreensão do poema – nossa compreensão de seu espírito.

---

[7] "See, see, where Christ's blood streams in the firmament!", verso de *Doctor Faustus*, de Christopher Marlowe (1564-1593). (N. T.)

[8] "Que non! par l'immobile et lasse pâmoison / Suffoquant de chaleurs le matin frais s'il lutte." (N. T.)

Sem essa ênfase na experiência estética, é muito difícil, de fato, explicar a natureza da crítica. Mesmo as comparações do historiador da arte têm como objetivo a transformação da experiência. Tome-se o seguinte exemplo: confrontado com o *Adão*, de Cranach, posso estar disposto a tratar a figura à maneira dos nus renascentistas, cuja nudez faz parte de sua essência, o sinal de uma confiança física e moral. Porém, ao ler a análise de Wölfflin, eu me sinto menos disposto a ver a pintura de Cranach dessa maneira.[9] Agora, terei consciência de sua analogia com a arte gótica. A figura se aproximará em meu pensamento não daquelas dos contemporâneos italianos de Cranach, mas do *São Sebastião* de Martin Schongauer, com sua forma delicada, e o fluxo unificado de corpo, árvore e as roupas esvoaçantes dos quadris, e daí à tradição da tapeçaria gótica, com sua ênfase na linha, a expensas da estrutura. Como resultado dessa comparação, vejo a fragilidade da figura de Cranach mais fortemente enfatizada. Com efeito, dificilmente será possível, agora, ver Adão como naturalmente nu: ele parecerá com alguém que é incapaz de abraçar a si próprio por falta de roupas. O Adão de Cranach possui uma vulnerabilidade da qual nem mesmo o Adão de Masaccio chega perto. Pode-se afirmar que, tal como compreendo a pintura, e a tradução por trás dela, seu aspecto começa a mudar. Mesmo aqui, o complexo processo de comparação repousa numa "experiência". E, pelo menos formalmente, essa experiência é análoga ao processo de compreender música.

Isso não significa que não há nada mais envolvido na compreensão da arte que a habilidade de "perceber corretamente". Há um sentido no qual ninguém que não tenha familiaridade com a experiência religiosa pode compreender os últimos quartetos de Beethoven, ninguém que ignore a civilização medieval pode compreender a *Divina Comédia*, e ninguém que não seja versado em atitudes da Contrarreforma pode compreender o Oratório de

---

[9] Heinrich Wölfflin, *The Sense of Form in Art*. New York, 1958, p. 21-85.

Borromini. No entanto, devemos ser capazes de provar que, mesmo aqui a interpretação conduz à experiência, no sentido de que somente quando o conhecimento altera a experiência de uma obra de arte ele se torna parte da própria compreensão. Porém, isso nos deixa com um novo problema. Os níveis adicionais de significação que afetam nossa compreensão da arte – os níveis de representação e de expressão, por exemplo – parecem exigir exatamente o tipo de análise cognitiva do interesse estético que combati neste capítulo. Logo, precisamos voltar nossa atenção para a representação e a expressão, e tentar descrever seu lugar na apreciação da arte.

Capítulo 13 | Representação

À primeira vista, parece natural explicar a representação e a expressão em termos de uma teoria inteiramente cognitiva da apreciação, e isso entrará em discordância com qualquer visão – como a nossa – que dê preferência à experiência estética. Pois a representação e a expressão parecem ser propriedades semânticas – maneiras pelas quais uma obra de arte se refere para além de si mesma a objetos e propriedades às quais não é idêntica. Ver o que uma obra de arte representa ou expressa, portanto, pode ser como ver a que uma sentença se refere: pode envolver aprender a compreender a obra de arte como um símbolo entre outros, com uma função primariamente referencial. Compreender uma obra de arte será análogo a compreender uma sentença: envolverá uma apreensão de certas proposições sobre os objetos representados e os estados de espírito expressos. E é tentador dizer que, uma vez alcançada essa compreensão, grande parte do significado de uma obra de arte foi apreendido. Se, portanto, uma parte tão grande da significação de uma obra de arte deve ser dada exclusivamente em termos de propriedades semânticas, como podemos sustentar que compreender e apreciar uma obra de arte não é uma questão primariamente cognitiva – que não é, por exemplo, como compreender o significado de uma sentença?

Essa nova forma de teoria cognitiva deve ser distinguida daquela que explicou a apreciação estética como a "percepção" de características estéticas. A concepção semântica não restringe a apreciação a um conhecimento de características específicas de seu objeto. O que se conhece, segundo a teoria semântica, não é um fato sobre a obra de arte propriamente dita, embora a apreciação dependa de ter algum conhecimento sobre a obra de arte. Com as obras de arte não aprendemos sobre elas mesmas, mas sobre o mundo ao qual se referem. Trata-se de sistemas de símbolos que nos transmitem, como a linguagem o faz, uma consciência do mundo no qual vivemos. Logo, a teoria semântica pode oferecer um retrato mais inteligível da apreciação estética que a teoria da percepção estética, discutida no Capítulo 3.

Tratar a apreciação estética como uma espécie de cognição não é novidade alguma, é claro. Talvez o expoente mais famoso de semelhante concepção tenha sido Hegel, que concebia a arte como um modo de conhecimento humano, comparável ao pensamento filosófico; a arte procura atingir uma ordem na experiência mediante a realização de um conceito incorporado. Para Hegel, bem como para os idealistas em geral, não pode haver uma distinção nítida entre estados mentais cognitivos e não cognitivos. Toda vida mental é um modo de pensamento, uma tentativa de impor ordem ao fluxo da experiência, e conhecimento é a realização bem-sucedida de uma ordem que, de outro modo, não existiria. Concepções similares encontraram expressão em obras de estética na tradição analítica: em *Sentimento e Forma* [*Feeling and Form*], de Susanne Langer, por exemplo, e, de maneira mais notável, em *Linguagens da Arte* [*Languages of Art*], de Nelson Goodman. É interessante que Goodman – a cujas concepções me referirei várias vezes neste e no próximo capítulo – assume muitas das premissas idealistas. Em particular, ele recusa reconhecer uma clara divisão entre estados mentais cognitivos e não cognitivos. Ataca a concepção, que associa com tentativas de descrever a apreciação estética em termos da "empatia", de que as emoções são essencialmente *contrastadas* com o pensamento. Pelo contrário, segundo ele afirma, a emoção é ela mesma um modo de cognição.[1] Assim, mesmo se encontramos argumentos para afirmar que a emoção tem um grande papel a desempenhar na apreciação estética, isso não mostra que a apreciação estética não seja uma busca pela verdade. Para Goodman, bem como para o idealista, as atitudes científica e estética são membros congruentes de um único espectro; o motivo de cada um é a curiosidade, e o fim, a consciência.

Há algum interesse em examinar a abordagem semântica da representação, uma vez que a teoria semântica apresenta um questionamento direto a tudo o que foi dito até agora. Se a teoria dos capítulos anteriores estiver correta, então parece que o propósito da representação será o de guiar a imaginação, de modo que os pensamentos envolvidos no interesse estético se referirão a objetos predeterminados. Porém, estar interessado em um objeto como representação não é estar necessariamente nele como meio para apresentar esses pensamentos. Pelo contrário, os próprios pensamentos podem estar essencialmente ligados com a percepção de um objeto estético, à maneira do "ver como". Ver um objeto como representação é vê-lo sob uma descrição, a qual pode ser parte das razões que se tem para observá-lo e, portanto, parte da base do interesse estético. No entanto, somente certas maneiras de analisar a "representação" serão compatíveis com esse ponto de vista kantiano. Em particular, descobriremos que nossa análise deve restringir o lugar da "verdade" no interesse estético. Além disso, a representação pode ocorrer de diversas maneiras, de acordo com o meio – mediante a apresentação de aspectos na pintura, por exemplo, ou mediante descrição direta, em obras de literatura. Também precisamos mostrar que essas formas separadas (retrato e descrição), do ponto de vista estético, são análogas.

Para a teoria semântica, não há dificuldade em mostrar isso. Sustenta-se que a analogia se apoia no fato de que o retrato e a descrição

---

[1] Goodman, *Languages of Art*. London, 1969, p. 248.

são ambos simbólicos e devem ser compreendidos semanticamente. Com efeito, será por intermédio do estudo da representação que um defensor da teoria semântica desejará mostrar que nossa compreensão das pinturas se assemelha a nossa compreensão das palavras. Isso parece estar a uma pequena distância de descrever tanto a representação como a expressão em termos apropriados a nossa compreensão comum de símbolos e signos. Mesmo que precisemos concluir que há algo de especial em nossa compreensão da arte – de modo que as obras de arte sejam, digamos, apenas símbolos "presentacionais"[2] –, pode ainda ser o caso que descobrimos na teoria do simbolismo a chave muita, senão de toda nossa compreensão das formas de arte, bem como muito do valor e significação da arte.

A teoria semântica parte da premissa de que nenhuma explicação do retrato em termos de semelhança, ou em termos de similaridade de aparência, pode explicar a relação entre uma pintura e o que poderíamos chamar, por conveniência, de seu "objeto". Nosso conhecimento do que uma pintura representa depende pelo menos em parte de nossa compreensão de certas convenções que regem a perspectiva, o movimento, a luz e a sombra. Semelhantes convenções não podem ser explicadas em termos de uma noção de identidade de aparência entre a pintura e seu objeto. Goodman,[3] seguindo Gombrich,[4] afirmou que toda noção de uma identidade de aparência mostra uma concepção equivocada do problema. Só podemos falar de identidade de aparência se as aparências a serem comparadas já tiverem sido, em algum sentido, classificadas. Não podemos, por exemplo, comparar a aparência de uma representação com a maneira como algo parece a olho "nu" – não há olho nu. Qualquer especificação da maneira como parece uma coisa já envolve *descrições* dela

---

[2] Susanne Langer, *Philosophy in a New Key*. Cambridge, Massachussets, 1942; *Feeling and Form*. New York, 1953.

[3] Goodman, op. cit., cap. 1.

[4] E. H. Gombrich, *Art and Illusion*, p. 297-98.

cuja acurácia denotativa tem pretensões de validade não diferentes das pretensões de uma pintura.[5] Uma pintura, portanto, não pode ser comparada no que se refere à precisão com uma aparência, e referida como uma representação, na medida em que copia essa aparência ou partilha dela. A única coisa que tem a aparência de uma pintura é outra pintura, mas isso não é o que a pintura representa.

É tentador, tendo em vista essas dificuldades, assimilar o conceito de representação ao de referência. Claramente, é porque as palavras referem que os romances representam. Assim, por que a referência não estaria no núcleo da representação, mesmo nas artes visuais? Essa é a visão de pensadores como Gombrich e Goodman. A representação, segundo Goodman, por exemplo, é simplesmente uma espécie de denotação e, como denotação, em sua ocorrência principal, é plenamente extensional. Assim, uma pintura do duque de Wellington é *ipso facto* uma pintura do homem que venceu a batalha de Waterloo. E quaisquer que sejam as dificuldades que possam ficar no caminho de explicar *como* a denotação ou a referência surgem com base na extensionalidade, pode-se argumentar que essas dificuldades não são mais fáceis de responder no caso da linguagem que no caso das pinturas. Uma vez que apreendemos como a construção "*a* é uma pintura de *b*" pode ser interpretada extensionalmente, a analogia entre retrato e descrição se torna bastante impactante. Pois uma descrição denota um objeto em virtude de seu sentido – ou seja, ao atribuir um caráter a ele. De modo similar, poderíamos dizer, é o sentido da pintura que lhe permite denotar. Ela atribui um caráter definido a seu objeto. Além disso, como uma sentença completa, a pintura continua nos dizendo algo *sobre* o objeto que ela denota, e é uma pintura fiel, na medida em que o que ela "diz" é verdade.

Claramente, portanto, devemos explicar a representação de um objeto ficcional como explicaríamos a descrição vazia. A pintura ficcional

---

[5] Goodman, op. cit., p. 9.

possui um sentido definido, mas não possui referência. Pintar um objeto imaginário é como escrever uma história. Se falamos de representação adequada, correta ou informativa nesses casos, só pode ser porque a pintura ou a história transmitem informações sobre os *tipos* de coisa aos quais seus objetos ficcionais pertencem. Ao que parece, portanto, realismo em pintura e realismo em literatura são noções relacionadas.

É aqui, porém, que a analogia com a linguagem se interrompe. Se retrato é como referência, então se pode argumentar que precisa haver tanto uma construção extensional quanto intensional da forma "*a* é uma pintura de *b*", segundo a qual a pintura é um retrato ou uma cena imaginária. Assim, temos a construção "X é uma pintura de um unicórnio", que não transmite referência a um unicórnio. Se formos explicar o que é importante sobre a interpretação extensional de "*a* é uma pintura de *b*" (na qual essa sentença implica (∃x) (x = b)), então devemos estar preparados para explicar igualmente a suposta interpretação intensional. Precisamos estabelecer a conexão de *sentido* entre ambas as construções. Pois, se formos tomar a analogia entre pinturas e símbolos tão a sério quanto sugere a teoria semântica, então não deveríamos permitir que o fato de *haver* ou não um objeto correspondendo ao que é "mostrado" numa pintura influencie a natureza desta como símbolo, ou em seu lugar, no esquema de símbolos que lhe permite denotar. É a propriedade de uma pintura que é delimitada pelo uso intensional de "*a* é uma pintura de..." que precisamos analisar para que a concepção semântica da arte tenha a validade e o valor que pretende ter. Precisamos mostrar que essa propriedade é uma propriedade que pertence a uma pintura como membro de um esquema de símbolos, e que pode, *como tal*, desempenhar a parte na apreciação estética que geralmente se pensa que as propriedades representacionais possuam. Claramente, a apreciação estética de uma pintura se dirige para suas propriedades representacionais nesse sentido (intensional), e não a propriedade adicional, que pode ou não possuir, de efetivamente denotar um item no mundo ou de corresponder a ele.

As dificuldades da teoria semântica podem ser claramente vistas mediante um exame das concepções de Goodman. Este sustenta que a proposição "X é uma pintura de um unicórnio", quando intensionalmente construída, é não relacional. Deve ser construída como a asserção combinada de duas proposições: "X é uma pintura", e "X é de um-unicórnio", em que "de-um-unicórnio" é construído como um predicado inseparável de um único lugar.[6] Mas agora surge a questão: "Como explicamos o significado desse predicado 'de-um-unicórnio'?". Para essa questão, Goodman fornece uma resposta nominalista. Aprendemos, diz ele, a classificar pinturas como pinturas-de-unicórnio; ou seja, aprendemos a aplicar o predicado "de-um-unicórnio" a elas, e o fato de *efetivamente* as classificarmos dessa maneira é tão básico e precisa ser tão pouco explicado quanto o fato de que aprendemos a classificar objetos como "vermelho" ou "homens", "cavalos" ou "unicórnios".

> Tudo o que diretamente importa", diz ele,[7] "é que pinturas são de fato selecionadas com vários graus, de maneira relativamente fácil, como pinturas-homem, pinturas-unicórnio, pinturas-Pickwick, pinturas-cavalos alados, etc., da mesma forma que como peças de mobiliário são selecionadas como escrivaninhas, mesas, cadeiras, etc. E esse fato não é afetado pela dificuldade, em ambos os casos, de forjar definições para as diversas classes ou de produzir um princípio geral de classificação.

Mas pode-se imediatamente objetar que isso deixa de explicar o sentido no qual nossa classificação das pinturas é secundária em relação a nossa classificação dos objetos que retratam. Não poderíamos saber o que está sendo dito ao aplicar o termo "pintura-homem" a uma pintura a menos que se saiba o que foi dito ao aplicar o termo "homem" a um item no mundo. Porém, Goodman pensa possuir uma resposta para isso:

---

[6] Goodman, op. cit., 1969; "Reply to Wollheim on Languages of Art". *J. Phil.*, 1970.

[7] Ibidem, 1969, p. 24.

Podemos aprender a aplicar "espiga de milho" ou "pedra no rim" sem primeiramente compreender, ou saber como aplicar "milho", ou "espiga", ou "sabugo", ou "rim", ou "pedra" como termos separados. E podemos aprender, com base em amostras, a usar "pintura-unicórnio" não só sem jamais ter visto unicórnios, como sem jamais ter visto ou ouvido a palavra "unicórnio" antes. Com efeito, em grande parte por aprender o que são pinturas-unicórnio e descrições-unicórnio, passamos a compreender a palavra "unicórnio"; e nossa habilidade em reconhecer uma pedra de rim pode nos ajudar a reconhecer um rim quando vemos um.[8]

É duvidoso, porém, que essa resposta seja capaz de refutar o espírito da objeção. Pois ela poderia igualmente ser formulada ao contrário, perguntando como nosso conhecimento da aplicação da "pintura-unicórnio" poderia nos capacitar a aprender a aplicação de "unicórnio"? O ponto é que, a menos que a palavra "unicórnio" signifique o mesmo quando aparecer sozinha e quando aparecer no predicado inseparável de "de-um-unicórnio", não temos como explicar como podemos aprender o significado de ambas as locuções em conjunto. Essa não é uma dificuldade menor, pois vemos agora que carecemos de uma explicação do motivo pelo qual reagimos a pinturas de unicórnio do modo como fazemos (por que elas nos fazem pensar em unicórnios), e que também carecemos de uma explicação de como podemos estender toda a nossa linguagem comum para falar do mundo para falar de pinturas, sem ter aprendido o novo truque para cada pintura com a qual cruzamos.[9] *Meramente* afirmar que o predicado "de-um-unicórnio" é inseparável não explica o fato de que utilizamos precisamente esse predicado para situar o lugar da pintura em um esquema de símbolos. Qual é a função da palavra "unicórnio" aqui?

---

[8] Ibidem, p. 24-25.

[9] Compare-se a dificuldade encontrada pelas teorias tradicionais de *oratio obliqua* para explicar como uma compreensão da linguagem comum pode capacitar alguém a compreender discurso relatado. Ver D. Davidson, "On saying that". In: D. Davidson e J. Hintikka (eds.), *Words and Objections*. Dordrecht, 1969.

É importante ver que essa questão não é simplesmente uma demanda para o tipo de explicação do significado de um termo que o nominalista proíbe. Não precisamos objetar às pressuposições nominalistas da teoria de Goodman, mesmo que essas pressuposições possam ter encorajado a visão de que apreciar arte é como compreender a linguagem. A objeção poderia ser formulada sem argumentar contra o nominalismo. Pois, suponha-se que seja verdade que não há explicação para o fato de aplicarmos a descrição "homem" a todos os homens, além do simples fato de que é assim que classificamos. Logo, evidentemente, não haverá explicação para o motivo pelo qual chamamos um homem de homem, pelo qual utilizamos o termo "homem" para aplicá-lo apenas a essa coisa. Mas não se segue disso que não haja explicação do motivo pelo qual incluímos o termo "homem" em um predicado complexo que denota retratos de homens. Com efeito, vimos no Capítulo 4 que poderia haver explicações do significado de uma palavra em uma nova aplicação em termos de seu significado prévio, e essas explicações de modo algum pressupunham a falsidade do nominalismo como uma visão sobre a base última de nosso esquema classificatório.

Que precisa haver uma resposta à questão de por que o termo "homem" pode ocorrer dentro do escopo do contexto intensional "*a* é um retrato de..." é sugerido pela consideração não da natureza da representação, mas da maneira pela qual a representação é apreciada. Para que um retrato de um homem seja propriamente apreciado deve ser pelo menos possível ver o retrato como um homem (ver um homem no retrato). Ora, falamos de "ver o retrato como um homem" e claramente pretendemos nos referir a uma relação entre esse processo e outros que chamamos de "ver um homem", "pensar em um homem", e assim por diante. É uma peculiaridade da primeira e da terceira dessas locuções que, em casos padrão, não se pode permitir quantificação na posição ocupada pela expressão "um homem", enquanto se pode permitir isso no caso da segunda locução. Mas, é claro, seria absurdo concluir que, apenas porque o termo "homem" ocorre na primeira locução como parte do que, nesse sentido, é um predicado inseparável ("... vê... como um homem"), o termo "homem" possui um sentido diferente aqui daquele que possui no sentido normal. Pelo contrário, o termo deve possuir o mesmo sentido em ambos os casos, pois, a fim de explicar o que é ver algo como um homem, precisamos assumir uma habilidade de aplicar o conceito comum de homem, e é em termos desse conceito comum que nossa explicação será acomodada.

Uma teoria da representação, além disso, deve nos permitir explicar a conexão de significado entre "homem" e "homem-retrato". Porém, pode a teoria semântica realmente fazer isso? Uma maneira natural de tentar a requerida explicação seria invocar o suposto paralelo entre pinturas e símbolos verbais. Assim, poderíamos dizer que uma pintura pertence a um esquema de símbolos que são utilizados para denotar objetos como homens, montanhas, rios e cavalos. É ao compreender essa característica que aprendemos a classificar pinturas como retratos de homens, e assim por diante. Ora, não pode ser alvo de objeção sugerir que, se for assim, uma pintura pode ter um lugar no esquema de símbolos que é apropriado a ser um homem-retrato sem efetivamente *denotar* um homem. Seu lugar no esquema é fixado não por sua referência, mas por seu sentido. Seriam as convenções do esquema de símbolo (as regras de significado), portanto, que nos capacitariam a compreender que um dado símbolo é do tipo que poderia denotar um homem. Em outras palavras, explicamos a noção de um homem-retrato ou de um unicórnio-retrato com base na analogia do lugar dos termos em uma linguagem (como "homem" e "unicórnio") que são utilizados de maneira referencial. No entanto, podemos imaginar conferir "sentido" a um retrato (da maneira que conferimos "sentido" às palavras) em uma quantidade indefinida de maneiras, e o aspecto do retrato não precisa ter participação alguma na determinação desse "sentido". Assim, a relação entre representação e apreciação visual será agora inteiramente arbitrária. Explicar a noção de representação *dessa* maneira tem por consequência que a representação não apresenta relevância para o interesse estético. Além disso, se explicarmos a noção de um homem-retrato mediante a analogia com o lugar ocupado por certas frases-denotadoras em uma linguagem, parece extremamente estranho, então, que retratos não possuam um uso padrão na comunicação, como possuem as palavras. Se falamos de palavras como denotando indivíduos ou se referindo a eles, isso não se deve meramente ao fato de que termos singulares, às vezes, ocorrem de maneira extensional. A extensionalidade de ocorrência não é suficiente para assegurar a referência. Também é necessário que as sentenças nas quais os termos ocorrem extensionalmente possam ser *usadas* para se referir a indivíduos. Em outros termos, a propriedade semântica de referência ou denotação surge com base na propriedade pragmática de um uso referencial. Ora, um retrato *pode* ser usado, em certas ocasiões, para corresponder ao que representa, mas aqui seu papel é determinado por considerações bem diferentes daquelas que são ativas no interesse estético. É essencial à noção de uma frase denotativa na linguagem que seja possível utilizá-la em asserções, questões, condicionais, comandos, e assim por diante: nos atos de fala nos quais ocorre referência. Ora, verdade e falsidade pertencem primariamente a asserções, não a questões e comandos. Logo, pareceria que, se formos usar a analogia com a linguagem para mostrar como um retrato pode ser um retrato verdadeiro ou falso do que denota, precisaremos dizer que os retratos podem ter um uso padrão na comunicação, e que nesse uso eles ocorrem em forma assertórica. Mas pode-se argumentar que só podemos falar de asserção quando há pelo menos a possibilidade de outros atos de fala, como questões e comandos. Podemos imaginar retratos sendo utilizados para efetuar asserções, mas as circunstâncias nas quais podemos imaginar isso são também circunstâncias nas quais os retratos poderiam ser usados para colocar questões ou emitir ordens. Nessas circunstâncias – as quais, é claro, não terão nada a ver com apreciação estética –, os retratos funcionariam como sinais de semáforo. Porém, não é o contexto do interesse estético que confere esse uso aos retratos. Podemos de fato apreender de um retrato como certo homem se parecia, mas geralmente não há base para supor que o retrato esteja sendo usado para *asserir* que é assim que ele se parecia. Para que isso seja possível, deveríamos ser capazes de dizer quando o retrato não está asserindo, mas antes questionando se era ou não assim que ele se parecia, ordenando que ele não devia se parecer dessa forma, e assim por diante. É porque essas noções não possuem aplicação à parte da representação pictórica que é objeto de interesse estético que a teoria semântica fracassa como explicação da apreciação.

Seria possível sustentar que, quando não podemos quantificar, em determinado contexto, então devemos primeiramente buscar uma explicação desse fato em termos de uma referência a algum item mental – intenção, experiência, crença ou desejo – cujo "objeto intencional" leva ao fracasso da referência. Se "*a* é um retrato de *b*" significasse "tem-se por intenção que *a* se assemelhe a *b*", ou "*a* pode ser visto como *b*", então "*b*" ocorreria em cada caso como parte de um complexo predicado psicológico, e serve para identificar o assim chamado "objeto intensional" de um estado mental. Se for assim, podemos explicar o fracasso da referência ao mesmo tempo que conservamos a conexão de significado entre as construções extensional e intensional de "*a* é um retrato de *b*". Poderíamos comparar conhecimento com crença: se sei que *p*, então o que sei é aquilo em que creio quando creio que *p*. Suponha-se que X sabe que *Fa*. Segue-se disso que $(\exists x)(Fx)$, embora isso não se siga de "X crê que *Fa*". Ainda assim, "*Fa*" não mudou de sentido do primeiro contexto para o segundo. A diferença entre ambos os contextos pode ser imediatamente explicada: o primeiro envolve pelo menos duas proposições separadas: "X crê que *Fa*" e "*Fa* é verdadeiro". A segunda destas contém a referência a *a* que falta na primeira. De modo similar, alguém pode, de maneira plausível, argumentar que a diferença entre os sentidos extensional e intensional de "representar" não passa da diferença entre, digamos, "a pode ser visto como b e $(\exists x)\ (x = b)$" e "a pode ser visto como b" (onde "a" e "b" são termos singulares). O sentido intensional, portanto, seria anterior, o componente central do significado de qualquer uma das proposições. Semelhante teoria, é claro, não enfrentaria nenhuma das dificuldades até agora levantadas.

No entanto, há outras dificuldades que essa bastante simples teoria do aspecto é incapaz de superar, e por uma questão de completude irei sugerir várias maneiras pelas quais a teoria pode ser corrigida. Em primeiro lugar, a teoria é incapaz de distinguir entre representações genuínas e outros objetos (como nuvens, sombras, etc.) nos quais podem ser vistos aspectos. Em segundo lugar, ela não restringe suficientemente a gama de objetos (no sentido extensional ou no sentido material) de um dado retrato. Por exemplo, um retrato executado antes da época de Wellington pode, não obstante, ter o aspecto de Wellington, mas dificilmente pode ser um retrato de *Wellington*. Em terceiro lugar, a teoria não fornece explicação do lugar da convenção e da tradição em nossa compreensão do que um retrato representa. Finalmente, ela não fornece critério de realismo; diferentemente da teoria semântica, que analisa a noção de realismo em termos da facilidade com a qual a informação acurada é transmitida, a teoria não fornece bases para distinguir entre uma representação realística e uma representação irrealista de um objeto singular.

A teoria do aspecto deve admitir o fato de que representar é algo que os seres humanos fazem, e um objeto é uma representação somente na medida em que alguém o criou para representar algo. Colinas, nuvens e árvores, diferentemente dos retratos, não representam tipicamente o que vemos nelas. Além disso, nem sempre é possível ver retratos como o que eles representam (por exemplo o desenho incompetente do pai feito pela criança). É graças a semelhantes considerações que a teoria semântica possui apelo imediato. Denotar, como representar, não é julgado em termos de como vemos o produto final.

Claramente, a teoria do aspecto deve ser corrigida para incluir uma referência à intenção do pintor: devemos dizer que uma pintura é pintura de X somente se houver a *intenção* de que seja vista como X. Seguir-se-ia dessa definição que são os produtos da atividade humana que possuem propriedades representacionais; além disso, o que representam é independente de como podemos vê-los. Porém, não haverá nada mais a dizer sobre a representação pictórica (do ponto de vista da apreciação) que o aspecto apresentado – o aspecto da pintura é o verdadeiro objeto de interesse estético, e fornece a descrição sob a qual a pintura deve ser vista.

Essa simples correção também nos permite superar a segunda objeção. A intenção do artista servirá para restringir o objeto (material) de um retrato. Para que *a* seja um retrato de *b* no sentido extensional, é necessário que *a* tenha sido produzido com a intenção de que seja visto como *b*. Não é suficiente que *a* tenha o aspecto de *b* e que *b*, na realidade, exista. Nesse sentido, a arte do retrato difere da fotografia, pois enquanto o objeto material de um retrato é identificado mediante uma intenção,[10] o objeto material de uma fotografia é dado por uma relação que é puramente causal.

A inclusão de uma referência à intenção ainda nos permite responder à terceira objeção. A fim de saber o que uma pintura representa é necessário compreender a intenção do artista, e é claro que a convenção e a tradição podem muito bem ter importante papel a desempenhar na revelação da intenção. A intenção exige um fundo

---

[10] Aqui devemos notar duas interessantes características da análise. Primeiro, ela exige que a quantifiquemos em um contexto opaco (a fim de explicar o sentido no qual um retrato pode ser *do duque de Wellington*). Segundo, ela nos compromete com asserções de "identidade intencional", como quando digo que X é um retrato do objeto representado em Y, sem que isso signifique implicar que semelhante objeto exista. Porém, essas não são objeções a nossa teoria. Pelo contrário, é um mérito da análise que ela faça justiça às óbvias complexidades lógicas da sentença "X é um retrato de Pickwick", em vez de ignorá-las mediante a invenção de um predicado inseparável, como faz Goodman.

de expectativas preestabelecidas, com um meio de ação no qual o cumprimento da intenção é possível. O artista, portanto, irá apoiar-se nessas características da tradição e da convenção que permitirão que sua intenção se torne clara, pois nossa compreensão de sua intenção influenciará o modo como vemos sua pintura. Pode-se objetar que, se a intenção revelada tem um papel tão importante a desempenhar em nossa compreensão da arte, é surpreendente que pinturas não sejam acompanhadas de instruções escritas que expliquem como devem ser vistas. Poderia parecer estranho que artistas tenham de se apoiar em dispositivos como a convenção e a tradição, que só são compreensíveis, na melhor das hipóteses, por alguém com um hábito estabelecido de contemplar pinturas. Entretanto, há duas respostas a essa objeção. Em primeiro lugar, muitas pinturas possuem, na forma de um título, algumas instruções sobre como devem ser vistas. Em segundo, precisamos nos lembrar da complexidade do fenômeno de "ver como". É intrínseco à noção de um aspecto que ele deve ser indeterminado e, portanto, ambíguo. Mesmo o retrato mais direto é um retrato de um objeto do qual algumas propriedades não são determinadas pelo que vemos. Supomos que a dama cujo retrato estamos estudando possui outro lado, aqui invisível, bem como supomos que uma pintura na metade do tamanho de homens lutando não é uma descrição pictórica em tamanho real de anões engalfinhados. Esses pressupostos determinam nossa experiência, ainda que eles próprios sejam determinados pela pintura. Ora, se a tradição e a convenção têm um papel na compreensão de uma pintura, não é porque nos ajudam a vê-la como, digamos, uma mulher sentada em um jardim (embora possam nos ajudar a fazer isso). A função das convenções e das tradições que uma pintura invoca pode consistir em chamar a atenção para finas camadas de expressão e gestualidade, para relações e contrastes que, de outro modo, seria difícil ver na configuração de pinceladas coloridas. Porém, essas finas camadas e relações são vistas na pintura, bem como o esboço físico é visto. Vemos não somente o rosto de uma mulher, mas também um rosto que conheceu sofrimento, que alguém admirou, e assim por diante. O apoio em instruções verbais para transmitir essas finas camadas de pensamento e sentimento levariam a perturbar o interesse do observador, a afastar sua atenção do que é visual precisamente onde ele mais precisa olhar e ver. A convenção e a tradição imbuem a pintura de um sentido de intenção; o significado do artista torna-se, com sua ajuda, uma realidade visível. O observador sempre é capaz de perguntar "Por que o artista chamou atenção para *isto*?", questão que, fora de qualquer determinação do que deve e não deve ser retratado em uma pintura, dificilmente faz sentido. O mínimo que podemos dizer é que, sem convenções, não poderia haver significação dramática em arte.

Como exemplo, podemos considerar a exploração por Manet das convenções venezianas em seu *Olympia*. Ao manter a fórmula de Ticiano,[11] envolvendo a figura de uma acompanhante e um rico embelezamento da tapeçaria, Manet foi capaz de criar uma relação visual entre sua modelo e os protótipos venezianos dela, o que revela – como impressão predominantemente visual – boa parte do caráter da mulher. Em Ticiano, a tapeçaria e a figura de acompanhante são caracteristicamente utilizadas para contrabalançar a naturalidade do corpo nu, para estabelecer uma ligação com os relacionamentos mundanos comuns. Como resultado, a sexualidade é suavizada, e a dignidade da figura humana enfatizada. Na pintura de Manet, por outro lado, a atmosfera foi rompida por um ou dois pequenos, mas imensamente sugestivos toques – o laço em torno do pescoço, as sandálias vulgares nos pés – que restauram um tipo de perturbação sexual em um nível bem diferente. A pintura adquire uma sensualidade triste, urbana, instável, e por causa disso podemos ver o caráter da mulher no quadro, como vemos seu estranho ambiente. Manet foi capaz de

---

[11] Trata-se da pintura *Vênus de Urbino*, de Ticiano Vecellio (c. 1473/1490-1576). (N. T.)

adquirir esse valor tão peculiar por se apoiar numa tradição da qual ele se distanciou com grande economia de meios, de modo que as expectativas são simultaneamente encorajadas e traídas. É precisamente pelo fato de essa intenção só poder ser dimensionada mediante uma impressão visual que ela tem um papel tão importante em nosso interesse estético.[12]

Deve-se notar que tratei a convenção não como parte da análise da descrição pictórica, mas como um fator entre muitos que afetam nosso interesse nela. A convenção funciona como um índice direto e inteligível da intenção do artista. Porém, esse não é de modo algum o único efeito da convenção na arte, e mais tarde voltarei a pesquisar algumas de suas significações mais amplas. Vale a pena observar, no entanto, que, introduzida dessa maneira pela noção de convenção, a ênfase sobre a intenção de modo algum implica a heteronomia do juízo estético.

A objeção final é a mais interessante das quatro. Como é possível explicar o conceito de realismo na representação pictórica? Estamos de acordo que não encontraremos critério para representação realista na noção de semelhança, uma vez que uma pintura se assemelha mais a outra pintura que a qualquer outra coisa. O máximo que uma pintura pode fazer, dir-se-á, assemelha-se à aparência de seu objeto. Mas como podemos explicar esse tipo de semelhança, a não ser invocando mais uma vez a noção de aspecto? Assim, Goodman critica a teoria da semelhança do realismo com base em que, ao nos referirmos ao realismo de uma descrição pictórica, só podemos entendê-lo como se referindo à *facilidade* com a qual a reconhecemos visualmente como símbolo de seu objeto. Não existe critério independente do que é dizer que dois objetos são semelhantes: certamente, não há critério a ser descoberto na ciência da óptica geométrica, sobre a qual usualmente as teorias da perspectiva se baseiam.[13]

---

[12] Uma exploração similar e ainda mais ousada do mesmo "repertório" tradicional ocorre na obra-prima de Gauguin: *O Espírito do Morto Vigia*.
[13] Goodman, op. cit., 1969, p. 10-19.

Contudo, essa crítica da teoria da semelhança é demasiado apressada. Certamente, a alternativa de Goodman não servirá; o retrato feito pela criança de seu pai pode ser mais facilmente reconhecível que o retrato realístico em *chiaroscuro*. Além disso, é errado, como as discussões anteriores devem ter deixado claro, analisar a noção de um aspecto em termos de uma identidade de aparência. Um *animal* pode notar uma identidade de aparência, mas não pode, logicamente, perceber um aspecto. É claro, algumas pinturas também *se parecem com* aquilo que elas podem ser vistas como, e a medida em que fazem isso é uma questão de grau. Um pato realmente se parece com outro, um pato de decoração parece muito similar, uma fotografia naturalística em tamanho real de um pato também é (de certos ângulos) uma semelhança plausível, e assim por diante em uma escala descendente até que alcancemos os patos que podem ser discernidos nos pedaços soltos do quebra-cabeça feito de uma pintura, ou nas partes de um vestido estampado.[14] A mais importante diferença entre os casos que estão nos extremos desse espectro é que, enquanto em um caso é preciso pensar para que se veja o aspecto da pintura, no outro (o caso da mesma aparência) não é preciso pensar a fim de ser atingido pela similaridade – a inclinação natural é tomar esse objeto diante de si *por* um pato, e isso não envolve necessariamente a percepção de um aspecto.

Isso nos fornece imediatamente um critério para distinguir o caso em que X vê a como b do caso em que a olha para X como b parece. No último caso, podemos dizer que a parece com X exatamente como b parece (a parece o mesmo que b para X) se, sob circunstâncias normais, e baseando-se apenas na maneira como a se parece, X levaria a a ser b (acreditar a ser b). Em outros termos, a identidade de aparência envolve a permanente possibilidade de ilusão. Isso não significa que X será efetivamente iludido; em muitos casos, ele possuirá informação

---

[14] Cf. S. Freud, *Leonardo da Vinci, a Psychosexual Study*. Trad. A. A. Brill. London, 1948.

adicional – como a de que está olhando para uma pintura – que o impede de tomar *a* por *b*. Porém, isso não constitui objeção a nossa explicação da identidade da aparência. A fim de tornar a definição clara, no entanto, podemos ter de especificar o que se entende pela frase "baseando-se apenas na maneira como *a* se parece". Isso envolveria referência a fatos como os olhos de X estarem abertos e dirigidos a *a*, X estar consciente, *a* causar em X, pela mediação de seus olhos, a crença na existência de algo que X naturalmente tomaria por ser *b*, e assim por diante. Todavia, por mais que essa noção de "olhar" seja analisada, a solução para o problema da identidade da aparência resiste.

Ora, o caso normal de "ver como" não envolve identidade de aparência nesse sentido – se envolvesse, a maior parte das pinturas seria do tipo *trompe-l'oeil*. "Ver como" não exibe tendência a ilusão. Poderíamos colocar isso dizendo que, enquanto a expressão central de uma experiência sensorial é também a expressão de uma crença perceptual, a expressão central de "ver como" é a expressão de um pensamento que é "não asserido". Se buscássemos uma análise do realismo em termos de identidade de aparência, portanto, não só seríamos forçados a concluir que o número de pinturas realistas é extremamente pequeno, como também nos comprometeríamos com a visão ingênua, ilusória, de experiência estética que foi rejeitada no Capítulo 9.

Pode-se dizer, não obstante, que "ver como" envolve a percepção de uma *similaridade* de aparência, e que devemos definir o realismo em termos dessa "similaridade". Mas descobrimos que, ou essa invocação da "similaridade" não diz nada, ou ela torna o reconhecimento do realismo bastante misterioso. A noção de uma "similaridade de aparência" pode ser construída quer intencionalmente, quer materialmente. Por construção intencional entendo o sentido no qual uma similaridade de aparência depende de uma similaridade entre a *experiência* de ver um aspecto e a *experiência* de ver o objeto. No Capítulo 8, afirmei que existe de fato tal similaridade, mas também afirmei que ela precisa ser construída como "irredutível". Pode ser explicada somente como a similaridade que existe entre a experiência de ver X como Y e a experiência de ver Y. No presente caso, portanto, ela não nos fornece critério independente de realismo. Por construção material entendo o sentido no qual "similaridade de aparência" é explicado em termos de uma maior ou menor congruência em características visuais entre a pintura e seu objeto (ou entre a pintura e algum objeto que seja idêntico, em aparência, com o objeto da pintura), com alguma especificação da "direção" da congruência. Por exemplo, pode-se testar a similaridade de aparência escaneando a pintura e seu objeto da esquerda para a direita, do alto para baixo, comparando pontos de cores uns com os outros. (Uma variedade de procedimentos se sugere sozinha.) Agora, porém, seremos incapazes de explicar por que o reconhecimento do realismo é imediato, e não de comparação fragmentária entre a pintura e seu objeto.

De fato, podemos definir o realismo de maneira mais útil se ignorarmos inteiramente a "aparência": nisso, a abordagem semântica da representação está seguramente certa. Mas não se segue disso que precisemos também descartar a noção de aspecto. Uma representação realista *a* do rosto de *b* não é uma na qual *a* se parece com o rosto de *b*, mas uma na qual *o rosto que vejo em a* é como o rosto de *b*. Isso explica por que o reconhecimento do realismo é imediato, pois o rosto que vejo na pintura, sendo um objeto "intencional" da visão, apresenta suas características "imediatamente" a mim. Ora, há um sentido definido no qual o que é visto em uma pintura impõe condições sobre a aparência da pintura. Se *a* é visto como *b*, então, se *b* possui múltiplas características, deve haver uma multiplicidade de características observáveis em *a*. Não posso ver um rosto redondo em um desenho quadrado, nem posso ver um rosto com orelhas em um círculo uniforme. Suponha-se que eu veja a seguinte figura 😐 como um rosto. Aqui há certas questões que não se aplicam: por exemplo, "Que tipo de orelha possui o rosto? Que tipo de cabelo? Nariz? De que cor é?", e assim por diante. E se pergunto de que forma é o rosto que vejo, a resposta deve ser: "quadrado" – uma característica que nenhum rosto possui. Quanto mais questões desse tipo para as quais ou não há resposta, ou há uma resposta que fornece alguma característica da qual o objeto representado carece, menos realista é a representação.

Essa explicação do realismo nos permite expor uma interessante conclusão. Nem toda característica do rosto que vejo na pintura é uma característica de sua aparência (isto é, uma cor ou forma). Logo, uma descrição pictórica realista da aparência de um rosto pode ser, sob outros aspectos, irrealista. Faz sentido dizer que, embora a cabeça de Cristo, de Guido Reni, seja um retrato realista da aparência de um rosto em sofrimento, o Cristo de algum mestre mais primitivo (como Cimabue) é mais realista que uma descrição pictórica do sofrimento: ele *revela mais* do sofrimento. O realismo é sempre realismo *sob certo aspecto*. Também se pode afirmar que os florentinos estavam certos em louvar Masaccio como o descobridor de um modo mais realista de pintura. O que é realista, afinal, não é relativo à facilidade com a qual a informação é transmitida.

Em outras palavras, a definição de uma descrição pictórica em termos da apresentação de um aspecto leva naturalmente a um conceito inteligível de realismo pictórico. Uma pintura representa b se se tem a intenção de que ela seja vista como b (onde "b" corresponde de maneira equivalente a um nome, uma descrição definida ou uma descrição indefinida). A pintura é uma representação bem-sucedida na medida em que pode ser vista como b, e é realista na medida em que é naturalmente vista como um objeto que se assemelha a b. Semelhante explicação deve dissipar todas as dúvidas no que concerne a como a apreciação das características representacionais na pintura pode ser parte do interesse estético, tal como este foi descrito no Capítulo 10.

Note-se, contudo, que precisamos nos distanciar de nossa explicação anterior da lógica da descrição estética. Pois, ao dizer que uma pintura representa b, estou me referindo a uma propriedade genuína dela: estou dizendo que se tem a intenção de que ela seja vista como b.

É um fato sobre a pintura que posso saber se eu a vejo ou não como *b*. Porém, esse distanciamento não deve nos preocupar – com efeito, descobriremos a necessidade de um distanciamento similar ao analisar o conceito de expressão. Embora os fatos importantes tanto sobre a representação quanto sobre a expressão devam ser afirmados em termos de nossas reações a obras de arte, a lógica dessas duas noções é (ou, no caso da expressão, pode ser) uma lógica da descrição. É por esse motivo que elas se inclinam tão prontamente a uma teoria cognitiva do interesse estético. Esse distanciamento da lógica padrão do juízo estético não apresenta consequências sérias para nossa teoria da apreciação.

Até agora, eu não disse nada sobre a representação em outras formas de arte além da pintura. De que maneira uma representação pictórica é como uma representação na literatura? E faz sentido atribuir propriedades representacionais à música? A resposta à primeira dessas questões é clara. Falamos de representação na literatura não só em razão das similaridades formais com a descrição pictórica notadas pela teoria semântica, mas também, e primariamente, porque existe um lugar para a descrição na apreciação da literatura, que é exatamente similar ao lugar da descrição pictórica na apreciação da arte visual. Podemos resumir as similaridades como segue: primeiro, ao compreender uma obra literária como representação, podemos suspender nosso juízo no que concerne a sua verdade literal; nós a apreciamos não como meio para transmitir informação, mas como veículo de pensamento, em qualquer forma que seja. O pensamento envolvido na apreciação da literatura é, caracteristicamente, "não asserido", mas isso não significa que a *verdade* seja irrelevante ao interesse estético. Pelo contrário, sem um interesse pela verdade, seria impossível estar interessado em significado, e, portanto, impossível estar interessado em literatura em absoluto.[15] Ora, há um sentido

---

[15] Esse argumento foi bem defendido por R. K. Elliott, "Poetry and Truth". *Analysis*, 1967.

no qual se pode apreciar um poema, digamos, pela verdade do que ele diz, como se apreciam os seguintes versos de Blake: "Amor só a si procurava agradar, / Amarrar outro para seu deleite, / Gozos no incômodo de outro, / E constrói um Inferno a despeito do Céu".[16]

De modo similar, alguém pode admirar uma peça ou um romance pela veracidade de sua visão, onde veracidade significa descrição verdadeira. Aqui, os pensamentos "não asseridos" envolvidos na compreensão da obra podem depender, para sua existência, do reconhecimento de certas verdades complexas transmitidas pelo romance ou pela peça. Faz parte da "impureza" do romance que, mais que outras formas literárias, ele oscile entre o discurso assertivo e o não assertivo. Porém, em nenhum desses casos a verdade é objeto da apreciação: se fosse assim, o conteúdo da obra poderia ser redigido em qualquer modo abstrato, e o interesse não sobreviveria à percepção de sua verdade. O interesse unicamente pela verdade implicaria tratar todas as obras de literatura como documentos, à maneira do "realismo socialista".

Em segundo lugar, representação na literatura é como representação em pintura no fato de que ela é em parte dependente das intenções do autor. Uma vez realizadas as intenções, se o forem, na linguagem, e uma vez que a linguagem da literatura, em geral, é a linguagem dos leitores, pode parecer que haja pouca discrepância entre a intenção e o resultado final. Porém, mais uma vez, precisamos lembrar que o que é representado na literatura não são somente as grandes linhas da vida humana, mas também seus detalhes finos – sombras de comportamento, e complexidade de motivos. A consciência da intenção de um autor pode ser um guia importante em nosso pensamento dessas coisas elusivas. Uma noção de intenção, assim, pode contaminar toda a nossa maneira de ler literatura, e, sem uma compreensão das convenções por meio das quais se concentra a intenção, é com frequência

---

[16] Tradução livre dos versos: "Love seeketh only self to please, / To bind another to its delight, / Joys in another's loss of case, / And builds a Hell in Heaven's despite". (N. T.)

impossível adquirir qualquer noção de tom literário. Desse modo, uma consciência da intenção determina nossa apreciação de recursos como a ironia, que por sua vez determina nossa consciência do que está sendo descrito. Quando, no *Ulisses* de Joyce, os dois heróis, Bloom e Stephen, são finalmente reunidos, o narrador imaginário de "Ítaca" se propõe, numa série de questões e respostas devastadoras, a destruir a noção de que qualquer coisa tenha se passado entre eles. Nesse recurso reconhecemos uma intenção de neutralizar possibilidades dramáticas. (Pois nenhuma relação poderia se formar nesse encontro que não fosse sentimental ou banal.) Acabamos compreendendo que, embora a presença de Stephen provoque em Bloom um sentimento de responsabilidade paterna, de modo que, pela primeira vez, ele se concebe plenamente como um indivíduo diante do fluxo da mera existência animal, herdando consciência e passando-a para a frente, Stephen não pode ser objeto desse sentimento. Pelo contrário, nós o reconhecemos como a realização natural da experiência de Bloom, ligando as pontas soltas da sua aventura diária, e investindo-o de um halo de autoridade moral que, durante o dia, ele lutara para merecer. Desse modo, nossa compreensão do caráter de Bloom é determinada por uma percepção da intenção irônica do autor, intenção que não é afirmada em lugar algum, mas que se revela na estrutura e na linguagem da obra. É por intermédio de revelações discretas da intenção como essa que os estilos literários se desenvolvem, e é por intermédio do desenvolvimento do estilo que a literatura se torna capaz de representar de uma vez só aquilo que o leitor comum levaria uma vida para observar.

Finalmente, há espaço para uma noção de realismo em literatura: o realismo é a descrição de coisas particulares como as coisas em geral são. "Realismo" também passou a ser o nome não de um modo particular de representação, mas de uma escolha particular de assunto: os objetos que um autor "realista" descreve são escolhidos porque exemplificam uma norma. Porém, esse sentido de "realismo", do ponto de vista lógico, é uma curiosidade.

Falando de modo geral, portanto, a "representação" tem lugar na literatura comparável a seu lugar na pintura, mesmo que surja de maneira diferente; o que a representação *fornece* ao espectador da arte é em cada caso o mesmo. Em cada caso, a representação é uma propriedade, baseada na intenção, e realizada em formas que possuem um grau de regularidade intersubjetiva – um aspecto visual reconhecível, e as estruturas aceitas da sintaxe em inglês. Em ambos os casos, o núcleo da representação é "intensional", separado da referência. Essa é uma consequência natural do fato de que nosso interesse em arte não é interesse em verdade literal. Essa "intensionalidade" da representação pode ser observada mais claramente no teatro. O que ocorre quando vejo uma peça é muito semelhante ao que ocorre quando vejo certas coisas que acontecem na vida. Assim, posso apontar para um ator no palco e dizer: "Ali está o Rei Lear". O palco é como uma ilusão e minha apreciação do que se passa nele, como minha apreciação das artes visuais, mistura-se meio a meio com crença. Mas é interessante notar que, quando aponto e digo "Ali está o Rei Lear", minha indicação não confere significação denotativa a minhas palavras. Pois aquilo para que aponto ("materialmente" falando) é determinado em todas suas propriedades – é um homem de meia-idade que vive em Grantchester e que vende antiguidades na feira. Essa descrição, porém, embora se ajuste àquilo para que indico, não se ajusta ao Rei Lear. Há questões que podem ser postas significativamente sobre aquilo para o que aponto que não podem ser postas significativamente em relação a Lear. Para algumas questões sobre o Rei Lear não existem respostas lógicas. Pois o Rei Lear, como todas as ficções, é caracterizado de maneira indeterminada. Perguntar o que ele comeu no café da manhã é como perguntar como é a Santa Catarina de Pedro vista do outro lado.

Vimos que o que torna possível a representação, tanto na pintura quanto na literatura, é a existência de um meio no qual um artista pode efetivamente dirigir nossos pensamentos para objetos preestabelecidos. Não há lugar para dúvida de que uma pintura tem o aspecto de um homem, ou que uma sentença descreve certo estado de coisas, e são esses fatos que tornam possível que a intenção transmita o pensamento de objetos determinados. Podemos dizer que o meio da música possui relação similar com as coisas que ela supostamente representa? Certamente falamos da música como se ela possuísse poderes de representação: com efeito, toda a teoria do *leitmotif* se baseia nessa suposição. E ao explicar a representação musical podemos mais uma vez apontar para a experiência do "ouvir como". Mas surge imediatamente um problema. Da mesma maneira que pintar é considerado algo visível, do mesmo modo, pode-se argumentar, uma frase, acorde ou poema sinfônico precisam ser ouvidos como algo audível. Ora, a única característica audível de um objeto é seu som, e essa propriedade dificilmente atende a complexidade do que pode ser visto em uma pintura ou descrito em uma narrativa. A música do pássaro da floresta em *Siegfried* pode certamente ser ouvida como o som de um pássaro, bem como passagens de *La Mer* podem ser ouvidas como o som de ondas ou como o chamado de gaivotas. Mas se toda a representação musical se reduzisse a isso, seria de pouco interesse.

Na realidade, também falamos da música como representando outras coisas além dos sons: a redenção do Amor, o Fim do Mundo, a fragilidade de Mélisande[17] – tudo isso correlacionado com *leitmotifs* reconhecíveis. A "representação", nesse sentido, não é propriedade exclusiva do simbolismo romântico: se fosse assim, talvez devêssemos tratá-la como curiosidade. Na tradição da música francesa para piano, por exemplo, um tema foi frequentemente visto como essencial. Testemunho disso, por exemplo, é "Les Petites Crémières de Bagnolet", de *Dix-Septième Ordre*, de Couperin, ou "Les Pas dans la Neige", do

---

[17] Há uma ópera de Claude Debussy (1862-1918), *Pélleas et Mélisande*, de 1902. Mas provavelmente se refere a *Pélleas et Mélisande*, op. 80, de Gabriel Fauré (1845-1924), composta para a mesma obra de Maurice Maeterlinck (1862-1949). (N. T.)

primeiro livro de prelúdios de Debussy. Vemos que o que passa por representação na música não é de modo algum prerrogativa da ópera, nem resulta sempre de um "código" de símbolos do auditório, do tipo usado com efeito tão assombroso por Wagner.

Figura 13.1. Debussy: *La Mer*, III, "Dialogue du Vent et de la Mer"

Não parece haver, num primeiro momento, uma razão *a priori* pela qual a música não deveria representar da maneira da pintura – por meio da apresentação intencional de um aspecto. Pois, quando aprendemos de uma peça musical que ela possui status representacional, então seu aspecto pode mudar para nós, mesmo quando o que ela "representa" não seja um som. Mas considerem-se os compassos de *La Mer*, na Figura 13.1. Podemos tomar a música aqui como representando o lento silêncio das ondas do mar. Quando fazemos isso, descobrimos que o aspecto da música muda para nós: começamos a ouvir um enorme poder e tensão na linha musical, comparável à invisível corrente de um mar calmo. Todavia, o que é representado é algo inaudível. Podemos dizer, portanto, que *ouvimos* a música *como* o lento ondular do mar?

Cruzamos aqui com o que talvez seja a mais poderosa objeção à concepção de que a representação não ocupa, na música, lugar comparável ao que ocupa em outras artes: pode-se compreender uma peça de música "representacional" sem, de fato, tratá-la como representação, sem ter consciência de que ela possui esse status. Por outro lado, a própria sugestão, por exemplo, de que alguém poderia compreender o *Ronda Noturna* de Rembrandt, sendo indiferente ou ignorando seu status representacional, é absurda. A sugestão, é claro, foi feita, uma vez que todo absurdo concebível já foi mantido em um momento ou outro na teoria da arte, mas claramente tem pouco interesse. Se imaginarmos uma pintura que possa ser compreendida independentemente de seu status representacional, imaginaremos uma pintura abstrata. E embora pinturas abstratas às vezes tenham títulos, seu status representacional é tão duvidoso quanto o da música.

Retornemos a nosso exemplo. Ao sermos lembrados sobre o mar, somos levados a apreender um aspecto da música, mas parece que esse aspecto é independente da representação. Não é absurdo supor que eu poderia ouvir a tensão na linha musical sem ao mesmo tempo ter consciência de que representa o mar. A representação não determina nossa compreensão da música da maneira pela qual determina nossa compreensão da pintura ou da prosa.

Vale a pena mencionar aqui outra peculiaridade da música. Quando ela tenta a representação direta, tende a se tornar "transparente", por assim dizer, em relação a seu objeto. A representação dá lugar à reprodução, e o meio musical sai completamente de consideração como supérfluo. Assim, as tilintantes xícaras de chá na *Sinfonia Doméstica* de Strauss, e o bater de bigornas em *Rheingold* [Ouro do Reno] não são tanto sons representados como sons reproduzidos, os quais, em consequência, destacam-se da estrutura musical e subsistem por si próprios. Raramente se tem um exemplo de música que pode ser ouvida como algum som sem reproduzi-lo. O som do pássaro da floresta, já mencionado, é um exemplo desses, mas talvez um caso mais interessante seja o da música de dança do Ato II da Cena 4 de *Wozzeck*. Em *Don Giovanni*, Mozart punha uma orquestra ligeira no palco, mas ela não "imitava" os sons da música popular; ela a recriava. A representação se dava exclusivamente mediante a convenção não musical de que o que está no palco faz parte da ação. Em *Wozzeck*, por outro lado, descobrimos o espantoso efeito de uma imitação da música de dança vienense escrita no idioma atonal prevalecente na obra (ver Figura 13.2). A música tem um papel a desempenhar na representação total, sobre e acima do fato de que é executada no palco,

Figura 13.2. Berg: *Wozzeck*, Ato II, Cena 4

Figura 13.2. (continuação)

porque a música precisa ser *ouvida como* as robustas tonalidades de Johann Strauss, e ainda assim, ao mesmo tempo, só pode ser *compreendida* em termos atonais.

Era necessário o extraordinário gênio de Berg para realizar esse efeito, e penso que devemos considerar a representação genuína em música como um fenômeno raro e periférico. É claro, tem sido um lugar-comum desde Aristóteles que a música pode "imitar" coisas como o movimento das ondas, o voo de um pássaro, o ritmo da ansiedade e a nobreza do gesto. Porém, o termo "imitação" está sendo usado aqui para se referir a uma característica da arte que ainda não analisamos. Pois a imitação musical é mais evocativa que exata; ela transmite a ideia da coisa, mais que a coisa propriamente dita. Logo, quando falamos da música como representando o movimento do mar, ou a inexorabilidade do destino, e quando falamos da música não como representando, mas como expressando essas coisas, então estamos falando do mesmo fenômeno. E essa transição da representação para a expressão não é de modo algum uma peculiaridade da música. *Guernica*, de Picasso, por exemplo, que representa o bombardeio de uma cidade de província, também representa os horrores do bombardeio; e aqui, representação e expressão coincidem. É para essa questão do que significa descrever obras de arte dessa maneira que precisamos nos voltar agora.

Capítulo 14 | Expressão

Houve muitas tentativas de analisar o conceito estético de expressão, que sempre se mostrou recalcitrante. A dificuldade surge, segundo penso, de um conflito entre duas importantes características do conceito. Por um lado, a expressão em arte deve estar relacionada às atividades comuns da expressão – à exibição pública de pensamento e sentimento. Por outro lado, a expressão estética é sempre um valor: uma obra que possui expressão não pode ser um fracasso completo. Essas duas características parecem forçar a análise do conceito em duas direções distintas, e neste capítulo tentarei mostrar como ambas podem ser conciliadas.

A segunda característica – a conexão com o valor – conduz na direção de uma teoria "afetiva" da expressão. Se "reconhecer" a expressão já é, de certa maneira, responder a um objeto, torna-se impossível encarar a expressão com indiferença. Esse foi o principal argumento da famosa teoria da expressão de Santayana, em termos de associações "fundidas":

> Se a expressão fosse constituída pela relação externa de objeto com objeto, tudo seria igualmente expressivo, de maneira indeterminada: a expressão depende da união de dois termos, um dos quais precisa ser fornecido pela imaginação. Eu poderia encarar a expressão com indiferença, ela não seria bela até que eu fundisse os próprios símbolos com as emoções que eles suscitam e encontrasse alegria e suavidade nas próprias palavras que ouço.[1]

---
[1] Santayana, *The Sense of Beauty*. New York, 1896, p. 197.

A teoria de Santayana – embora se apoie numa ideia não explicada de "fusão" – fornece uma explanação de termos de emoção não diferente daquela que venho defendendo. Porém, pode ela realmente cobrir os casos mais complexos de expressão, casos nos quais o juízo de que um objeto expressa luto não pode ser substituído sem perda de sentido pelo juízo de que ele é triste? Na realidade, a teoria de Santayana é incapaz de explicar por que usamos a palavra "expressa" para transmitir a relação, considerada tão importante, entre uma obra de arte e um estado mental.

Em defesa da teoria afetiva, pode-se objetar que não somos *forçados* a usar a palavra "expressa" dessa maneira. O termo "expressão" não se impõe por si mesmo na descrição da arte. Se for assim, então claramente foi cometido um erro por aquelas teorias que encaram a expressão como o principal valor da arte, ao mesmo tempo que insistem em que a expressão é aqui o fenômeno comum com o qual nos deparamos todos os dias. Com efeito, é frequentemente o caso em que, em vez de dizer que uma canção expressa melancolia, poderíamos dizer que ela captura, é reminiscente, possui ou mesmo evoca melancolia. O que queremos dizer sobre uma canção ao chamá-la de expressão da melancolia pode muitas vezes ser dito de outra maneira, utilizando termos que, em outros contextos, não possuem o mesmo significado que aqueles que eles substituem aqui. Pode ser, portanto, que o idioma da "expressão" seja, propriamente falando, precário.

Uma característica interessante do uso estético do termo "expressa", a esse respeito, é que ele pode geralmente ser substituído pelo termo "expressivo". Em arte, não existe expressão sem expressividade; uma obra de arte é expressão de tristeza somente se for expressiva da tristeza. Isso implica que o conceito estético de expressão não pode ser identificado com o conceito não estético de expressão natural (ou o evidencia). Um gesto é expressão natural de algum sentimento se for um sintoma desse sentimento, e um sintoma não precisa ser expressivo. "Expressividade" tem a ver com impacto: um gesto expressivo é um gesto revelador ou eloquente. A expressão se torna expressividade somente quando é, em algum sentido, bem-sucedida, e o conceito de sucesso não possui aplicação clara à noção de sintoma. Por outro lado, ela não possui aplicação pronta à linguagem, na qual alguém pode ser mais ou menos bem-sucedido em transmitir o que pretende. Na medida em que essa escolha de palavras é bem-sucedida, ela pode ser chamada de expressiva por seu sujeito – cf. "Ele falou de maneira bastante expressiva sobre o discurso do rei". Isso poderia sugerir que é para a linguagem que devemos nos voltar para uma análise plena do conceito de expressão em arte.

Infelizmente, como argumentarei em mais detalhes adiante, a analogia com a linguagem não passa de uma analogia. A linguagem é expressiva por meio das convenções que lhe dão referência: é expressiva porque expressa pensamentos. Porém, uma obra de arte não é expressiva dessa maneira. Entre outras coisas, é geralmente muito difícil identificar *o que* é expresso em uma obra de arte. Com efeito, pode ser desimportante saber o que é expresso, mesmo que seja sempre importante apreender a expressividade de uma obra de arte. Isso levou à visão de que a expressão na arte é essencialmente intransitiva; "expressão" significa "expressividade", e uma obra de arte expressiva não precisa expressar algo definido mais que uma passagem marcada *expressivo* em uma pauta musical.[2] Por outro lado, todo o propósito da expressão linguística é prejudicado se o ouvinte for incapaz de descobrir o que está sendo expresso. (O que não significa que a linguagem também não possa ser expressiva da maneira de uma obra de arte – na realidade, ela pode ser, já que a poesia é possível.)

No entanto, embora a expressão natural e a linguística forneçam modelos inadequados para a expressão artística, há outras atividades mais relacionadas com elas. Argumentou-se que "evidenciar"

---

[2] Esta visão foi bem defendida em Eduard Hanslick, *On the Beautiful in Music*. Trad. G. Cohen, New York, 1957; e E. Gurney, *The Power of Sound*. London, 1880, p. 313 ss.

[*evincing*] e "expressar" são coisas bem diferentes, e que, se usamos às vezes a mesma palavra para cobrir ambas as atividades, isso não deve nos deixar cegos em relação ao fato de que existem diferenças cruciais entre elas. Pois a expressão é primariamente *intencional*. Quando alguém expressa os próprios sentimentos, não faz alguma coisa *por causa* do sentimento, também põe sentimento *naquilo* que faz.[3] Como resultado, há uma intenção definida por trás da atividade expressiva.

Ora, isso poderia nos levar a supor que a expressão em arte, afinal, pode ser explicada em termos de algum paradigma não estético. Pois a expressão, como a representação, é uma característica estética que pertence somente a obras de arte; logo, é natural encará-la como definida, como a representação, em termos de uma intenção. Nosso interesse em obras de arte expressivas tem continuidade com nosso interesse em certas coisas que as pessoas fazem sob o estresse da emoção. Para compreender a expressão em arte, precisamos primeiramente compreender a intenção que subjaz à expressão na vida. Mas, se abordarmos o conceito de expressão dessa maneira, descobriremos que não temos uma alternativa real à teoria "afetiva". Somos mais uma vez conduzidos para o conceito de expressividade: um conceito que pode ser analisado, de maneira não absurda, de um modo requerido pela teoria afetiva. Geralmente, se não faço algo para expressar meu sentimento, minha intenção é produzir algo expressivo de meu sentimento: isso é assim, expresse eu ou não minha emoção *sobre* alguém. Posso expressar meu luto construindo um momento ou redigindo uma elegia, e o monumento ou elegia surge com base em minha intenção de produzir algo expressivo de minha emoção. De modo similar, posso expressar meu amor a X fazendo algo expressivamente com base em meu amor, a fim de que X possa ver o que sinto. Farei algo expressivo porque essa será a melhor maneira de transmitir a X a força e a seriedade de meus sentimentos.

---

[3] Sobre esse ponto, ver Richard Wollheim, "Expression". In: *The Human Agent. Lectures to the Royal Institute of Philosophy*, vol. I, London, 1967.

Em outras palavras, somos reconduzidos mais uma vez à possível noção afetiva de "expressividade". Se for assim, somos capazes de corrigir a aparente fratura entre as duas características da expressão artística antes mencionadas. Pois, quando dizemos que um monumento funerário expressa luto, posso entender uma das duas seguintes coisas: (a) havia a intenção de que ele expressasse o luto de uma pessoa; (b) ele é bem-sucedido em expressar o luto. A primeira dessas características é descritiva, enquanto a segunda (talvez) seja afetiva: ainda assim, a conexão de sentido entre ambas é inteiramente direta. Além disso, a característica (b) é claramente uma marca de êxito, e é mais que uma analogia com a expressão em arte. É também uma característica que, pelo menos em parte, é independente da intenção e, por conseguinte, pode ser atribuída ao monumento, tivesse ou não este a intenção de ser expressivo, e fosse ou não real o luto que ele se propõe a expressar. O passante pode notar sua expressividade, mesmo que não possua razões para tomar o monumento como expressão real de luto. O mesmo é verdadeiro em relação às obras de arte.

Mas como devemos analisar a ideia de expressividade? Ser expressivo se relaciona a ser evocativo – não posso considerar um objeto expressivo a menos que ele me "lembre" de alguma coisa. Mas é difícil determinar o caráter preciso dessa reminiscência. A expressividade pode ser definida, de modo lato, como a capacidade de nos lembrar, trazer à lembrança, evocar ou "simbolizar" (em um sentido lato que não deve ser confundido com qualquer ideia semântica) objetos, como emoções e estados mentais. Reside, portanto, na interseção de uma complexa rede de sentimentos e pensamentos, e é impossível descrever o reconhecimento da expressão de qualquer maneira simples ou unitária. No próximo capítulo, mostrarei em mais detalhes como a expressão pode ser analisada. Por ora, a melhor indicação do que é reconhecer expressão se dá mediante exemplos: podemos apontar para o que um homem diz, pensa e faz quando algo – um poema, digamos – o atinge como expressivo. Não há necessidade de supor que, quando isso ocorre, ele também deveria saber o que o poema expressa: ele pode ser esmagado por uma noção da expressividade do poema, mesmo se não puder pôr seu sentimento em palavras. Por exemplo, os versos: "Ó corpo embalado pela música. Ó luminoso olhar / Como podemos conhecer o dançarino da dança?".[4]

Sugerem uma emoção poderosa e extremamente precisa, mas está bem além de minha capacidade colocá-lo em outras palavras. Na realidade, não tenho vontade de fazê-lo. O conhecimento de uma descrição do sentimento não faz parte do prazer dessas linhas – diferente do "conhecimento por familiaridade"[*knowledge by acquaintance*] do próprio sentimento. Assim, chegamos sutilmente à conclusão do expressionista. Não há lugar no "reconhecimento" da expressão na arte para o conhecimento de que algum sentimento particular é expresso. Mas essa conclusão não possui seu usual tom de paradoxo. Segue-se imediatamente do fato de que nosso interesse na expressividade e nosso interesse na descrição do que é expresso são coisas bem diferentes. O reconhecimento da expressividade pertence ao "conhecimento por familiaridade" e, portanto, não pode ser plenamente substituído pela descrição.

Isso não implica que a expressividade seja sempre o mesmo fenômeno, ou que ela exista separadamente da expressão de estados de espírito particulares. As mãos de Rodin, os pássaros de Brancusi e as fontes de Bernini são todos expressivos, mas de maneiras bem diferentes. Por outro lado, o sentimento de sua afinidade com outros estados mentais pode ser tão forte que nenhuma outra maneira de se referir a esses estados de espírito será igualmente efetiva. Alguém com cultura e experiência suficientes apreenderá dessas obras alguma coisa que será incapaz de pôr em palavras. O valor delas reside em parte no fato de que se pode aprender delas como é uma experiência ou

---

[4] Tradução livre dos versos: "O body swayed to music, O brightening glance, / How can we know the dancer from the dance?". (N. T.)

estado de espírito, mesmo quando palavra alguma é capaz de transmitir esse conhecimento em seu lugar.

É com frequência verdadeiro, no entanto, que posso analisar o efeito de uma obra de arte, e assim, diagnosticar a origem de sua natureza expressiva. E posso fazer isso mesmo quando sou incapaz de dizer precisamente o que a obra expressa. Tomem-se os seguintes versos: "E às vezes como um catador deves permanecer / Firme tuas costas curvadas sobre o regato: [...]"[5].

Não sei exatamente o que esses versos expressam, mas posso ainda assim fornecer uma descrição parcial de seu efeito. Por exemplo, a pausa que vem antes da palavra "firme" ["*steady*"], imposta pela métrica, traz à mente, de maneira vívida, o precário movimento que está sendo descrito. Os versos são particularmente expressivos desse movimento precário. Por outro lado, a própria sugestão de que poderíamos dizer o que está expresso pelos versos "No interminável / Tédio da planície, / A incerta neve / Luz como areia [...]"[6] é absurda: ao compreender esse poema vemos que sua atmosfera é indescritível.

Poderíamos aqui levantar uma interessante questão sobre a identidade da expressão. Geralmente, não há problema quando dois gestos expressam a mesma coisa. Tanto meu gesto quanto o seu expressam raiva: nesse sentido, possuem identidade de expressão. A expressão é constituída pela relação com um estado de espírito, e dois gestos coincidem em expressão na medida em que os estados de espírito com os quais se relacionam são idênticos. Porém, quando nosso interesse se transfere do estado de espírito expresso para a qualidade expressiva do gesto, descobrimos um problema. Pois, como decidiremos quando dois gestos possuem a mesma qualidade expressiva? Poderíamos afirmar, eventualmente, que os dois poemas expressam a mesma coisa, ou que

---

[5] Tradução livre dos versos: "And sometimes like a gleaner thou dost keep / Steady thy laden across a brook [...]". (N. T.)

[6] Tradução livre dos versos: "Dans l'interminable / Ennui de la plaine, / La neige incertaine / Luit comme du sable [...]". (N. T.)

o acompanhamento de uma canção expressa a mesma coisa que as palavras, e em semelhantes casos pretendemos invocar uma noção de identidade da qualidade expressiva. Claramente, no entanto, devemos resistir à tentação de afirmar que o que ocorre no caso de um arranjo bem-sucedido é que o poema expressa certo sentimento, e a música expressa certo sentimento, e que o sentimento é em cada caso o mesmo. Pois qual é nosso critério de identidade? Se há um critério é um que só faz sentido no contexto da atribuição da "expressividade" a uma obra de arte, e não um que se assemelhe a nossos critérios normais para a identidade de sentimentos. E, propriamente falando, uma vez que a expressividade é uma noção afetiva, a "identidade" da expressividade não é determinada pela aplicação de um padrão externo. A identidade é a identidade de uma experiência – a experiência de "reconhecer a expressão" – e para isso critério algum (em nosso próprio caso) é exigido.[7]

Esse problema sobre a identidade da expressividade pode ser tomado como uma confirmação adicional da teoria afetiva da expressão. Pois ele explica de maneira mais convincente que o argumento expressionista da "particularidade" dos sentimentos por que deve haver uma "heresia da paráfrase".[8] Se a paráfrase é uma busca por identidade da expressividade, então ela não pode ser determinada por quaisquer regras externas – como regras de significado. Pois o que é buscado é uma identidade de experiência, e isso não pode ser assegurado de qualquer maneira simples.

Isso é apenas a preparação para uma teoria, da qual alguns detalhes serão explorados no próximo capítulo. É improvável, além disso, que possa ser estendido sem considerável modificação para cobrir todos os usos do termo "expressão" em estética. Mas basta mostrar,

---

[7] Sobre esse ponto, ver o exemplo da mímica, discutido por Wittgenstein, *Lectures and Conversations on Aesthetics, Psychology, and Religious Belief*. Barrett, C. (org.), Oxford, 1966, p. 32, e por Sartre, *L'Imaginaire*. Paris, 1940, p. 55-63.

[8] Cleanth Brooks, *The Well Wrought Urn*. London, 1949, cap. 2.

penso eu, que o conceito de expressão não precisa apresentar nenhuma dificuldade especial para nossa teoria da experiência estética. Um objeto é expressivo se "corresponde a", ou "simboliza", um estado de espírito, em que correspondência é uma questão de evocação, não de referência. Como essa "correspondência" surge em qualquer caso determinado não é propriamente uma questão filosófica, mas crítica, a ser respondida por meio de análise individual. No entanto, semelhante teoria fracassará caso se possa mostrar que existe alguma propriedade independente da obra de arte que determina nossa descrição dela como expressão. É precisamente isso que a teoria semântica tenta mostrar. A teoria semântica tenta "objetificar" a qualidade simbólica da obra de arte, mostrando que ela surge como surge todo simbolismo, mediante uma relação cognitiva entre a obra de arte e um estado de espírito.

Há uma maneira de formular a teoria semântica que se torna rapidamente vazia, da mesma forma que o expressionismo é vazio. Por exemplo, podemos argumentar, com Langer,[9] que obras de arte mantêm uma relação simbólica com os sentimentos que expressam, mas que essa relação não deve ser explicada em termos de qualquer regra de referência. Obras de arte são símbolos "apresentacionais", cuja relação com seus objetos é puramente morfológica. O símbolo e seu objeto se relacionam ao possuir a mesma "forma lógica". Segue-se que o que o símbolo expressa não pode ser reafirmado em palavras; as palavras não apresentam a "forma lógica" de indivíduos; apenas resumem as propriedades e relações que os indivíduos possuem. Explicada dessa maneira, porém, a relação entre uma obra de arte e um sentimento não pode ser descrita como uma relação semântica. Nossa compreensão comum das relações entre palavras e coisas não pode ser estendida à compreensão da expressão artística. Entre ou-

---

[9] Susanne Langer, *Philosophy in a New Key*. Cambridge, Massachussets, 1942, passim.

tras coisas, não somos mais capazes de explicar por que dizemos que uma obra de arte expressa um sentimento, e não que o sentimento expressa uma obra de arte; pois a relação de "expressão", explicada da maneira como Langer explica, é claramente simétrica. Nisso, é inteiramente diferente de qualquer relação semântica normal.

Poderíamos suspeitar que a teoria de Langer se torna trivial em razão de sua solução excessivamente simples do que deve ser a mais poderosa objeção a qualquer teoria semântica da expressão: o que se supõe que uma obra de arte deva *dizer* sobre o estado de espírito que ela expressa, e como se identifica o estado de espírito? Descobrimos que a teoria de Langer exclui essas questões como ilegítimas. O tipo de simbolismo peculiar à arte não deve ser explicado com base no modelo da "referência e predicação". O simbolismo artístico é *sui generis*, envolvendo não afirmação ou comparação, mas "apresentação", a revelação de uma coisa individual.

Como o expressionismo, essa teoria descende diretamente da teoria kantiana, segundo a qual a experiência estética está livre de conceitos. Na experiência estética, os objetos não são nem comparados nem descritos, mas "dados" em sua inteireza. Croce, do mesmo modo, argumentava em defesa de sua teoria cognitiva da apreciação estética, afirmando que a arte e a apreciação da arte são formas de conhecimento não conceptual. Reduzida a seus termos mais simples, a distinção entre arte e ciência reside no fato de que a primeira envolve *intuição*, ou conhecimento dos particulares, enquanto a segunda envolve *concepção*, ou conhecimento de universais. Croce afirmava que a obra de arte como um todo apresenta uma intuição, mesmo quando contém partes – como em um romance – as quais, tomadas por si sós, teriam importância puramente conceptual.[10] Com efeito, Croce tentou unir em uma única

---

[10] Ver, por exemplo, B. Croce, *Breviario di Estetica*, Bari, 1913, p. 26-31. O argumento também está implícito em Hegel. Ver *Introduction to the Philosophy of Fine Art*. Trad. Bosanquet, London, 1886, p. 133.

fórmula dois aspectos separados da visão hegeliana de arte: a visão de que arte e apreciação da arte são formas de conhecimento, e a visão de que a arte é um meio sensível, não intelectual. Croce liga essas visões de modo a derivar as importantes consequências de que o que a arte diz, e o que fornece conhecimento sobre ela, não pode ser dito ou conhecido de outra forma, uma vez que isso entraria em contradição com o pressuposto de que o objeto de arte não é uma concepção, mas uma intuição.

É um pequeno passo desse tipo de expressionismo para a versão de Langer da teoria semântica: as conclusões são as mesmas, e as razões para elas igualmente difíceis de interpretar. Na realidade, mesmo em teorias semânticas mais sutis e menos genuinamente explanatórias que a de Langer, chega-se às mesmas conclusões, e surgem as mesmas inadequações de explicação. Isso deveria nos levar a suspeitar que, por mais refinada que se possa tornar a teoria semântica, é em última instância uma teoria vazia da apreciação estética, bem como a doutrina dos "símbolos apresentacionais". Tentarei ilustrar essa conjectura por meio de uma breve consideração das visões de Goodman.[11]

Goodman analisa a relação entre uma obra de arte e o que ela expressa em termos da noção comum de referência, evitando assim muitas das dificuldades que derivam do recurso de Langer à "apresentação" ["*presentation*"]. Ele afirma que a expressão é uma espécie de exemplificação, e que um objeto exemplifica uma propriedade se ele ao mesmo tempo possui a propriedade e se refere a ele, da mesma forma que a amostra de um alfaiate exemplifica o padrão de uma roupa particular. A expressão se distingue de outros tipos de exemplificação pelo fato de que na expressão a propriedade exemplificada é possuída metaforicamente, e não literalmente. Em outras palavras, a expressão consiste na referência a um atributo que é "metaforicamente possuído". Goodman se sente à vontade para usar os termos

---

[11] Goodman, op. cit., 1969, cap. 2.

"atributo" e "predicado", de maneira intercambiável, em bases nominalistas. Igualmente verdadeira para a premissa do nominalismo é sua recusa de fornecer uma explicação (além da genética) de como um predicado é metaforicamente aplicado. Não cabe a sugestão de que compreender uma metáfora poderia envolver capacidades bem diferentes daquelas envolvidas em compreender uma verdade literal: a questão incide em parte em petição de princípio no que concerne à análise não cognitiva da apreciação estética. Tampouco necessitamos argumentar contra a visão de Goodman assinalando que nem toda qualidade que se diz que uma obra de arte expressa também é atribuída a ela metaforicamente ("luto" é apenas um exemplo disso). O erro pode residir, afinal, em nossa habitual reserva em relação à metáfora. É verdade que a análise de Goodman precisa ser ligeiramente corrigida para que não fique exposta a contraexemplos. Claramente, não é suficiente para a expressão que um poema seja tanto triste quanto se refira à tristeza, uma vez que a referência poderia surgir de uma maneira irrelevante. (A tristeza poderia ser simplesmente mencionada em um dos versos.) A discussão de Goodman inclui várias sugestões no que concerne a como esse tipo de dificuldade poderia ser superada. Tudo que precisamos dizer, penso eu, é que o poema deve se referir à tristeza em virtude do fato de ser (metaforicamente) triste.

Ora, Goodman nega que sua teoria nos permita dizer o que qualquer obra expressa: nenhuma análise filosófica moldada em termos nominalistas teria essa capacidade. Segue-se que não podemos comparar a teoria de Goodman com nossas intuições anteriores sobre a expressão e vê-la como justificada. Além disso, parece que essas intuições são extremamente vagas. Todo juízo que foi feito sobre a expressão também foi ardorosamente contestado, e deixando de lado essa instabilidade da linguagem crítica, a maior parte das teorias filosóficas da expressão possui um ar paradoxal e distante. Não sabemos como aplicá-las a obras de arte; tampouco sabemos o que se segue caso sejam verdadeiras. Essa falta de um corpo estabelecido de intuições torna a análise de Goodman, em termos das condições necessárias, um tanto quanto curiosa. A teoria apresenta um "*analysans*" sem identificar seu "*analysandum*". Se os argumentos anteriormente fornecidos sobre o reconhecimento da expressão estiverem corretos, então é difícil avaliar o que é mostrado pelo fato (se é que é um fato) de que algumas obras de arte possuem a propriedade de se referir a um atributo que elas também metaforicamente possuem.

O problema da análise de Goodman reside na condição da referência: é essa característica que, em última instância, explica a relação simbólica entre uma obra de arte e o que quer que seja expresso por ela. É em termos de referência que a relação de "correspondência" é analisada. Em que consiste essa característica?

Para Goodman, as várias formas de arte, como as linguagens naturais, são esquemas de símbolos. Elas simbolizam objetos e propriedades, os primeiros por meio de representação ou descrição, as segundas por expressão ou exemplificação. A representação envolve denotação, que é tanto imediata quanto mais literal que a exemplificação, mas o núcleo tanto da expressão quanto da representação é a propriedade da referência, que pode existir nessa e em muitas outras formas. A referência é recorrente em outros esquemas de símbolos, e poderia ser compreendida com base no estudo de qualquer um deles. Esquemas de símbolos se diferenciam em parte em termos de certas propriedades formais, algumas semânticas (derivadas do que Goodman chama de "campo de referência" do esquema), outras sintáticas (pertencendo à própria estrutura do esquema). Se algumas dessas propriedades estão presentes, e outras ausentes, então é possível desenvolver uma anotação para o esquema; de outro modo, não é possível. Nem todas essas propriedades formais precisam ser partilhadas por dois esquemas de símbolos quaisquer. (Assim, linguagens naturais, ao contrário de pinturas, são sintaticamente diferenciadas, ou articuladas, e, ao contrário das partituras musicais, são semanticamente indiferenciadas, ou densas.)

Suponhamos agora que perguntemos: qual o conteúdo da afirmação de que as separadas formas de arte constituem esquemas de símbolos? O que elas simbolizam, e que tipo de coisa nos permitem dizer sobre o que simbolizam? Uma primeira reação a essas questões poderia ser construí-las como não problemáticas, ou então, mais uma vez excluí-las como ilegítimas, como faz Langer. As formas de arte são esquemas de símbolos pelo fato de que possuem um "campo de referência" com o qual podem ser correlacionadas. Não há conteúdo para a noção de um esquema de símbolos que pode ser fornecido independentemente dessas características. Se for perguntado *o que* é simbolizado por obras de arte, a resposta é: objetos e propriedades (ou, em linguagem nominalista, indivíduos e predicados); eles esgotam o campo de referência da arte, como a maior parte dos esquemas de símbolos. Caso se pergunte agora o que as obras de arte *dizem* sobre esses objetos, será replicado que uma resposta não é nem necessária nem possível. Compreender um enunciado na "linguagem" da música é simplesmente compreender as referências que são feitas pelo enunciado individual, de acordo com as convenções e práticas da música. Não há necessidade de se referir ao que a música *diz* a fim de explicar como a compreendemos. De todo modo, a música não diz nada que possa ser posto em palavras: não há motivo para que a traduzibilidade que caracteriza as outras linguagens naturais se mostre em outros esquemas de símbolos. Não podemos falar de um enunciado musical como equivalente a um trecho de inglês; a noção de equivalência se liga aos enunciados linguísticos, e apenas marca uma relação entre sentenças. Supor que um enunciado musical possa ser compreendido como sendo traduzido em um enunciado verbal é supor que o primeiro pertence a um esquema de símbolos ao qual, de fato, não pertence. Compreender um enunciado musical não é o mesmo que conhecer algum enunciado em outro esquema de símbolos que, de alguma forma, diz a mesma coisa; não há razão para dizer que outro enunciado assim possa ser encontrado. De todo modo, suponha-se que se encontre esse enunciado: como compreendê-lo? Não, certamente, conhecendo outro enunciado no mesmo – ou em outro – esquema de símbolos: insistir em que a compreensão deve sempre operar desse modo é gerar um regresso ao infinito. Compreender um enunciado musical deve ser considerado uma habilidade puramente *musical*, da mesma forma que compreender uma sentença é uma habilidade puramente linguística.

Forneço esse argumento porque ele me parece fazer justiça ao extremo radicalismo da abordagem de Goodman e a sua determinada rejeição de todas as "explicações últimas". Porém, esse radicalismo também tem seus defeitos, e, embora em um nível ele pareça tornar a análise inatacável, em outro, abre-se para séria crítica. Não é um fato irrelevante que as linguagens naturais podem ser traduzidas. Faz parte de sua essência. Pois a tradução é uma possibilidade, na medida em que há lugar para interpretação, e todas as linguagens naturais são inerentemente interpretadas. Em outras palavras, "referência" em uma linguagem natural parece abrir imediatamente para a possibilidade de tradução. Pois a referência a particulares não pode ocorrer em um esquema de símbolos que não admita a possibilidade de predicação, e, portanto, a possibilidade de conferir valores de verdade. (Apoio-me nos usuais argumentos fregianos para uma conexão entre referência e verdade.) A verdade introduz a ideia de equivalência, e, portanto, de "traduzibilidade". Ora, supõe-se que devemos assumir que essa "traduzibilidade" não é uma característica do esquema de símbolos da música, mesmo que a referência ocorra nesse esquema. No entanto, se for assim, o termo "referência" tal como empregado por Goodman se torna tão obscuro e inútil quanto a "apresentação" de Langer. Como na teoria da representação, Goodman apoia sua análise em uma propriedade supostamente semântica a qual, não obstante, deve ser separada de quase todas as atividades normais nas quais ocorre a referência: asserção, negação, questionamento e comando. A obra de arte apanha um objeto (nesse caso, um sentimento), mas não predica nada a respeito dele. A obra de arte não possui valor de verdade; dizer, portanto, que compreender a obra de arte é cognitivo é dizer muito pouco. É dizer apenas que envolve atenção a um objeto, e por conseguinte, mais que a simples estimulação de sentimento ou de sentido. Se podemos falar da obra de arte como possuindo uma relação de referência com o que ela expressa não é tanto como a referência que ocorre em "Isso é verdade", mas mais como a que ocorre em "Olhe para isso!". Obedecer a semelhante ordem, e compreender a referência que ela contém, não envolve nenhum juízo determinado sobre o objeto ao qual se refere.

Isso parece sugerir que uma teoria semântica da arte não diz realmente algo sobre a apreciação que não possa ser dito em termos menos enganosos. Não possui a implicação de que compreender a arte é cognitivo da mesma forma que compreender uma linguagem é cognitivo, nem possui a implicação de que a obra de arte é um símbolo da mesma forma que as palavras são símbolos. O simbolismo artístico é inteiramente *sui generis*: ele não expressa conhecimento de universais; em vez disso, transmite um sentimento de existência individual. É por esse motivo que obras de arte não podem ser traduzidas. A arte não é conceptual, mas "imediata" ou "intuitiva". O aparato das teorias semânticas não faz mais que preservar em forma mais cautelosa os postulados centrais do expressionismo de Croce. Porém, é impossível explicar os termos da teoria semântica de uma maneira que jogue alguma luz sobre a doutrina crociana. Pelo contrário, esta permanece tão obscura como nunca, a despeito do superficial ar de persuasão dos termos em que é agora expressa. Dizer que uma obra de arte "apresenta" certo sentimento ou "se refere a ele", onde "referência" é separada da verdade, e não se pode fornecer quaisquer regras de referência, não é mais que dizer que a obra, de alguma maneira (mas não de uma maneira particular) evoca à mente algum sentimento. E isso não precisamos negar. Prosseguir argumentando que a apreciação é cognitiva é na melhor das hipóteses enganador, e chamar uma obra de arte de símbolo é usar a palavra "símbolo" em um sentido atenuado. Ser um símbolo não implica mais ser usado para simbolizar. Se a camisa vermelha é um símbolo do comunismo e a camisa negra símbolo do fascismo, isso é porque as pessoas usaram as cores de suas camisas para declarar seus compromissos políticos. Vestir uma camisa vermelha nas circunstâncias adequadas e dizer "Sou comunista" são atos equivalentes, mesmo que um possa ser apropriado e efetivo e o outro não. O fascista que assiste a uma demonstração comunista com camisa vermelha é culpado de dissimulação: ele está contando uma mentira em seu modo de vestir. Quem pensou que uma obra de arte simbolizava sentimento de maneira similar veria que é impossível explicar as atividades do juízo estético e da apreciação estética. Como veremos, o simbolismo na arte é mais uma questão de sugestão que de referência.

Ao afirmar que a apreciação não é primariamente cognitiva, pretendi sustentar que a atitude estética não é de descoberta, e sua finalidade não é o conhecimento de fatos, seja sobre a obra de arte, seja sobre o mundo ao qual se "refere". Nenhuma teoria cognitiva da experiência estética pode explicar por que alguém deseja ouvir novamente uma sinfonia, mais que por que alguém deseja reler um tratado científico, ou repetir um experimento bem-sucedido.[12] Embora um juízo seja uma precondição necessária da experiência estética – como a leitura de qualquer romance tornará claro –, ele não é a experiência propriamente dita. Uma atitude de descoberta, embora seja essencial para a apreciação estética, não é suficiente, e os efeitos da arte não podem ser resumidos em termos de proposições que aprendemos ou nas quais passamos a acreditar após estudá-las. O aspecto cognitivo da apreciação só pode ser descrito em termos de certas experiências, das quais a "compreensão" analisada no Capítulo 13 fornece a forma geral. É desse modo que precisamos agora tentar descrever o "reconhecimento da expressão".

---

[12] Devo este argumento ao sr. R. K. Elliot.

Capítulo 15 | Simbolismo

Até agora, nossas conclusões foram negativas. A expressão em arte possui tanto um aspecto intencional quanto um aspecto afetivo, e encontramos razões para considerar o segundo como primário. Mas qual é esse lado afetivo? O que é a experiência de "reconhecer expressão" e como ela surge?

Precisamos enfatizar, nesse ponto, a distinção entre natureza e arte. Imagine um rosto numa pedra em algum lugar, no qual a ação do vento e da água moldou uma figura que se assemelha muito ao Hermes olímpico. É impossível abordar essa figura com as atitudes, pressupostos e expectativas que reservamos para obras de arte. Vemos a "escultura" do rosto como um acidente, e, por mais que a estudemos por sua beleza, será impossível apreciá-la como apreciamos o original grego. Por mais que se assemelhe a Hermes, jamais será possível apreciar no rosto da pedra as sutilezas de representação e de expressão que nos afetam tão profundamente na arte. Se estou interessado na expressão do rosto de Hermes, então estou interessado na expressão que Praxíteles (supondo que tenha sido ele) deu a essa face, e se ela tem valor para mim é em parte porque reconheço nessa expressão uma intenção particular do artista.

O reconhecimento da intenção, por conseguinte, não pode ser descartado como irrelevante para nosso interesse em arte. Não existe tampouco um claro contraste, afinal, entre uma abordagem "afetiva" e uma "intencional" do conceito de expressão, pelomotivo de que uma noção de intenção determinará nossa experiência da arte. A obra de arte é "transparente" à intenção, de modo que em qualquer nível a intenção pode operar por meio da arte, refinando e transformando seu efeito sobre nós.

Isso é verdadeiro não só em relação à expressão, mas também, como vimos, em relação à representação. Com efeito, é com frequência difícil distinguir entre ambos os fenômenos, como é claramente mostrado pelo exemplo da mímica. Em ambos os casos, a "estabilidade" desse aspecto depende de uma noção de intenção. Num primeiro momento, "reconheço" o sr. Heath nos gestos da mímica, como poderia "reconhecer" o sr. Wilson ou a rainha. Mas quando vejo que é o sr. Heath que se *pretende* [*intend*] representar por meio do gesto, então minha experiência muda; o aspecto se torna mais estável, e mais imediato. Agora permito que minha experiência siga um caminho familiar; entrego-me à impressão, e situo minha percepção da performance no quadro de pensamentos e atitudes relativas ao sr. Heath. Se a mímica for acurada, e sua intenção clara, então me divirto com a performance.

Esse exemplo, usado tanto por Wittgenstein quanto por Sartre,[1] serve para mostrar, segundo penso, que as mesmas capacidades podem estar envolvidas tanto na compreensão da expressão quando na compreensão da representação. A mímica se situa na fronteira entre ambos os fenômenos, e nossa experiência da mímica se relaciona tanto com nossa compreensão da representação no teatro quanto com nossa apreciação da expressão no balé e na música. A representação e a expressão são ambas formas de "imitação", e nossa experiência de cada uma delas deriva da imaginação, não da crença.

Mas isso não esgota o que precisa ser dito em conexão com o conceito de expressão. Tal como se mostra, a noção de aspecto não

---

[1] Wittgenstein, *Lectures and Conversations on Aesthetics, Psychology, and Religious Belief*. Barrett, C. (org.), Oxford, 1966, p. 32, e Sartre, *L'Imaginaire*, Paris, 1940, p. 55-63.

elucida todos os fenômenos que podemos localizar sob esse conceito ao discutir arte. Em particular, ela não parece cobrir o fenômeno da atmosfera, no qual grande parte da "expressividade" das obras de arte consiste. Certas obras me parecem "imbuídas" de emoção – como *Embarque para Citera*, de Watteau, ou *Ulisses*, de Tennyson – e esse é um fenômeno que requer análise. Esses são exemplos de primeira linha do "simbolismo" artístico; semelhantes obras de arte são tratadas como expressões perfeitas de um estado de espírito, e nessa tarefa do simbolismo não podemos pensar em um enunciado prosaico que possa se sustentar. Como descrever o "reconhecimento da expressão" em casos como esses?

Os símbolos artísticos, afirma-se com frequência, distinguem-se de enunciados linguísticos pelo fato de serem icônicos. O termo é de Peirce,[2] e é usado para sugerir que a relação entre o símbolo artístico e o que corresponde a ele é de certa forma "direta", de um modo que o simbolismo linguístico não é. Parte do que se entende por isso é que o simbolismo artístico não é mediado, como ocorre com o simbolismo linguístico, por regras de referência, mas procede diretamente, por meio da habilidade intrínseca do símbolo de invocar algum objeto ao espírito.

Essa invocação de uma distinção respeitável é bastante inofensiva, enquanto não pensarmos que qualquer coisa seja explicada por ela. Dizer que o simbolismo artístico é icônico é fornecer uma indicação do que ele não é. Mas isso não nos diz o que é, nem como surge, ou quando é bem-sucedido. A própria explicação de Peirce da iconicidade – em termos de similaridade – é pouco semelhante à nossa explicação da maneira pela qual *Convite à Viagem* se relaciona à entrega emocional, ou como a *Cenas Infantis* de Schumann se relaciona com a experiência de uma criança.

---

[2] Peirce, *Collected Papers*. V, C. Hartshorne e P. Weiss (orgs.), Cambridge, Massachusetts, 1934, vol. V, seções 213 ss.

Ora, não são apenas obras de arte que mantêm relações afetivas com objetos e estados de espírito. Assim, uma paisagem pode transmitir as alegrias da infância a alguém que foi feliz lá. Com efeito, no famoso soneto de Baudelaire, a natureza como um todo é envolvida nas *Correspondências* que experimentamos na vida acordada, e a descoberta de Freud de um simbolismo do sonho toma como ponto de partida uma noção que se relaciona estreitamente com a ideia do simbolismo que infesta a estética contemporânea. Essa concepção freudiana encontra análogos na antropologia e na religião comparada e, na realidade, encontramos em todos os ramos da experiência humana formas de "simbolismo" que não são semânticas no sentido estreito de enunciado verbal, mas afetivas ao modo de obras de arte.

É possível objetar que não se pode simplesmente assumir a continuidade entre simbolismo artístico e não artístico porque, às vezes, utilizamos o mesmo vocabulário vago para descrever ambos. Mas tomemos um exemplo. Suponha que estou sentado à beira de um estuário, sob a luz de um sol pouco intenso, olhando os barcos e botes e ouvindo o murmúrio de suas velas. Considero essa cena evocativa, e por isso entendo que ela traz ao espírito certas emoções. "Mantenho" essas emoções na imaginação, mas se me pedirem uma descrição de sua natureza me vejo sem palavras. Suponha, no entanto, que sou capaz de descrevê-las como um misto de paz e saudade. Ora, não podemos dizer que o estuário é o "objeto" desse sentimento em qualquer sentido direto: não imagino um sentimento de paz e saudade que *se dirija ao* estuário, tal como meu presente interesse se dirige a ele. O estuário tampouco é meramente a ocasião para esse sentimento. A experiência não é causada pela visão do estuário da maneira como é causada pelo vinho que acabei de beber. Pois o sentimento que imagino se relaciona intimamente com o que vejo, no sentido de que o que vejo é parte indissociável de uma plena descrição do sentimento. Se eu estivesse tentando produzir uma descrição que não fosse vaga e geral à maneira daquela que mencionei, deveria me ver constrangido, em determinada altura, a me referir ao estuário, e não só ao sentimento que o estuário provoca. Sem nos alongarmos no assunto, podemos dizer que estou tratando o estuário, aqui, como um "símbolo" de um estado de espírito.

Suponha agora que, ao refletir sobre esse estado de espírito, descubro uma obra de arte que o expressa perfeitamente. Ao ouvir estes versos: "Veja sobre esses canais / Dormir esses barcos / Cujo humor é vagabundo; [...]"[3] exclamo: "É exatamente isso que sinto!". Se falo sinceramente, então minha palavra tem valor de lei.[4] Não seria estranho dizer que o poema, que expressa para mim precisamente o mesmo sentimento transmitido pelo estuário, não obstante tem uma relação completamente diferente com esse sentimento? Afinal, o poema é expressivo em parte em virtude do que ele descreve, e o que ele descreve é o que vejo quando olho para o estuário. Em outros termos, embora expresse o sentimento mais completamente, o poema mantém uma relação com o sentimento que é essencialmente similar à relação que existe entre o sentimento e o estuário. Segue-se que, embora o reconhecimento da intenção modifique e aprofunde nossa experiência do simbolismo, a experiência propriamente dita pertence a um tipo que pode ser descrito sem referência às intenções características da arte.

Sigamos nossa prática usual e limitemos nossa atenção ao caso da terceira pessoa. O que deve ser verdade de um homem se se diz que ele vê uma obra de arte como o símbolo de certo estado de espírito? Parece-me que, uma vez que transferimos nossa atenção do objeto estético para a experiência subjetiva, o empreendimento de listar condições necessárias pode ser executado. As primeiras três condições são imediatamente sugeridas por nossa teoria da imaginação:

---

[3] Tradução livre e literal dos versos: "Vois sur ces canaux / Dormir ces vaisseaux / Dont l'humeur est vagabonde; [...]". (N. T.)

[4] Cf. o problema da identidade da qualidade expressiva, discutido no capítulo anterior.

A. É necessário que o sujeito seja capaz de evocar o sentimento em questão, e assim, "imaginar como é". O conhecimento que se adquire do reconhecimento da expressão, nesse como em qualquer outro, é uma forma de conhecimento por familiaridade. O sujeito se familiariza com algo que pode não ser capaz de descrever em palavras.

Isso conduz de imediato a uma segunda condição:

B. O sentimento deve ser evocado pela obra de arte. Ou seja, o pensamento ou percepção da obra deve levar o sujeito a pensar, ou a manter, o sentimento. Não podemos dizer, em abstrato, que características de um objeto lhe podem conferir esse poder evocativo, e isso se encaixa bem com a intuição de que o que torna uma obra de arte expressiva de alguma emoção não pode ser disposto, de antemão, independentemente do caso particular.

Finalmente, devemos deixar claro que o reconhecimento da expressão faz parte de nossa experiência da arte:

C. É necessário perceber ou ter percebido a obra de arte para que se possa tomá-la como expressão. Ou seja, a experiência do simbolismo não pode ser obtida de segunda mão. Essa condição, penso eu, não requer comentário adicional.

Foi ao tentar avançar para além dessas condições mínimas que filósofos quiseram invocar noções tão vagas como a "fusão" da qual fala Santayana. O poema passa a ter valor simbólico quando a ideia (ou percepção) dele se funde com a ideia do sentimento. Isso lembra a tentativa de explicar a percepção do aspecto dizendo que ali a experiência foi informada por um conceito. E parece sugerir que nossa experiência consiste em *dois* elementos, unidos em certa relação específica.

Contudo, se tentamos fornecer uma explicação não metafórica dessa "fusão", nós nos vemos em dificuldades: ou inventamos alguma nova metáfora, ou recaímos num círculo, e explicamos "fusão" em termos de simbolismo, insistindo que, aqui, simbolismo é *sui generis* e não deve ser explicado em termos de algum paradigma linguístico ou semântico. É claro, pode-se fornecer uma explicação *crítica* do processo de fusão. Por isso, entendo que se pode nomear as características de um poema em virtude das quais ele passa a ser expressivo de certo estado de espírito. Porém, a investigação crítica do pensamento, da dicção e da conotação pode ser vista como nos fornecendo a gênese do simbolismo, não sua análise. É porque o poema desperta todos esses pensamentos, e os arranja numa conformação particular de palavras, que ele adquire valor simbólico. Mas isso não nos diz o que significa afirmar que o poema simboliza certo estado de espírito. Em outro contexto, pode ser necessário fornecer uma explicação inteiramente diferente, mesmo quando o estado de espírito em questão é tão similar quanto pode ser. (A esse respeito, podemos muito bem comparar o *Embarque* de Watteau com *Corinna*, de Herrick.)

Precisamos, portanto, tentar dar algum sentido à "fusão" empirista. E pode parecer que já possuímos uma alternativa à nossa teoria da imaginação. Quando traduzimos a metáfora da "fusão" para linguagem filosófica aceitável, isso não nos conduz mais uma vez à ideia de um aspecto?

Infelizmente, a questão não é tão simples. É claro, podemos ver o reconhecimento da tristeza em música como um caso de percepção de aspecto. Porém, isso não resolve nossa presente dificuldade. Precisamos de algum termo com o qual denotar as mais sutis relações entre música e emoção, relação de "sufusão", ou simbolismo no sentido afetivo. A experiência do simbolismo não pode ser descrita simplesmente como a percepção direta e imediata de uma relação, à maneira do "ver" ou "ouvir como". Quando reconhecemos que o *Embarque para Citera* expressa uma atitude em relação à transitoriedade da felicidade, então, embora minha experiência seja, de certas importantes maneiras, análoga à percepção de um aspecto, não me referi a nenhum "aspecto" nessa descrição da pintura. Não podemos dizer que ver a pintura é como ver uma expressão (em certo sentido mais literal) dessa atitude. Isso não nos fornece uma descrição de qualquer coisa que possa ser vista. Invocar a noção de um aspecto a fim de explicar o reconhecimento da expressão em um caso como esse, nessa altura, é por conseguinte perfeitamente inútil. Não está claro o que significa dizer que uma pintura pode ser vista como algo que é em si mesmo invisível. (Nesse sentido, o caso é exatamente paralelo ao de *La Mer*, discutido no Capítulo 13.)

É preciso dizer mais, portanto, sobre a relação precisa entre pensamento e experiência em casos desse tipo. Suponha que alguém veja a pintura como expressão de alguma atitude em relação à transitoriedade da felicidade. Não é suficiente afirmar, como fizemos até agora, que essa pessoa é simplesmente levada pela pintura a pensar nessa atitude. Há muitas maneiras não relevantes pelas quais esse pensamento poderia surgir com base na percepção da pintura, e isso pela razão principal de que devemos rejeitar a doutrina da "associação de ideias". Um primeiro passo para superar a dificuldade pode incluir alguma referência à emoção. Assim, podemos considerar adicionar a seguinte condição:[5]

> D. Ver *a* como símbolo de *b* é reagir de alguma maneira a *b*, como resultado de perceber *a*. É possível que essa reação exista somente na imaginação – "mantida", mais que adotada; e se *b* for ele próprio uma emoção, então a reação terá um caráter "simpático", como quando se responde ao luto na música de um réquiem.

Semelhante condição pode parecer natural, uma vez que vai de certa maneira ao encontro de explicar a importância e o valor da expressividade. Mas há um problema que já mencionamos: o problema da "dupla intencionalidade". Ao discutir o exemplo do estuário, ficou claro que este não poderia ser considerado nem como

---

[5] Essa condição, e a próxima, foram em alguma medida sugeridas por Bishop Alison (*Essays on the Nature and Principles of Taste*. Edinburgh, 1790, vol. I, cap. 2), que viu que a mera associação de ideias não é suficiente para o juízo estético.

objeto de meu sentimento imaginado (em qualquer sentido normal), nem meramente sua ocasião. E ainda assim o sentimento parecia depender do estuário, não meramente por sua existência, como por sua descrição propriamente fosse preciso referir-se ao estuário.[6] A expressão de semelhante sentimento imaginado em palavras e em comportamento deve ser bem distinta da expressão de uma reminiscência (o que pode assumir a forma "Isto me faz pensar em...", em lugar de "Isso expressa..."). Parte da expressão desse estado de espírito residirá no desejo de continuar observando um objeto particular, e é por isso que podemos querer dizer que o interesse em "simbolismo" é sempre estético: pois sempre envolve atenção a uma visão ou a um som particulares.

Esse fenômeno da "dupla intencionalidade", é claro, é precisamente o que observamos no caso da percepção de aspecto (embora haja aqui uma questão da intencionalidade de uma percepção, em vez da intencionalidade de um sentimento). Quando vejo a como b, ou vejo b em a, minha percepção possui dois objetos imediatos: a (que é também o objeto material da percepção), e b, o aspecto, esses dois objetos se fundindo no sentido de *o que vejo* precisar ser descrito em termos de ambos. Penso que devemos reconhecer que a "dupla intencionalidade" é aqui inteiramente primitiva. Se for assim, a "dupla intencionalidade" similar observada no reconhecimento do simbolismo – como, de fato, em todo exercício de imaginação, e daí, em qualquer tipo de experiência estética – ficará suficientemente clara uma vez que sua relação com a percepção do aspecto for explicada. E, de fato, essa sugestão se mostra frutífera.

Retornemos ao caso da pintura ou do poema que expressam uma atitude em relação à transitoriedade da felicidade. Aqui, a emoção que é sentida ou imaginada não pode ter como objeto somente o

---

[6] Sobre esse ponto, e problemas relacionados na análise da expressão, ver John Casey, *The Language of Criticism*. London, 1966, caps. IV e V.

estado de espírito expresso na obra de arte: também deve se dirigir, de alguma maneira, à obra de arte. A seguinte análise do fenômeno parece natural:

> E. Embora o sentimento do sujeito seja expresso em relação ao que é simbolizado (a atitude, nesse caso, também se dirige à própria obra de arte, no sentido de que o sujeito está disposto a descrever – e talvez a justificar – sua emoção em termos de características da obra. (Ele descreve as posturas de fadiga das pessoas no quadro de Watteau; ele se refere aos sombrios versos finais de *Corinna*, de Herrick, etc.)

Desse modo, pode-se sustentar que a obra de arte fornece a elaboração do sentimento do sujeito. Pois, para proporcionar uma explicação completa do pensamento no qual se baseia esse sentimento, o sujeito precisa se referir à obra de arte que está diante dele. Isso é assim a despeito do fato de que o objeto de seu sentimento – que é definido por esse pensamento – não é a obra de arte em si, mas algo que vai além da obra que ele "simboliza".

Essa sugestão é promissora, mas ainda incompleta. Retornemos, portanto, às observações sobre a intencionalidade do Capítulo 6. Sustentei ali que a intencionalidade pode ser explicada, em sua maior parte, em termos da noção de pensamento, em que "pensamento" abrange crença, juízo e estados não asseridos de espírito, alguns dos quais foram discutidos sob o tópico da Imaginação. Suponha que se pergunte: o que torna meu medo de X medo de X? A resposta pode ser posta de maneira bem simples: meu medo depende, para sua existência, de um pensamento sobre X (o pensamento de que X possui alguma característica assustadora). Porém, não é apenas qualquer pensamento sobre X que servirá dessa maneira para dirigir meu medo. Preciso pensar que X é um objeto adequado de temor. De modo similar, se, ao contemplar o Watteau, começo a lamentar a perda da felicidade, então deve haver algum pensamento a respeito da perda da felicidade no qual essa emoção se baseia. E esse pensamento deve ser tal de modo a tornar a perda da felicidade lamentável a meus olhos. E é aqui que a pintura pode desempenhar seu papel na elaboração de meu sentimento. Pois as características da perda da felicidade que suscitam minha emoção podem ser características que a pintura mesma me traz. (É tarefa do crítico, não do filósofo, nomear essas características.)

Mas existem duas dificuldades relacionadas a essa abordagem, as quais devem ser superadas. Em primeiro lugar, ela parece tornar o reconhecimento da expressão uma vez mais uma atividade meramente cognitiva: aprendo da obra de arte certos fatos, digamos, sobre a condição humana, em resultado dos quais passo a simpatizar com certa atitude em relação à perda da felicidade. Não há sentido no qual o reconhecimento da expressão envolva a *apreciação* da obra de arte particular, e, de fato, na medida em que reconheço qualquer coisa há algo que deve ser trazido a meu conhecimento em um número indefinido de outras maneiras. Em segundo lugar, existe o problema familiar causado pela ambiguidade emocional. Para voltar ao "ver como", posso ver a figura ambígua do pato e, ao mesmo tempo, ser capaz de justificar para outra pessoa, de maneira bastante convincente, a percepção da figura como um pato. Preciso apenas apontar para as características semelhantes a coelho da figura. No entanto, envolver-se nesse processo de justificação não é ver também a figura como um coelho. De maneira análoga, posso experimentar uma obra de arte como símbolo de lamento, ao mesmo tempo que produzo razões para tratá-la como símbolo da frivolidade da existência na corte (supondo que o Watteau, ou outra pintura similar, suportem ambas as interpretações). Em outros termos, a ideia de justificação não basta por si mesma para explicar como meu sentimento se "dirige" para a pintura.

Na realidade, podemos superar ambas as dificuldades por meio de uma única estratégia:

> F. O que o sujeito aprende da pintura – o que a pintura "lhe traz" – é algo que ele aprende na *experiência* da pintura, e somente nessa experiência.

Essa sugestão corresponde à teoria hegeliana (e, em alguma medida, kantiana) de que uma obra de arte possui expressão por ser a "encarnação sensual" de uma ideia. Semelhante teoria pode ser libertada da obscuridade de seu protótipo idealista da seguinte maneira. Ao descrever a intencionalidade de meu sentimento em termos da pintura, refiro-me à maneira como a pintura *parece*, e é dessa maneira que meu pensamento depende da experiência. É a aparência da pintura que provê a elaboração de meu pensamento. Por exemplo, são as posturas observáveis das figuras na pintura de Watteau, e a luz particular que se difunde sobre elas, que fornecem uma sensação tão vívida de lamento sobre a transitoriedade da felicidade. Descrevo o que me comove nessa transitoriedade em parte em termos dessas características da pintura, mas trata-se de características exclusivamente visuais. Somente alguém que viu a pintura, e viu um aspecto particular da pintura, compreenderá plenamente a que me refiro.

Em outras palavras, concordar com minha descrição do que é expresso na pintura é passar a ver certas características da pintura sob certa luz. E é possível que, nesse ponto, possamos retornar à doutrina do "ver como". Pois, se meus pensamentos dependem tão estreitamente da aparência da pintura, é possível que eu a veja encarnada nessa aparência. Os pensamentos podem transformar a "aparência", de modo que posso querer descrevê-la diferentemente. A experiência de uma "aparência" assim transformada pelo pensamento será formalmente análoga à experiência de ver um aspecto. Entretanto, também se assemelhará à "compreensão" descrita no Capítulo 12, pelo fato de que será impossível dizer em outras palavras como os detalhes da pintura devem ser *vistos*. Tudo que podemos dizer, em abstrato, é que eles são vistos de maneira tal que a interpretação da pintura como símbolo se torna imediata.

Essa experiência de reconhecer o simbolismo, como todos os fenômenos que partilham das propriedades formais da imaginação, está dentro do controle racional. Existe algo como defender uma interpretação apropriada a uma dada obra de arte, e, ao fazê-lo, pode-se persuadir a outra pessoa, por meio de razões, a experimentar a obra de certa maneira. Essas razões podem mais uma vez apontar para analogias – como quando descrevo o ritmo ou a linha melódica de uma peça musical em termos das propriedades "dinâmicas" de uma emoção.[7] Porém, o juízo de "caráter apropriado" [*appropriateness*] é, mais uma vez, *sui generis*, e de modo algum limitado a analogias. Tomem-se os versos finais de *Corinna*, de Herrick: "Então, enquanto o tempo serve, e estamos só decaindo, / Venha, minha Corinna, venha, vamos maiar".[8] Aqui somos subitamente forçados a reconhecer que o que é expresso não é meramente argumentativo, à maneira de "To His Coy Mistress",[9] mas também contagiado de tristeza. Mas, é claro, não existe *analogia* com a tristeza aqui. O efeito depende do que é dito, e do peculiar ritmo alteado do verso.

O "reconhecimento" do simbolismo na arte não é de modo algum um fenômeno isolado ou curioso. Com efeito, tem muito em comum com certas outras formas de "reconhecimento" que contagiam nossa consciência do mundo. Ora, geralmente, "reconhecimento" denota um processo cognitivo do qual mesmo animais são capazes: um cão pode reconhecer seu dono, como reconheço um homem por quem passo na rua. Aqui, reconhecimento consiste em *saber quem é o homem*. É como se eu dissesse a mim mesmo: "Aqui está o sr. Smith". Mas há outro sentido, no qual "reconhecimento" possui uma dimensão de "plenitude" e, nesse sentido, reconhecimento não pode ser explicado simplesmente como um caso de perceber

---

[7] Cf. "Sorrindo em meio às lágrimas" do quarteto em Si menor de Beethoven, Op. 128.

[8] Tradução livre dos versos: "Then, while time serves, and we are but decaying, / Come, my Corinna, come, let's go a-Maying". (N. T.)

[9] "To His Coy Mistress" ["Para Sua Discreta Amante"], poema de autoria de Andrew Marvell. (N. T.)

que determinada proposição é verdadeira. Embora eu possa saber (perceber) que esse é de fato o sr. Smith, posso, não obstante não "reconhecê-lo", pelo fato de que não vejo nele a natureza física e moral que sei que lhe pertence. Além disso, como resultado, posso ser incapaz de ligar minha percepção do sr. Smith às atitudes e sentimentos que geralmente reservo para ele. Posso não ver minhas expectativas refletidas no rosto que vejo. Desse modo, a expressão do rosto de outro pode se tornar estranha para mim, simplesmente porque minha própria atitude em relação ao outro foi alterada. Em *Guerra e Paz*, Tolstói descreve a percepção de Rostov da Princesa Maria nos seguintes termos: "Nicolau imediatamente reconheceu a Princesa Maria, não tanto pelo perfil que viu sob seu chapéu, como pelo sentimento de solicitude, timidez e religiosidade que imediatamente lhe acorreu." Embora possa haver algo exagerado nisso, também reconhecemos, penso eu, alguma dose de verdade. Nossas emoções, com frequência, estão inseparavelmente ligadas a nossas percepções, de modo que o caráter de cada uma é transformado. Isso não é, segundo penso, senão outra instância da "dupla intencionalidade" característica de muitas de nossas reações à arte.

Tomei muitos exemplos apenas das artes representacionais. Porém, não há razões para que as condições A-F não sejam satisfeitas por nossa experiência da música ou da arquitetura. No entanto, ainda que a explicação possa ser generalizada dessa maneira, precisamos reconhecer que sempre haverá usos do termo "expressa" que não poderão ser abrangidos. Os usos desse termo ao descrever a arte são extremamente variados, e se escolhi apenas um deles é porque ele me parece ser o mais importante e, ao mesmo tempo, o mais difícil de compreender. Preocupei-me em analisar um fenômeno, em vez de uma palavra, e se escolhi me apropriar dos termos "expressividade" e "simbolismo" ao descrever esse fenômeno, isso não foi porque me vi compelido a usá-los dessa maneira. Um poema como *Exequy*, de Bishop King, expressa luto. Se ele também é "expressivo", em meu sentido, essa é uma característica separada cuja significação vai além da importância da "expressão", seja ela natural, convencional ou adquirida. Em geral, descobrimos que uma obra de arte, como qualquer outra atividade humana, pode ser tomada como expressão de todo estado de espírito envolvido em sua realização. Porém, essa característica, é claro, é independente da expressividade. O mesmo se aplica a muitos outros tipos de "expressão" em arte – por exemplo, a representação artística do comportamento expressivo. Assim, dizemos que a tão ridicularizada fala de Beatriz em *The Cenci* "[...] Oh / Meu Deus! Será possível [...]"[10] expressa horror. Mas isso não é expressivo de nada.

Embora tenhamos visto como o reconhecimento da expressão, afinal, pode ser uma parte própria da experiência estética, vimos também que algumas das doutrinas idealistas devem agora ser aceitas. Em particular, não é mais possível argumentar que a arte não é em algum sentido uma forma de conhecimento. Ao reconhecer a expressão, sou levado a uma consciência do que é expresso. Porém, o que posso aprender só pode ser descrito em termos de uma experiência do "ver", "ouvir" ou "apreender o sentido de" uma obra de arte. Se também adquiro conhecimento do que é representado ou expresso, então esse conhecimento pertence ao "conhecimento por familiaridade" e não pode ser transmitido de nenhuma outra maneira. É a experiência da obra de arte propriamente dita que resume o que conheço. Reconhecer a expressão, na realidade, possui precisamente a dimensão experiencial que foi descoberta na "compreensão" da arte, e neste capítulo não fiz mais que estender a análise da "compreensão" até abranger as dimensões da referência que, até então, pareciam inexplicáveis. Mas ainda precisamos fornecer uma indicação do valor da experiência estética tal como a descrevi. Essa é uma das muitas questões que quero finalmente considerar.

---

[10] Tradução livre dos versos: "[...] O / My God! Can it be possible [...]". (N. T.)

Capítulo 16 | Objetividade e Valor

Discuti a base da estética na filosofia da mente, e talvez se possa perguntar como o argumento passa pela prática da crítica. Em particular, não ofereci solução para os problemas mais irritantes da crítica: o problema da objetividade e o problema do valor. Qualquer tratamento detalhado de questões como essas exigiria argumentos pelo menos tão complicados como os que já forneci, mas concluirei com algumas poucas sugestões.

Em primeiro lugar, a questão da objetividade. Mesmo que deixemos de lado a avaliação, descobriremos que nossa explicação da descrição estética apresenta um problema embaraçoso. Pois o significado de muitas descrições estéticas foi explicado sem referência a sua justificação: nada foi dito que possa fornecer regras para a aplicação dos termos "estéticos". Não se deve supor, porém, que o uso de descrições estéticas seja inteiramente arbitrário, ou "subjetivo", não mais que a descrição de um aspecto é arbitrária ou subjetiva. Uma figura com vários aspectos pode ser vista de diversas maneiras incompatíveis; mas descrições de aspectos não são, por isso, subjetivas. Não se pode sustentar, portanto, que a possibilidade de interpretações rivais de uma obra de arte demonstre a subjetividade da crítica. Talvez seja possível ver Otelo quer como nobre, quer como autocomplacente, e essas interpretações rivais suscitam experiências bem diferentes da peça. Mas nenhuma delas é por esse motivo subjetiva.

Pode-se pensar que, ao afirmar que as descrições estéticas não precisam ter condições de verdade, de fato tornei impossível descrevê-las como "objetivas". Mas não é o que ocorre. Objetividade e Verdade pertencem a categorias separadas. Tome-se o caso paralelo do juízo moral. Suponha-se que seja verdade que os juízos morais expressam atitudes e não crenças: a condição para sua aceitação envolve uma decisão ou desejo. Segue-se que há um sentido em que juízos morais não possuem condições de verdade – sua verdade não consiste em sua "correspondência" a uma situação dada. Mas de modo algum se segue disso que os juízos morais não são objetivos. Ainda pode ser possível sustentá-los com razões "válidas para todos", razões que se deve aceitar sob pena de se ser considerado irracional. Pode ser de fato que, na ausência de condições de verdade, venha a faltar algo como uma razão conclusiva que não seja ela própria "avaliativa" (uma vez que a "conclusividade" deriva da dedutibilidade, que é uma relação subordinada ao valor de verdade). No entanto, razões práticas podem ainda assim ser objetivas, no sentido de serem racionalmente aceitáveis para qualquer pessoa que seja, independentemente de seus desejos pessoais.[1]

Mas como asseguramos a objetividade do juízo crítico? A que podemos recorrer? A teoria da percepção estética afirma que a objetividade de um juízo estético se funda de maneira não diferente da objetividade dos juízos que atribuem qualidades secundárias – na "concordância de juízos" de observadores maduros.[2] Mas tal abordagem é na melhor das hipóteses não decisiva. Pois, ainda que seja claramente verdade que a maior parte dos juízos sobre *aspectos* sejam objetivos – pelo fato de que é uma verdade necessária que

---

[1] Assim, Kant acreditava que os juízos morais são *imperativos* (e, portanto, sem condições de verdade), e que se fundam em razões válidas para todos: razões práticas, não teóricas.

[2] Semelhante visão foi defendida por Sibley em "Objectivity and Aesthetics". A.S.S.V., 1968.

alguém com capacidades sensoriais normais e habilidades normais como usuário de linguagem concordará com outros sobre uma ampla gama de juízos de aspecto – não é de modo algum certo que esse recurso à concordância possa apoiar a objetividade de todo argumento estético. Certamente, pelo menos algumas características estéticas, como os aspectos, dependem para seu reconhecimento de uma experiência visual ou auditiva, mas no juízo estético não encontramos mais o mesmo tipo de concordância espontânea. A experiência particular de ver um aspecto é predeterminada por características de primeira ordem de seu objeto, de um modo que a experiência estética não é. Não podemos mais, por conseguinte, recorrer diretamente à concordância a fim de estabelecer a objetividade de uma descrição estética. O reconhecimento de uma característica estética, diferentemente do reconhecimento de um aspecto, não é prerrogativa do "observador padrão". Mesmo que haja *de facto* concordância em juízo estético, isso ainda não estabelece a objetividade. Pois uma pessoa pode ser persuadida por uma interpretação crítica de uma maneira que, usualmente, ela não pode ser persuadida pela percepção de um aspecto, e de um modo que ela jamais pode ser persuadida pela percepção de uma qualidade secundária. Dizemos que é preciso "ver por si mesmo" no juízo estético, mas deve-se lembrar que esse processo de quase percepção se baseia numa "compreensão" complexa, sem a qual dificilmente se pode dizer que ele exista. Uma pessoa não "vê" que uma obra de arte é sincera, triste ou sentimental se não a compreende. Ela não precisa compreender para ver que uma pintura é vermelha, ou mesmo para ver que possui o aspecto de um cavalo. É por essa compreensão poder assumir muitas formas, e ser alterada e educada pela argumentação, que não podemos usar a "concordância em juízos" como critério de objetividade. É significativo, a esse respeito, que, embora possamos fornecer regras para a construção de aspectos, não podemos fornecê-las para a produção de características estéticas.

Se existe objetividade em descrição estética, então ela precisa ser descoberta num nível mais profundo que aquele da concordância *de facto*. Precisamos investigar as raízes da argumentação em estética – em particular, precisamos tentar descobrir se alguma coisa como a objetividade pode ser atribuída às razões oferecidas de uma experiência ou resposta. É claro, esses filósofos que pensam em razões práticas como sendo todas relativas a desejos rejeitarão a objetividade da estética. Porém, semelhante visão da razão prática é grotescamente estreita: existe, afinal, algo como a justificação de um desejo propriamente dito e, logo, de uma emoção, e, logo, de uma resposta, e, logo, de um juízo estético. A questão é saber se a objetividade pode ser obtida aqui, se se pode acreditar nela e se, em certo sentido, ela é requerida. Podemos ficar contentes ao saber que essa não é uma questão que se coloca apenas para a estética, e que também não é uma questão para a qual apenas o empirista carece de resposta.

Ainda que seja difícil provar a objetividade de uma argumentação crítica, é certo que pedimos objetividade, ou, pelo menos, pedimos o tipo de concordância racional na atitude que possa corresponder a ela. Possa ou não essa exigência ser atendida, sua presença é sentida em todas as nossas reações à arte, e é por esse motivo que não podemos tratar o juízo estético como a expressão subjetiva de um gosto pessoal. O caráter "normativo" do interesse estético exige que a subjetividade seja suspensa no juízo estético, e que seja substituída pela busca de concordância racional, e, daí, por uma busca de padrões. Mas pode-se perguntar, agora, por que fazemos essa exigência por concordância se nem mesmo sabemos se ela pode ser alcançada?

Essa questão, que Kant claramente considerava ser a mais séria em estética, foi posta de lado no Capítulo 10; precisamos agora tentar responder a ela. Descobrimos que é exatamente aqui que necessitamos de uma teoria da arte. Pois é nessa experiência e nesse juízo da arte que a exigência por concordância é mais evidente, e é na tentativa de explicar essa exigência que podemos desejar novamente recorrer à teoria cognitiva do interesse estético. É a arte que concede à apreciação estética a importância em nossa vida assinalada na "universalidade" do juízo estético. Porém, se a arte não é uma forma de conhecimento, parece que não temos como explicar seu valor, a não ser por um conjunto de experiências autônomas e incomunicáveis. Tradicionalmente, os empiristas tentaram explicar a apreciação em termos do prazer: dizer que a arte é fonte de prazer pelo menos oferece alguma ligeira desculpa para ela. Mas essa teoria ingênua não apresenta explicação para a "universalidade" do juízo estético. Uma resposta a nosso problema será satisfatória, portanto, somente se conferir uma significação apropriada para a arte.

Podemos perceber de imediato que não há escassez de razões para um juízo crítico, e essa disponibilidade de razões pode pelo menos desculpar, mesmo que não justifique, a exigência de concordância racional. Um juízo crítico, de qualquer tipo que seja, deve basear-se numa percepção de seu objeto, e vimos que uma mudança nessa percepção – como atenção a alguma característica até então ignorada – pode minar o caráter apropriado tanto do juízo quanto da experiência expressa por ele. Dada a complexidade das obras de arte, sempre haverá espaço para uma explicação crítica ou análise que chame a atenção para características antes não percebidas, e, portanto, que forneça razões para uma mudança de juízo. Pode-se pensar que semelhante análise dificilmente forneça "razões", pois seu propósito não é uma ação, nem mesmo uma atitude, mas antes uma experiência, para a qual o juízo crítico é utilizado para expressar. Deve-se recordar, porém, que as experiências estéticas são de um tipo peculiar. Mesmo em sua mais pura forma "perceptual", elas são estreitamente análogas a processos de pensamento que estão sujeitos a controle racional. É verdade que a influência da razão é menos imediata e menos previsível que um pensamento e uma imagem, mas isso não altera o fato de que, em qualquer divisão apropriada dos conteúdos do espírito humano em "ativos" e "passivos", é certo que a apreciação estética deva ser situada no lado "ativo". Há algo como a aceitação de uma razão para a experiência estética; uma experiência estética pode aparecer como a conclusão de um silogismo prático.

No entanto, essa imediata disponibilidade das razões críticas não pode *justificar* nossa exigência de um acordo, uma vez que ela não explica por que devemos estar interessados em fazer tal exigência. Por que, então, vemos o acordo em questões estéticas como importante? É aqui, penso eu, que devemos recorrer às conexões entre arte e moralidade, e entre experiência moral e estética. Pois a "universalidade" do juízo moral não necessita de explicação: o propósito da moralidade exige que nos interessemos pelas visões morais de outros. Por conseguinte, justificaremos a exigência de "universalidade" em estética se pudermos mostrar que existe uma relação suficiente entre preferências estéticas e morais.

Há duas maneiras de conceber essa relação, correspondendo a duas atitudes bem diferentes em relação à arte. Eu me referirei a elas como as abordagens "externa" e "interna", uma vez que elas diferem quanto ao fato de que, enquanto a primeira vê a apreciação da arte como relacionada somente externamente a considerações de moralidade, a segunda a vê como internamente relacionada ao ponto de vista moral.

É característico da abordagem externa situar o valor da arte em seus efeitos sobre a pessoa que a aprecia. Sustenta-se que a arte seja uma forma de educação, especificamente, educação das emoções. Pareceria seguir-se disso que ambas as questões – "Como são avaliadas as obras de arte?" e "Qual o valor da arte?" – deveriam ser tratadas de modo independente. Pois seria natural argumentar que as obras de arte devem ser avaliadas de maneira puramente autônoma, por referência a padrões de sucesso internos ao domínio do interesse estético. Beleza e depravação moral, por conseguinte, podem coexistir. O defensor da abordagem externa argumentaria, então, que a arte é de maneira geral benéfica. Como tal, poder-se-ia perguntar até que ponto a arte pode ser substituída por uma disciplina mais efetiva. Por exemplo, Johnson elogiou Petrarca, dizendo que ele "refinou as maneiras do mundo letrado",[3] e pareceria que semelhante efeito benéfico da poesia de Petrarca poderia igualmente ter sido assegurado por alguma outra matéria. O verdadeiro valor da arte reside em um fim moral em direção ao qual a arte é o único entre diversos instrumentos.

Existe uma falha nessa abordagem. Suponha que alguém negasse que a arte possui efeitos benéficos, como fez Platão. Precisa ele, por isso, abandonar a "universalidade" do juízo estético, desinteressar-se pelo acordo e substituir toda crítica por expressões subjetivas de gosto? Penso que não. Parece que visamos ao acordo no juízo estético quaisquer que sejam nossas opiniões sobre os efeitos da arte. A abordagem interna, portanto, fornecerá uma explicação mais plausível da "universalidade", contanto que se possa mostrar que a preferência estética possui em algum sentido continuidade com o ponto de vista moral.

Ora, certamente parece haver uma relação interna entre o juízo moral e o estético. No juízo moral, é usual elogiar alguém por certas qualidades, e essas qualidades podem ser tais que a questão "Por que devemos admirá-lo?" geralmente não requer resposta. De modo similar, a questão análoga colocada a respeito das características estéticas de uma obra de arte pode também ficar sem resposta. E é interessante descobrir que as características dos homens e as características das obras de arte que, nesse sentido, são intrinsecamente admiráveis, tendem a coincidir.[4] Admiramos obras de arte, bem como admiramos homens, por sua inteligência, sabedoria, sinceridade, profundidade de sentimento, compaixão e realismo. Seria estranho reconhecer isso, e ainda assim negar que haja relação entre juízo moral e estético.

---

[3] Johnson, *Lives of the English Poets*. London, Everyman Edition, 1925, vol. I, p. 4.

[4] Sobre esse ponto, ver John Casey, *The Language of Criticism*. London, 1966, caps. VIII e IX.

Mas precisamos dizer mais que isso. Pois mesmo essa abordagem interna é compatível com o fato de que a arte possui valor meramente instrumental, e, logo, com o fato de que se pode algum dia descobrir um substituto melhor para a arte. Pois o interesse estético pode não envolver uma maneira de apreciar essas qualidades morais que não estejam disponíveis para o leigo. Pode ser desnecessário olhar para a arte a fim de admirar os valores que são transmitidos pela arte. Talvez devamos terminar nossa discussão com essa nota de ceticismo. Não é óbvio que a arte possa pretender uma autonomia maior que aquela que já lhe conferimos. Por outro lado, também parece que as obras de arte trazem para o que elas representam um valor que só pode ser apreciado por alguém que possui juízo estético. O que há de tão importante, afinal, sobre a sinceridade de uma sinfonia, quando a sinceridade de uma conta de lavanderia não suscita nenhuma admiração ou respeito? Logo, com certeza, o interesse estético deve conferir algum valor adicional às qualidades morais de seu objeto? Procurarei expor como é isso possível.

O exemplo da diversão é mais uma vez útil. Em certo sentido, é absurdo perguntar sobre algo que se diz ser divertido: "E o que há de bom sobre *isso*?" (embora possa haver outras razões para desaprová-lo). Não é porque a diversão é uma reação valiosa que ela precisa ser cultivada: o valor de um *objeto* divertido não deriva do valor da *diversão*. (De modo similar, podemos dizer em favor da abordagem interna que o valor do objeto estético não deriva do valor da experiência estética, não mais que o valor da coragem de outro deriva do valor de nossa própria aprovação.). Ao gostar de algo por sua qualidade de diversão, está-se gostando desse algo por uma razão inteligível – e o mesmo vale para a inteligência, profundidade, sinceridade e outras "virtudes" que podem ser atribuídas a obras de arte. A diversão, como a experiência estética, é um modo de atenção a seu objeto, e seu caráter apropriado é medido unicamente em termos de seu objeto. De maneira similar, nossa experiência de uma obra de arte só pode se tornar inapropriada em razão de seu objeto, e não de seus efeitos. Assim, pode-se mostrar que a diversão só é inapropriada caso se mostre que seu objeto não é divertido, ou seja, somente quando seu objeto é inapropriado. Se me divirto é por alguma razão, e essa razão reside no objeto de minha diversão. A diversão envolve um padrão particular de pensamento sobre seu objeto, e caso se mostre que esse padrão de pensamento é equivocado, infantil ou corrompido, não mais será possível se divertir.

Esse juízo do "caráter apropriado" que descobrimos na diversão está similarmente envolvido em toda apreciação da arte, e esse é o resultado inevitável do interesse estético. Quando reajo a uma obra de arte, também penso nela como um objeto apropriado de minha reação. Daí, dizemos que a experiência estética envolve não somente prazer, mas também o exercício do gosto – gosto no sentido de discriminação racional, e não no sentido de saborear impressões. E o gosto traz consigo certas atitudes normativas. Uma explicação parcial dessas atitudes será efetivada, portanto, se pudermos fornecer alguma indicação do lugar ocupado pelo gosto em nossa experiência como um todo.

A primeira coisa a notar é que o exercício do gosto não se limita de modo algum à experiência da arte. Nós exercitamos o gosto quando julgamos o que é apropriado em termos de maneiras e comportamento, e é precisamente aqui – ao regular nosso sentimento não do que é certo ou errado, mas do que é decente – que o gosto mostra continuidade com o sentimento moral. Atitudes morais não existem e não podem existir de maneira isolada. Pelo contrário, fazem parte de um contínuo de opiniões normativas que se sustentam mutuamente – como maneiras e moral se sustentam reciprocamente. Claramente, portanto, o exercício do gosto não pode ser descrito se nós nos limitarmos ao estudo da arte: somente no contexto de uma cultura como um todo se pode demonstrar plenamente a importância do gosto.

A segunda coisa a notar é que falamos do que é apropriado somente onde existe alguma prática estabelecida – de etiqueta ou de arte – com seu corpo de generalidades e regras. A noção do apropriado só faz sentido realmente falando contra esse pano de fundo da prática comum. Sem esse pano de fundo, não faria sentido distinguir o exercício do gosto da exibição de preferências arbitrárias (gostos, no sentido mais comum do termo). Isso não significa que o que torna o gosto mais que arbitrário é sua conformidade à regra, mas antes que, uma vez que existe uma prática estabelecida, os conceitos do normal e do apropriado podem adquirir uma base de apoio. (Visto do ponto de vista da terceira pessoa, isso não tem nada de surpreendente.) Uma vez conquistada essa plataforma, parece bastante legítimo direcionar o juízo de gosto para as próprias convenções que primeiramente os fizeram surgir, criticando-as como fracas, digamos, ou inapropriadas.

Regras, convenções e formas artísticas possuem imensa importância em arte, e essa importância não pode ser explicada de nenhuma maneira simples. Não obstante, parece que descobrimos uma razão para sua importância. Na vida cotidiana, nossa noção do que é apropriado é mantida em suspensão, e somente no desfrute da arte é que se dá total liberdade a ela. Na arte, tudo que ocorre é deliberado e por razões; a arte nos apresenta um mundo inteiramente circunscrito pela intenção humana. Toda obra de arte é criada em um meio, sob a orientação de regras preestabelecidas que podem ser quebradas, mas jamais ignoradas, pois elas encarnam a tradição de pensamento sem a qual obra de arte alguma seria significativa. Cada palavra ou gesto no palco nos atinge como sendo ou não apropriada, e característica alguma da obra de arte pode deixar de contribuir para esse efeito. Na ausência de regras e tradições, nossa noção do que é apropriado dificilmente poderia ser despertada, e a apreciação da arte permaneceria incompleta e primitiva. Porém, nossa noção do apropriado, uma vez despertada, impregna inteiramente nossa resposta à arte, dominando não só nossa consciência da forma, dicção, estrutura e harmonia, como também nosso interesse na ação, caráter e sentimento. É inevitável, por conseguinte, que estabeleçamos a conexão entre experiência artística e moral.

Mesmo no campo da arte abstrata, não há como separar nitidamente o juízo moral do estético. Se a música fosse tão abstrata e incompreensível como às vezes se pensa, seria impossível haver ironia na música, ou a exploração deliberada do caráter. Se fôssemos incapazes de reconhecer mau gosto em música, não nos divertiríamos com sua exploração dramática nas operetas de Kurt Weill, nem ficaríamos comovidos por seu arranjo pungente nas sinfonias de Mahler. Nos compassos iniciais de *Os Sete Pecados Capitais*, por exemplo, Weill deliberadamente explora a linguagem do musical americano, e perde-se a ironia dramática se não comparamos os sentimentos amáveis do texto com a grande autoindulgência da música. Nossa apreciação da música é inteiramente determinada por nossa reação à vulgaridade de sua mensagem.

Em nossa busca por uma explicação da "universalidade" do juízo estético fomos levados a sugerir conexões entre a experiência moral e a estética que são de grande importância para a crítica. Poderia seguir-se disso que, se houver padrões de juízo crítico, estes não podem ser separados dos padrões de raciocínio prático em geral. A relação entre o juízo moral e o estético sugere que os padrões de validade de um fornecerão padrões de validade do outro. Mostrar o que é ruim em uma obra de arte sentimental deve envolver mostrar o que há de ruim no sentimentalismo. Estar certo em questões de arte, por conseguinte, é estar certo em questões de moralidade: ética e moral formam um todo.

Bibliografia

Esta é uma lista de livros referidos no texto. Utilizo as seguintes abreviaturas:

P.A.S.	*Proceedings of the Aristotelian Society*
A.S.S.V.	*Aristotelian Society, Supplementary Volume*
Phil.	*Philosophy*
Phil. Rev.	*Philosophical Review*
Phil. Q.	*Philosophical Quarterly*
Phil. and Phen. Res.	*Philosophy and Phenomenological Research*
B.J.A.	*British Journal of Aesthetics*
J. Phil.	*Journal of Philosophy*

ADDISON, J. "The Pleasures of the Imagination". *The Spectator*, 1712.
ALISON, A. *Essays on the Nature and Principles of Taste*. Edinburgh, 1790.
ANSCOMBE, G. E. M. "On Brute Facts". *Analysis*, 1958.
_____. "The Intentionality of Sensation: a Grammatical Feature". In: R. J. Butler (org.), *Analytical Philosophy, Second Series*. Oxford, 1965.
AQUINO, Tomás de (Santo). *Summa Theologiae*.
ARISTÓTELES. *De Anima*.
_____. *Politics*.
ARMSTRONG, D. M. *Perception and the Physical World*. London, 1961.
AUNE, B. *Knowledge, Mind and Nature*. New York, 1967.
AUSTIN, J. L. "The Meaning of a Word". In: J. O. Urmson e G. J. Warnock (orgs.), *Philosophical Papers*. 2. ed., Oxford, 1970.

BAUDELAIRE, C. "Obituary Notice of Eugène Delacroix", reimpresso em J. Crépet (org.), *L'Art Romantique*. Paris, 1925.
BEDFORD. "Seeing Paintings". *A.S.S.V.*, 1966.
BELL, C. *Art*. London, 1913.
BOSANQUET, B. "On the Nature of Aesthetic Emotion". In: *Science and Philosophy*. London, 1927.
BROOKS, C. *The Well Wrought Urn*. London, 1949.
BURKE, E. *A Philosophical Enquiry into the Origin of Our Ideals of Sublime and the Beautiful*. London, 1757.
CASEY, J. *The Language of Criticism*. London, 1966.
CAVELL, S. "Aesthetic Problems in Modern Philosophy". In: Max Black (org.), *Philosophy in America*. London, 1965.
CHISHOLM, R. *Perceiving, a Philosophical Study*. Ithaca, New York, 1957.
COLERIDGE, S. T. *Biographia Literaria*. J. Shawcross (org.), Oxford, 1907.
COLLINGWOOD, R. G. *The Principles of Art*. Oxford, 1938.
COLLINS, P. *Changing Ideals in Modern Architecture*. London, 1965.
CROCE, B. *Breviario di Estetica*. Bari, 1913.
_____. *Estetica, Come Scienza nell'Espressione e Linguistica Generale*. 7. ed., Bari, 1943.
DAVIDSON, D. "On Saying That". In: D. Davidson e J. Hintikka (orgs.), *Words and Objections*. Dordrecht, 1969.
_____. "Truth and Meaning". *Synthese*, 1967.
DEWEY, J. *Art as Experience*. New York, 1934.
DUFRENNE, M. *La Phénoménologie de l'Expérience Esthétique*. Paris, 1953.
EDGLEY, R. *Reason in Theory and Practice*. London, 1969.
ELLIOT, R. K. "Poetry and Truth". *Analysis*, 1967.
FLEMING, B. N. "Recognising and Seeing As". *Phil. Rev.*, 1957.
FOOT, P. "Morality and Art". *Proceedings of the British Academy*, 1970.
FREGE, G. *The Philosophical Writings of Gottlob Frege*. Geach, P. T. e Black, M. (orgs.), Oxford, 1952.
FREUD, S. *Leonardo da Vinci, a Psychosexual Study*. Trad. A. A. Brill, London, 1948.

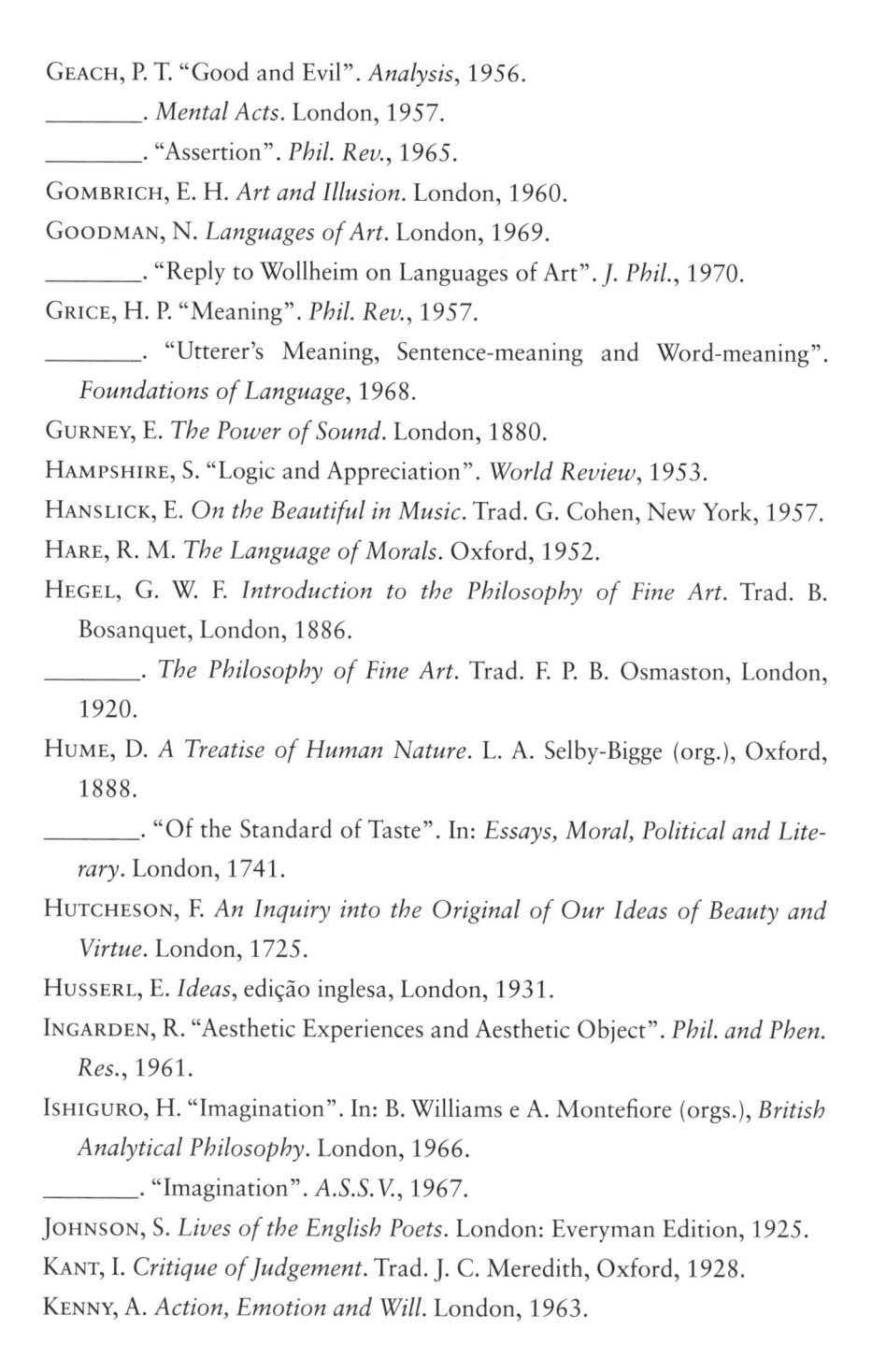

GEACH, P. T. "Good and Evil". *Analysis*, 1956.

———. *Mental Acts*. London, 1957.

———. "Assertion". *Phil. Rev.*, 1965.

GOMBRICH, E. H. *Art and Illusion*. London, 1960.

GOODMAN, N. *Languages of Art*. London, 1969.

———. "Reply to Wollheim on Languages of Art". *J. Phil.*, 1970.

GRICE, H. P. "Meaning". *Phil. Rev.*, 1957.

———. "Utterer's Meaning, Sentence-meaning and Word-meaning". *Foundations of Language*, 1968.

GURNEY, E. *The Power of Sound*. London, 1880.

HAMPSHIRE, S. "Logic and Appreciation". *World Review*, 1953.

HANSLICK, E. *On the Beautiful in Music*. Trad. G. Cohen, New York, 1957.

HARE, R. M. *The Language of Morals*. Oxford, 1952.

HEGEL, G. W. F. *Introduction to the Philosophy of Fine Art*. Trad. B. Bosanquet, London, 1886.

———. *The Philosophy of Fine Art*. Trad. F. P. B. Osmaston, London, 1920.

HUME, D. *A Treatise of Human Nature*. L. A. Selby-Bigge (org.), Oxford, 1888.

———. "Of the Standard of Taste". In: *Essays, Moral, Political and Literary*. London, 1741.

HUTCHESON, F. *An Inquiry into the Original of Our Ideas of Beauty and Virtue*. London, 1725.

HUSSERL, E. *Ideas*, edição inglesa, London, 1931.

INGARDEN, R. "Aesthetic Experiences and Aesthetic Object". *Phil. and Phen. Res.*, 1961.

ISHIGURO, H. "Imagination". In: B. Williams e A. Montefiore (orgs.), *British Analytical Philosophy*. London, 1966.

———. "Imagination". *A.S.S.V.*, 1967.

JOHNSON, S. *Lives of the English Poets*. London: Everyman Edition, 1925.

KANT, I. *Critique of Judgement*. Trad. J. C. Meredith, Oxford, 1928.

KENNY, A. *Action, Emotion and Will*. London, 1963.

Langer, S. *Philosophy in a New Key*. Cambridge, Massachussets, 1942.
_____. *Feeling and Form*. New York, 1953.
Locke, J. *Essay Concerning Human Understanding*. London, 1690.
Meager, R. "Aesthetic Concepts". *B.J.A.*, 1970.
_____. "The Uniqueness of the Work of Art". In: C. Barrett (org.), *Collected Papers on Aesthetics*. Oxford, 1965.
Moore, G. E. *Principia Ethica*. Cambridge, 1903.
Nogami, T. *Japanese Noh Plays*. Tóquio, 1954.
Peirce, C. S. *Collected Papers*, vol. V. C. Hartshorne e P. Weiss (orgs.), Cambridge, Massachusetts, 1934.
Prall, D. W. *Aesthetic Analysis*. New York, 1936.
Price, H. H. *Belief*. London, 1969.
Quine, W. V. *From a Logical Point of View*. Cambridge, Massachusetts. 1953.
_____. *Words and Object*. Cambridge, Massachusetts, 1960.
Richards, I. A. *Practical Criticism*. London, 1929.
Russell, B. "Knowledge by Acquaintance". In: *Mysticism and Logic*. London, 1917.
Ryle, G. *The Concept of Mind*. London, 1949.
Santayana, G. *The Sense of Beauty*. New York, 1896.
Sartre, J.-P. *L'Imagination*. Paris, 1936.
_____. *L'Imaginaire*. Paris, 1940.
Schiller, F. C. S. *Letters on Aesthetic Education*. Wilkinson e Willoughby (orgs.), London, 1967.
Schopenhauer, A. *The World as Will and Representation*. Trad. E. F. J. Payne, 2 vols., Colorado, 1958.
Scruton, R. "Architectural Aesthetics". *B.J.A.*, 1973.
Searle, J. R. *Speech Acts*. Cambridge, 1969.
Sibley, F. N. "Aesthetic Concepts". *Phil. Rev.*, 1959.
_____. "Aesthetic and Non-aesthetic". *Phil. Rev.*, 1965.
Sibley, F. N. e Tanner, M. K. "Objectivity and Aesthetics". *A.S.S.V*, 1968.
Sprigge, T. L. S. "The Definition of a Moral Judgement". *Phil.*, 1964.

STRAWSON, P. F. "Aesthetic Appraisal and Works of Art". *The Oxford Review*, 1966.

⎯⎯⎯⎯⎯⎯. "Imagination and Perception". In: Foster, L. e Swanson. J. W. (eds.), *Experience and Theory*. Massachusetts, 1970.

TARSKI, A. "The Concept of Truth in Formalised Languages". In: *Logic, Semantics, Metamathematics*. Oxford, 1956.

URMSON, J. O. "What Makes a Situation Aesthetic?". *A.S.S.V.*, 1957.

WIGGINS, D. "On Sentence-sense, Word-sense, and Difference of Word-sense". In: D. Steinberg e L. Jakobovitz, (orgs.), *Semantics, an Interdisciplinary Reader*. Cambridge, 1971.

WILLIAMS, B. A. O. "Pleasure and Belief". *A.S.S.V.*, 1959.

WITTGENSTEIN, L. *Zettel*. G. E. M. Anscombe e G. H. Von Wright (orgs.). Trad. G. E. M. Anscombe, Oxford, 1967.

⎯⎯⎯⎯⎯⎯. *The Blue and Brown Books*. Oxford, 1958.

⎯⎯⎯⎯⎯⎯. *Philosophical Investigations*. Trad. G. E. M. Anscombe, Oxford, 1953.

⎯⎯⎯⎯⎯⎯. *Lectures and Conversations on Aesthetics, Psychology, and Religious Belief*. Barrett, C. (org.), Oxford, 1966.

WÖLFFLIN, H. *The Sense of Form in Art*. New York, 1958.

WOLLHEIM, R. *Art and Its Objects*. New York, 1968.

⎯⎯⎯⎯⎯⎯. "Expression". In: *Human Agent*, Lectures to the Royal Institute of Philosophy, vol. I, 1966-7. London, 1967.

Índice Onomástico

Foram incluídas referências que denotam páginas nas quais um autor não é explicitamente nomeado, mas nas quais uma de suas obras é discutida ou mencionada.

A
Addison, Joseph, 94
Alighieri, Dante, 147
Alison, A., 290
Anscombe, G. E. M., 7, 48, 141
Aquino, Tomás de (Santo), 120, 183, 196
Aristóteles, 61-62, 68, 120, 264
Armstrong, D., 144
Aune, Bruce, 108, 111
Aurélio, Marco, 194
Austin, J. L., 61, 77

B
Baudelaire, Charles, 68, 286
Bedford, E., 149
Beethoven, Ludwig van, 209, 222, 231, 233, 295
Bell, Clive, 31
Berg, Alban, 263-64
Berkeley, George, 10
Bernini, Lorenzo, 270
Blake, William, 228-29, 257
Borromini, Francesco, 35, 234

Bosanquet, B., 195-96, 274
Brahms, Johannes, 37, 68, 93-94, 215, 217-18
Brancusi, 270
Brooks, Cleanth, 272
Burke, Edmund, 52

C
Carnap, Rudolf, 20
Carroll, Lewis, 125
Casey, John, 8, 69, 105, 176, 291, 305
Cavalcanti, 158
Cavell, Stanley, 173
Chisholm, R. M., 143
Chopin, Frédéric, 68
Cimabue, Giovanni, 255
Coleridge, S. T., 135
Collingwood, R. G., 10, 12, 26, 31, 56, 92-93, 100-01, 103-04, 117, 131, 188-89, 197
Couperin, François, 260
Cranach, Lucas, 233
Croce, B., 10, 12, 26, 34, 56-57, 100, 104, 189, 274-75, 280

D
Davidson, Donald, 79-80, 108, 242
Debussy, Claude, 260-261
Delacroix, Eugène, 68, 162
Dewey, John, 185
Donne, John, 229
Dryden, John, 230
Dufrenne, Mikel, 19, 22

E
Edgley, Roy, 122
Eliot, T. S., 229
Elliott, R. K., 256

F
Fichte, G. A., 10
Flaubert, G., 125
Fleming, B. N., 143
Foot, Philippa, 173
Frege, G., 77, 112, 131
Freud, S., 252, 286

G
Gainsborough, Thomas, 115
Gauguin, Paul, 251
Geach, P. T., 111-12, 131-32, 140, 206
Gombrich, E., 238-39
Goodman, N., 159, 236-39, 241, 243, 248, 251-52, 275-77, 279
Grice, H. P., 77-79
Gurney, E., 267

H
Hampshire, Stuart, 8, 34
Hanslick, Eduard, 267
Hare, R. M., 66, 72, 174
Hegel, G. W. F., 10, 12, 64, 195-96, 224, 236, 274
Herrick, Robert, 289, 292, 295

Hindemith, Paul, 212
Homero, 29
Hume, David, 9-10, 63, 117
Husserl, E., 19, 21, 118-120
Hutcheson, Frances, 9-10, 41
Huysmans, J. K., 196

I
Ingarden, Roman, 19, 22, 92
Ishiguro, Hidé, 8, 118, 141

J
James, Henry, 170
Johnson, Samuel, 305
Joyce, James, 258

K
Kant, I., 7, 12, 25-30, 34-36, 104, 173-74, 197, 206-07, 300, 302
Kenny, A., 95
King, Henry, 296

L
Langer, Susanne, 62, 236, 238, 273-75, 278-79
Leavis, F. R., 176
Locke, John, 10, 120

M
Mahler, Gustav, 309
Mallarmé, Stéphane, 232
Manet, Édouard, 250
Mantegna, Andrea, 185
Marvell, Andrew, 295
Masaccio, 233, 255
Meager, Ruby, 37, 64
Messiaen, Olivier, 212
Moore, G. E., 49
Mozart, W. A., 211, 216, 263

N
Nogami, Toyoichiro, 204

P
Pascal, Blaise, 122
Peirce, C. S., 285
Petrarca, F., 305
Picasso, Pablo, 264
Platão, 305
Prall, D. W., 231
Praxíteles, 283
Price, H. H., 129
Proust, Marcel, 197

Q
Quine, W. V., 59, 77

R
Reid, Thomas, 10
Rembrandt, 262
Reni, Guido, 255
Richards, I. A., 92, 170-71, 190, 192
Rimbaud, Arthur, 229
Rodin, Auguste, 209, 270
Rubens, P. P., 162
Russell, B., 133
Ryle, Gilbert, 10, 118-19

S
Sansovino, Jacopo, 30
Santayana, G., 75, 265-66, 288
Sartre, J.-P., 19, 118-20, 187, 272, 284
Satie, Erik, 170
Schiller, F. C. S., 27
Schongauer, Martin, 233
Schopenhauer, A., 26
Schubert, F., 99, 115, 155, 157-58
Schumann, R., 218, 285
Searle, J. R., 48, 84

Shakespeare, W., 43, 167
Sibley, F. N., 42, 45, 49, 53, 71, 300
Sprigge, T. L. S., 174
Strauss, Richard, 263-64
Stravinsky, Igor, 54
Strawson, P. F., 34-36, 39, 143, 152

T
Tanner, M. K., 7, 53
Tarski, A., 80, 83-84
Tchaikovsky, 102-03
Tennyson, Alfred, 285
Thomas, Dylan, 10, 231
Ticiano, 250
Tolstói, 296

U
Urmson, J. O., 41

V
Verdi, G., 220
Verlaine, P., 143

W
Wagner, Richard, 215, 261
Watteau, Antoine, 43, 285, 289, 292-94
Weill, Kurt, 309
Wiggins, David, 67
Williams, B. A. O., 8, 118, 189
Wittgenstein, L., 7, 10, 18, 20-21, 45, 66-68, 70, 74, 93, 102, 118, 120, 122, 136, 139, 147, 172, 175, 187, 190, 201, 210, 272, 284
Wölfflin, H., 233
Wollheim, Richard, 137, 268

Y
Yeats, W. B., 37

Do mesmo autor leia também:

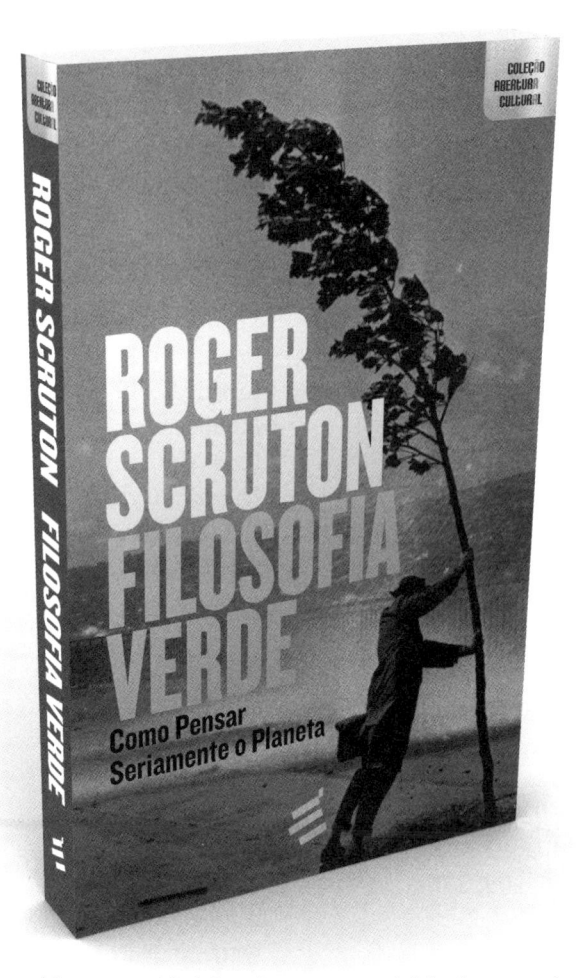

O meio ambiente tem sido há muito tempo território da esquerda política, a qual considera que as principais ameaças ao planeta partem do capitalismo, do consumismo e da exploração exagerada de recursos naturais. Em *Filosofia Verde*, Roger Scruton aponta as falácias por trás desse modo de pensar, assim como os perigos que ele representa para os ecossistemas dos quais todos nós dependemos. Scruton sustenta que o meio ambiente é o problema político mais urgente de nossa época, e estabelece os princípios que deveriam governar nossos esforços para protegê-lo.

facebook.com/erealizacoeseditora   twitter.com/erealizacoes   instagram.com/erealizacoes   youtube.com/editorae

issuu.com/editora_e   erealizacoes.com.br   atendimento@erealizacoes.com.br